외교상상력

지나간 백년 다가올 미래

외교상상력

지나간 백년 다가올 미래

김정섭 지음

MiD

외교상상력

지나간 백년 다가올 미래

초판 1쇄 발행 2016년 2월 2일
초판 11쇄 발행 2024년 9월 10일

지 은 이   김정섭
펴 낸 곳   (주)엠아이디미디어
펴 낸 이   최종현
편   집   최종현
행   정   박동준
마 케 팅   김태희
인쇄제본   드림피앤씨

주   소   서울특별시 마포구 신촌로 162, 1202호
전   화   (02) 704-3448
팩   스   (02) 6351-3448
이 메 일   mid@bookmid.com
홈페이지   www.bookmid.com
등   록   제313-2011-250호 (구: 제2010-167호)

I S B N   979-11-85104-61-4 03300

서문

　조지 오웰은 '나는 왜 쓰는가'라는 수필에서 작가들이 글을 쓰는 동기를 네 가지로 분류하고 있다. 첫째는 똑똑해 보이고 싶다거나 사후에 기억되고 싶은 욕구로, 이를 '순전한 이기심'으로 표현하였다. 둘째는 훌륭한 문장과 이야기의 리듬을 찾는 '미학적 열정', 셋째는 진실을 알아내고 기록해 두려는 '역사적 충동'이 있다고 설명한다. 마지막으로 세상을 특정 방향으로 밀고 가려는 욕구, 즉 남들의 생각을 바꾸려는 '정치적 목적'이 주된 동기일 가능성이 있다고 한다.

　집필을 마치고 나니 새삼 '나는 왜 이 책을 썼는가?' 다시 자문해 보게 된다. 책을 쓴다는 것은 고단한 작업이다. 많은 글을 읽고 생각을 정리해야 하는 것은 물론, 이를 좋은 문장으로 표현해 내야 한다. 수없는 교정을 거치며 주장에 대한 논거를 확인해야 하고 참고 문헌도 꼼꼼하게 챙겨야 한다. 이 수고를 감당하며 나는 무엇을 얻고자 했던 것일까? 조지 오웰이 말한 동기 중에서 굳이 고른다면 마지막 동기인 정치적 목적에 가깝지 않을까 생각한다. 특정한 당파성을 지향한다는 의미가 아니라 내 책을 통해 독자들의 국제정세에 대한 안목을 높이고 싶다는 욕구, 그리고 이를 통해 우리나라의 대외정책의 대중적 기반을 심화시키고 싶다는 소망이라고 해야 할까?

이 책은 1차 세계대전부터 시작하여 현재에 이르기까지 백 년의 역사를 더듬고 있으며, 지리적으로는 한반도와 동북아를 비롯하여 유라시아 지정학의 핵심 주제들을 다루고 있다. 여기에는 전쟁과 평화의 문제에 대한 인류의 치열한 고민들이 담겨 있다. 또한 대정치가와 전략가들의 대담한 구상과 용기 있는 결정들이 가득 차있다. 때론 어처구니없는 실수와 편견에 찬 오류도 적지 않다. 역동적인 국제정치 사건 이면에 작동하는 원리와 힘이 발견되기도 한다. 따라서 역사와 이론의 창을 통해 국제정치를 바라보면 값진 통찰과 영감을 얻을 수 있다는 것이 책을 저술한 출발이다. 무엇보다 국제정치 역사 자체에 오늘 우리의 문제를 푸는 데 도움이 되는 고민들이 풍부하게 담겨 있다고 믿는다. 소련의 핵위협에 직면하여 미국과 서유럽이 고민했던 나토NATO 핵 전략이 북한 핵 위협에 대처해야 하는 우리의 군사전략에 주는 시사점은 그 한 예이다. 또한 분단 당시 서독 사민당의 내독內獨정책과 냉전 말 격변기의 콜Kohl 기민당의 통일정책은 우리의 대북기조와 통일정책에도 적지 않은 생각할 거리를 제공해 줄 수 있을 것이다.

또한 역사적 고찰과 분석적 검토는 단편적인 뉴스 따라가기로는 갖기 어려운 비교적 시각과 안목을 갖추는 데 도움이 된다. 중국의 부상에 대처하는 문제는 현존 국제질서에 대한 도전국의 등장이라는 국제정치의 고전적인 질문이다. 결코 새롭거나 미증유의 사건이 아니다. 따라서 19세기 이후 미국이 어떤 행동을 보이며 패권국으로 등장했는지, 그리고 양차대전 전후와 냉전 종식 후 독일의 힘이 증가할 때 주변 서유럽 국가들이 어떻게 대처했는지를 살펴보는 것이 도움이 될 것이다. 또한 긴 호흡으로 국제정세를 보지 못하면 마치 현재 상황이 언제나 그래왔고 앞으로도 계속될 것 같은 착시현상에 갇힐 위험이 있다. 역대 최상의 관계라고 일컬어지는 미일동맹은 한때 동맹의 위기와 표류를 거쳐 오늘에 이르렀고, 중러 관계도 동맹에서 적대국으로 다시 전략적 협력관계로 심한 굴곡을 거쳐 왔다는 사실을 상기할 필요가 있다. 국제 정치에서 얼마나 극적으로 친구와 적이 뒤바뀌어 왔는지, 세력판도가 얼마나 극심하게 변화되어 왔는지를 이해해야만 미래에 대비한 올바른 전략을 준비할 수 있을 것이다.

역사적, 비교적 고찰은 또한 미래에 대한 상상력을 자극하는데도 도움이 된다. 미국을 중심으로 한 양자 동맹으로 안보 아키텍처가 구축되어 있는 동아시아에 다자적인 지역안보협력체가 가능한가를 검토하기 위해서는 유럽 통합의 과정과 교훈을 살펴보는 것이 도움이 된다. 보불 전쟁부터 양차 세계대전에 이르기까지 적국으로 싸웠던 독일과 프랑스가 2차 대전 후 유럽통합을 이끄는 기관차가 되어 새로운 유럽을 만들어 가는 과정은 실로 경이롭기까지 하다. 불가능해 보이는 비전이 용기와 통찰력을 갖춘 지도자와 국민들에 의해 성취되는 역사를 살펴보는 것 자체가 우리에게 지적, 도덕적 자극을 줄 수 있을 것이다. 물론 지역적 특성과 역사적 맥락이 다른 점을 간과한 채 외부 사례를 적용하려는 것은 순진하고 때론 위험한 발상이 될 수 있다는 점은 조심해야 할 것이다.

아울러 이 책은 거시적 관점에서 개별 현안을 바라보는 눈을 보여주고자 노력하였다. 유라시아 지정학을 소개한 것도 미국 등 강대국의 관점에서 국제정치를 접근하는 방식임에도 불구하고 이를 이해하는 것이 한국의 대응전략을 모색하는 데 도움이 된다고 판단했기 때문이다. 강대국들은 대외정책을 양자관계로만 잘게 쪼개서 보지 않는다. 그들은 큰 국면과 핵심 이익을 중심에 놓고 대외 현안들에 접근한다. 예컨대 우리는 북한의 핵개발이나 도발에 대해 중국이 강력히 억제하고 영향력을 행사해 주길 바라지만, 중국은 기본적으로 미중관계의 관점에서 한반도 문제를 상황 관리하는 측면이 강하다. 따라서 주변 강대국들의 수읽기를 이해하지 못하고 이와 어긋나는 대외정책을 추진하는 것은 효과가 없을 뿐 아니라 부작용만 가져올 가능성이 크다는 점을 알아야 한다. 한반도 문제의 국제적 속성상 우리의 대외전략은 주변 강국의 이해관계에 대한 냉철한 분석 속에서 가능한 공간을 찾아야 하기 때문이다. 일본의 보수우경화에 대처하는 문제에 있어서도 역사문제에 대한 반일감정 차원이나 한일 양자관계 측면에서만 접근할 것이 아니라, 동북아 전체 역학구도의 관점에서 생각해 볼 것을 강조한 것도 같은 맥락이다. 중국으로 점차 힘이 이동하고 있는 동북아에서 일본이 어떠한 대외적 위상을 갖고 역할을 해주는 것이 우리에게 유리한지, 우리의 대일정책이 미국의 동아시아전략과 어떻게 맞물려야 하는지를 생각해 볼 필요가 있다.

역사와 함께 저자가 중점을 둔 것은 이론이다. 흔히 이론이라고 하면 현실과는 동떨어진 상아탑의 언어라고 생각할 지도 모르겠다. 그러나 이론은, 특히 좋은 이론은 현실을 쉽게 설명하고 예측하는데 매우 유용한 도구다. 따라서 현실이 명쾌한 이론 몇 마디로 담아내기엔 너무 풍부하고 복잡하다는 점만 잊지 않는다면, 이론만큼 우리의 관점을 날카롭게 하고 현상을 분석적으로 이해하는데 도움을 주는 것은 없다고 생각한다. 예를 들어 미소냉전을 종식시킨 핵심 동인動因이 무엇이었는가에 대한 이론적 설명은 아직도 냉전이 진행중인 한반도 문제 해결에 중요한 시사점을 제공해 줄 수 있을 것이다. 이 책은 국제정치학도를 위한 교과서도 아니고 이론서는 더더욱 아니다. 그러나 오늘 우리의 문제를 이해하고 해결책을 처방하는 데 도움이 될 만한 이론들은 적극 소개하고 있다. 결과적으로 이 책의 독자들이 국제관계의 중요한 개념들을 자연스럽게 습득함으로써 국제정세에 대한 나름의 안목을 갖추는 데에 도움을 주리라 생각한다.

마지막으로 이 책을 쓴 동기가 넓은 의미의 정치적 목적이라고 했지만 특정한 관점만을 제시한 것이 아니라 다양한 해석, 때로는 상충되는 여러 시각들을 소개했다는 점을 강조하고 싶다. 때로 우리는 알지 못하는 사이에 소위 통설이라는 특정한 시각에 갇혀 있는 경우가 있다. 즉, 하나의 설명이 마치 정답이 되고 상식처럼 통용되면 다른 해석이 존재한다는 것조차 모른 채 우리의 시야가 좁아질 우려가 있다. 이 세상이 얼마나 풍부하고 복합적인 것인지 잊고, 일면적이고 단순화된 해석에 매몰될 수가 있는 것이다. 예컨대 소련이 붕괴한 원인이 소련 체제의 모순 또는 레이건 행정부의 압박정책만으로 설명될 수 있는 것은 아니다. 당시 소련 내부에 형성되고 있던 새로운 정체성 측면에 주목한 구성주의 이론의 설명에도 귀 기울일 필요가 있다. 냉전이 어떻게 해소되었는지를 이해하는 것은 우리의 입장에서는 특히 중요하다. 단순히 과거 역사에 대한 학술적 논쟁이 아니라 한반도 냉전구조를 해소하기 위해 어떤 정책적 시사점을 도출하고 교훈을 얻을 것인가 하는 문제이기 때문이다.

정리하다 보니 책을 쓴 의미가 결코 작지 않다고 느껴진다. 그러나 의도한 대로 제대로 썼는지, 독자들의 안목을 높이는데 조금이라도 기여할 수 있을지는 확신이 없다. 또 부족한 지식으로 어렵고 방대한 주제를 건드렸다는 두려움도 있다. 더 많은 공부와 고민이 필요함을 절감한다. 하지만 이번엔 여기까지다. 욕심냈던 '정치적 목적'이 조금이라도 달성되길 바랄 뿐이다.

책을 준비하는 과정에서 많은 분들의 도움을 받았다. 먼저 이 책은 저자가 2013년부터 카이스트 미래전략대학원에서 강의해 온 '국제관계와 미래전략'을 바탕으로 한 것이다. 강의 3년 차에 이르러 강의실 밖의 더 넓은 독자층과 내용을 공유해 보라는 이광형 미래전략대학원장님의 제안이 출간의 계기가 되었다. 원장님의 격려와 지원에 진심으로 감사를 드리고 싶다. 아울러 마지막까지 원고를 꼼꼼히 읽어주시며 이 모든 과정에 큰 도움을 주신 카이스트 임춘택 교수님께도 감사의 말씀을 드린다.

책의 많은 내용들이 선학들의 연구에 크게 의존하고 있음은 당연하다. 미국과 영국에서의 석, 박사 학위과정을 비롯하여 그 이후에 틈틈이 읽었던 논문과 학술서적은 본 책의 내용을 구성하는데 뼈대를 이루었다. 또한 2010년도 미국 해군대학원 연수시절 습득한 논문과 자료, 그리고 최근 국립외교원에서 접한 강의와 논문들도 유용하게 참고하였다. 특히 중동정세는 외교원의 인남식 교수님과 건국대 최창모 교수님의 연구에 많이 의존하고 도움 받았음을 밝힌다. 또한 독자층이 넓다고 할 수 없는 외교안보 분야의 책 출판을 흔쾌히 결정하시고 책의 구성부터 마무리까지 도움을 주신 MID 출판사 최성훈 대표님과 황부현 이사님을 비롯한 편집부에 감사드린다. 생각해 보면 이 책은 지난 이십여 년간 일과 공부를 병행하며 외교안보 문제를 고민해 왔던 내 작은 노력의 결과물이다. 이를 물심양면으로 지원해 주신 부모님, 항상 곁에서 힘이 되어준 아내에게 깊은 감사의 마음을 전하고 싶다.

차례

미래를 보는 창문:
이론과 역사

우리는 모두 미래에 관심이 있다. 미국의 발명가 찰스 케터링Charles F. Kettering이 말했듯이 우리의 남은 인생을 보낼 곳이 바로 미래이기 때문일 것이다. 우리의 관심사 역시 결국 국제정치의 미래, 한반도를 둘러싼 동아시아 안보의 앞날이다. 그렇다면 어떻게 미래를 예측하고 이에 대비한 전략을 세울 수 있을까?

미래까지 가지 않더라도 현재 세계에는 많은 일들이 벌어지고 있다. 가깝게는 북한의 핵 위협부터 동북아에서는 일본의 역사수정주의와 보통국가화 움직임, 중국의 부상에 따른 미중 패권경쟁, 그리고 종파분쟁과 이슬람 극단주의가 격화되는 중동의 혼란, 크림반도 사태를 둘러싼 미국과 러시아 간의 신 냉전 조짐 등에 혼란스러울 정도다. 물론 우리는 뉴스를 통해 국제정치의 사건들을 파악할 수 있다. 그러나 드러난 현상 이면에 있는 흐름을 이해하고 단편적 사실들 간의 연계성을 파악하여 전체적인 그림을 그릴 수 있으려면 이 모든 것을 해석해 낼 수 있는 안목과 관점이 필요하다. 그래야만이 비로소 미래를 전망하는 것도 가능해 질 것이다.

세상을 움직이는 힘, 이론

현상에 대한 심층적 이해와 미래의 전망을 위해서는 두 가지 도구가 필요하다. 바로 이론과 역사다. 이론이 왜 필요할까? 현실을 있는 그대로 이해하고 실용적인 관점에서 정책을 만들면 되지 상아탑의 탁상공론과 같은 이론이 무슨 소용이 있겠냐고 반문할 수도 있다. 사실 현장에서 정책을 담당하는 관료나 생생한 오늘의 뉴스를 전달하는 언론의 관점에서는 이론을 백안시하는 경향이 일부 있는 것도 사실인 것 같다. 그러나 이론이 왜 중요한지에 대한 케인즈^{Keynes}의 아래 설명을 한번 생각해 볼 필요가 있다.

> 경제학자나 정치사상가의 아이디어는 그것이 옳든 틀리든 간에 일반적으로 생각되는 것보다 훨씬 강력한 힘을 갖는다. 실용적인 사람들, 즉 자신들은 지적 영향으로부터 자유롭다고 여기는 사람들도 보통은 엉터리 경제학자의 노예the slaves of some defunct economist인 경우가 많다.

다시 말해 모든 사람은 세상을 바라보는 자신만의 이론이 있다는 것이다. 세상을 해석하는 틀이 없으면 아무것도 이해할 수 없기 때문이다. 문제는 그 이론이 세상이 돌아가는 핵심적 원리를 잘 담아내고 있는 것인지, 아니면 오류와 편견이 가득 찬 저급한 세계관인지다. 어느 누구도 이론으로부터 자유롭지 않다는 것, 세상을 움직이는 것은 결국 생각이라는 점을 간과해서는 안 될 것이다.

이론이 중요한 또 다른 이유는 현실에서는 정보가 항상 부족하기 때문이다. 의사결정자에게 충분한 시간과 정보가 주어지는 경우는 거의 없다. 항상 파편적인 정보만을 가지고 무언가 결정을 내려야 하는 것이 현장에서 일하는 실천가들의 숙명이다. 이때 정책결정자들에게 제한된 정보를 연결시킴으로써 해석의 틀을 제공하는 것이 바로 이론이다. 그렇기 때문에 좋은 정책을 만들기 위해서는 좋은 이론이 뒷받침 되어야 한다. 예컨대 인류 공멸의 위험 속에 진행되었던 냉전을 성공적으로 관리할 수 있었던 데에는 억제 이론의 공이 있었다고 평가된다. 반면에 인도차이나 공산화의 위험을 과장했던 도미노 이론^{domino theory}은 베트남 전쟁의 수렁 속으로 미국을 끌어들였다. 좋은 이론은 좋은 정책을 만들고, 나쁜 이론은 나쁜 정책을 만들었던 것이다.

정책과 이론의 간극도 문제가 된다. 이론이 너무 추상적이고 일반적으로 발전하면 정책분야의 당면한 관심과 거리가 생기게 된다. 이렇게 되면 학계의 자기고립이 심해지고 정책은 빈약해지며 오류가 많아질 수 있다. 케네디 대통령은 지성인과 정치인 사이의 적대와 반목을 비판하면서 그 둘은 원래 배타적이지 않다는 것을 강조한 바 있다. 토머스 제퍼슨, 알렉산더 해밀턴, 그리고 벤저민 프랭클린 등 미국 초창기의 위대한 정치가들은 당대 최고의 저술가요 학자였다는 것이다. 현실과 이론이 동떨어지지 않고 현장의 삶과 지적인 삶이 별개가 아닐 때 세상도 학문도 더 발전할 수 있다는 것이 그의 믿음이었다. 국제관계학의 대표적 이론들은 지난 수세기 동안 많은 학자와 전략가들이 고민과 토론과 상호 비판을 통해 가다듬어져 온 것이다. 따라서 기존에 우리가 갖고 있던 개인적 이론 틀에 머무르지 않고 이렇게 축적된 지적 자산을 공부한다면 국제정치 현상을 이해하는 우리의 관점을 더욱 세련되고 깊이 있게 할 수 있을 것이다.

그런데 이론이란 무엇일까? 이론은 간단하게 말하면 현실을 과감하게 단순화시킨 것이다. 즉, 현실의 세세한 부분은 생략하고 중요한 특징만 강조하면서 가장 핵심적인 인과관계만을 밝힌 것이다. 예를 들어 'A 때문에 B가 발생한다.' 라는 설명이다. 현실은 풍부하고 복잡하지만 이 중 부차적인 것들은 모두 생략하고 가장 중요한 것만 추출해서 'A가 B를 발생시킨다.' 라고 하는 것이다. 좋은 이론의 조건 중의 하나가 바로 간명함이다. 아주 적은 변수를 통해 세상의 중요한 현상을 해석하고 예측하자는 것이다. 민주평화democratic peace 이론이라는 것이 있다. '민주주의 국가 간에는 전쟁을 하지 않는다.' 라는 명제를 내세운다. 대단히 간단하면서도 대담한 주장이다. 세상에 민주국가가 많아질수록 전쟁의 가능성은 줄어들고, 종국적으로 세계 모든 국가가 민주화되면 더 이상 전쟁은 없다는 함의까지 담고 있다. 클린턴 행정부 이후 미국의 대외정책이 제3세계 민주화에 중점을 둔 것도 사실 이 민주평화 이론에 바탕을 두고 있다. 민주평화론에 기초한 미국의 대중동정책, 특히 이라크 전쟁의 공과에 대해서는 후에 자세히 살펴볼 것이다.

물론 이론은 핵심적 변수만을 가지고 현실을 해석하기 때문에 한계가 있는 것은 분명하다. 불과 몇 개의 변수로 복잡한 현실을 모두 담아낸다는 것은 불가능하기 때문이다. 그러나 현실 설명력을 높이기 위해 독립변수, 즉 설명변수를 무작정 늘리는 것은 이론으로서의 효용을 떨어뜨린다. 전쟁이 왜 발생하는지에 대해 수백 개의 변수가 필요하다면 이는 현실을 제대로 이해한 것도 미래를 의미 있게 예측할 수 있는 것도 아니기 때문이다. 물론, 이론에 대한 과신과 맹목이 종종 현실 이해의 왜곡을 가져올 수 있다는 겸손함은 잃지 않아야 할 것이다.

통찰과 상상력의 원천, 역사

현실을 이해하고 미래를 예측하기 위해 또 필요한 것이 역사적 관점이다. 오늘날 벌어지는 일들은 반드시 과거의 어떤 연원源을 가지고 있다. 그 뿌리를 모르고서는 현재 뉴스의 이면에 흐르는 흐름과 앞으로의 전개를 알 수 없다. 지금 중동에서는 소위 이슬람국가IS: Islamic State라는 극단적 이슬람세력이 연일 혼란스럽고 염려스러운 뉴스를 만들어 내고 있다. 서방의 인질들을 잔인하게 참수하고 이라크, 시리아 등에서 내전 수준의 무력 충돌을 계속 이어가고 있다. 이들은 과연 누구일까? 미몽에 사로잡힌 반인류적 테러그룹으로만 보아도 될까? 그렇다면 중동 전역뿐 아니라 심지어 서방국가에서 수많은 이슬람 젊은이들이 IS의 전사로 자발적으로 참여하는 것은 어떻게 이해해야 할까? 중동정세를 뒤흔들고 있는 IS의 실체와 흡입력를 이해하기 위해서는 최소한 1차 대전 이후 서구의 대중동정책과 이 지역의 정체성을 둘러싼 혼란을 알 필요가 있다.

역사에 대한 이해가 중요한 또 다른 이유는 현재 우리가 사는 시대의 문제를 해결하는 데 있어서 과거의 고민이 훌륭한 나침반이 되는 경우가 많기 때문이다. 지금 우리가 겪는 문제들은 새로운 것도 있지만 과거와 밀접한 연관이 있는 것도 적지 않다. 현재 못지않게 과거에도 엄청난 사건들과 중차대한 도전들이 있었고, 인류의 역사는 이들을 해결하기 위한 치열한 노력들로 가득 차 있다. 현재의 문제가 과거와 완전히 같을 수는 없지만 역사를 통해 우리는 현재와 미래의 문제를 대처하는 데 있어 통찰과 영감, 그리고 상상력을 얻을 수 있을 것이다.

냉전은 이미 1990년대 초반에 종식되었다. 베를린 장벽 붕괴와 독일 통일, 그리고 미소 냉전은 어리둥절할 정도로 갑자기 그러나 분명하게 다가왔다. 그러나 세계적 차원의 동서 냉전은 끝났을지 몰라도 한반도는 아직도 차가운 냉전 중에 있다. 동서 냉전이 종식될 수 있다면 남북관계의 적대성도 변화가 가능하지 않을까? 동서 냉전이 어떻게 무슨 원인으로 종식되었는지 이해한다면 한반도의 냉전을 녹이는데 어떤 시사점을 제공해 줄 수도 있지 않을까?

북한의 핵위협이 날로 심각해지고 있다. 수십 개의 핵무기를 만들 수 있는 플루토늄과 농축 우라늄을 확보했고 핵무기의 소량화, 경량화도 상당히 진전되었다는 것이 전문가들의 평가이다. 비핵국가인 대한민국은 이제 사실상의 핵보유국인 북한을 마주하고 살 수밖에 없게 되었다. 우리도 핵무장을 고민해야 하는지 아니면 미국의 핵우산에 의존하면 되는 것인지, 또는 핵미사일을 공중 요격하는 미사일 방어를 구축해야 하는지, 그리고 필요하다면 선제타격 능력을 갖춰야 하는지 온갖 종류의 대책이 제시되고 있다. 그런데 우리가 처하게 된 이 엄중한 현실은 바로 냉전시대 소련의 핵위협을 마주하고 살아야 했던 서유럽 국가들의 안보 환경이기도 했다. 따라서 냉전시대 수많은 천재적 전략가들이 3차 세계대전과 핵전쟁을 예방하기 위한 핵억제 이론을 만들기 위해 몰두했던 것이다. 대량파괴전략, 유연반응전략, 상호확증파괴 등이 모두 이때 고안된 전략개념들이다. 한반도 상황에 맞는 억제 전략을 모색하는데 있어서도 냉전의 축적된 지식과 전략들을 살펴보는 것이 도움이 될 수 있음은 당연하다.

서문에서 밝혔듯이 책은 제1차 세계 대전부터 현재까지 약 백 년의 역사를 훑으면서 그 중에서 중요한 대사건들을 다루고 있다. 그러나 중요한 역사적 사건들을 모두 살피지는 않는다. 오직 지금 우리에게 중요한 것, 현재 우리가 살아가는 세상을 이해하고 시사점을 제공하는 데 도움이 되는 사건들만 선택적으로 다룰 것이다. 그리고 사건을 설명하는 데 있어서도 사실관계를 전달하는 것은 가급적 간단하게 하고 이론적, 정책적 관점에서 우리에게 주는 함의含意 중심으로 조망하고자 한다. 1차 세계 대전이 되었든 이라크 전쟁이 되었든 사건의 전말에 대한 기술보다는 우리에게 의미가 있는 교훈을 끄집어내는데 중점을 둘 계획이다. 그럼 이론과 역사의 창으로 국제정치를 들여다보도록 한다.

국제무정부 상태에서
협력이 가능한가?

국제정치는 전쟁과 평화를 다룬다.

전쟁을 예방하고 평화를 유지하는 것은

얼마나 어려운 과제인가?

평화를 이룩하기 위해 무엇을 해야 하는가?

가장 오래되고 본질적인

이 국제정치의 질문부터 살펴본다.

근대 국가체제의 속성:
국제무정부상태

근대 국가의 등장 이전에는 로마제국으로 대표되는 세계제국체제, 그리고 중세 봉건체제라는 다른 시스템이 존재했었다. 제국체제에서는 하나의 정부가 그와 접촉하는 대부분의 국가들을 지배하는 질서를 갖게 되고, 봉건체제에서는 왕과 봉건영주, 그리고 교회가 중첩되는 정치적 권위를 보유하고 있어 정치적 충성이 영토적 경계와 일치하지 않는 특징을 갖고 있었다. 그러다가 30년 전쟁을 겪으면서 근대 주권 국가시스템이라는 오늘날의 국제관계가 등장하게 된다. 30년 전쟁은 마르틴 루터의 종교개혁 이후 대립해 오던 유럽의 각국들이 신교와 구교로 나뉘어 충돌하면서 시작했으나, 이내 강대국들의 이권 분쟁과 영토전쟁으로 변질된 유럽의 국제전쟁이었다. 즉 마지막 종교전쟁이자 근대국가의 첫 번째 전쟁이라고 일컬어지는 30년 전쟁을 통해 현재 국제관계의 특징인 주권 영토국가들로 구성된 베스트팔렌Westfalen 체제가 출현하게 된 것이다.

근대 국가시스템의 가장 핵심적인 특징은 개별 국가들이 국제무정부상태에 놓여 있다는 것이다. 무정부상태는 현재 국제정치의 모든 문제들이 파생되는 핵심적 속성이며 아주 중요한 개념이다. 이 무정부상태를 어떻게 이해하느냐에 따라 전쟁의 위험성, 평화의 가능성에 대한 판단이 달라지게 된다. 무정부라고 하면 어떤 이미지가 먼저 떠오르는가? 정부가 없기 때문에 혹시 극도의 혼란이나 무질서를 상상할 수도 있겠다. 그러나 국제정치 이론에서 보는 국제무정부 개념은 반드시 혼란이나 무질서를 뜻하는 것은 아니다. 그보다는 국제관계에는 중앙정부가 없으므로 수직적 질서가 없다는 것을 의미한다. 근대국가는 자신의 영토 내에서 폭력의 독점을 정당화하는 권위와 힘을 보유하고 있고 이를 통해 질서를 유지한다. 반면, 국제관계에서는 중앙집권적 권위가 존재하지 않으므로 모든 개별 국가들은 자신의 안전을 스스로 확보해야 한다. 즉, 자조self-help의 압력 속에서 지내야 하는 특성이 있다.

현재 국제체제가 무정부상태라는 속성에 기초하고 있지만 우리가 사는 세상이 모두 무력충돌과 전쟁으로 가득 차 있지는 않다. 오히려 협력을 통해 각자의 국익을 증진하고 조화롭게 지내는 경우가 많다. 이를 두고 국제정치 이론의 양대 축의 하나인 자유주의 이론은 국제무정부상태에도 불구하고 국가 간의 증가하는 경제적, 사회적 상호의존으로 인해 이제 과거와 같은 무력의 동원 필요성이 적어졌다고 설명한다. 정복이 아니라 무역으로 국익을 증진할 수 있기 때문이다. 미국의 우드로 윌슨Woodrow Wilson 대통령 같은 사람들은 국제관계도 국내정치처럼 우호적으로 길들여질 수 있다고 생각했다. 특히 1,500만 명의 생명을 앗아간 1차 대전을 겪은 후에 인류가 다시는 이런 재앙적인 실수를 반복하지 않을 것이라고 믿었다. 그리고 이를 제도적으로 보장하기 위해 창안한 것이 국제연맹이었다.

자유주의 이론과 대척점에 있는 현실주의 이론은 국제정치의 핵심 문제는 여전히 전쟁과 무력의 사용이라고 본다. 이는 국제무정부상태에 대한 이해가 자유주의자들과 다르기 때문이다. 홉스^{Hobbes}는 무정부상태란 고독하고 더럽고 피비린내 나며 결핍되어 있다고 묘사한다. 따라서 모든 국가가 자신의 안보를 추구하는 과정에서 다른 국가의 불안전을 야기하는 것은 불가피하다고 강조한다. 무정부상태인 국제정치에도 협력과 평화가 얼마든지 존재한다는 자유주의자들의 지적에 대해 현실주의자들은 흐린 날씨가 끊임없는 비를 의미하지 않듯이 전쟁의 위험이 반드시 끊임없는 전쟁을 뜻하지는 않는다고 반박한다. 중요한 것은 중앙집권적 권위가 없는 국제정치에서 무정부상태가 갖는 잠재적 위험성이다.

국제간 전쟁 사례가 아니더라도 무정부상태가 위험하다는 것은 국내 치안질서의 붕괴를 보면 짐작할 수 있다. 1992년 미국에서 발생한 로스앤젤레스 폭동 사건에서는 60여 명이 살해되었고 코리아타운의 90%가 파괴되었다. 2005년 태풍 카트리나가 뉴올리언스를 덮쳤을 때 시민들은 강풍과 폭우뿐 아니라 약탈과 폭동에도 시달려야 했다. 경찰력이라는 공권력이 사라지자 미국이라는 문명화된 선진국에서도 대낮에 방화와 폭력이 버젓이 벌어지지 않았는가? 이렇게 무정부상태의 위험성과 압력을 강조하는 현실주의 입장에 서게 되면 자신의 안전을 스스로 확보해야 하는 절박함 때문에 힘의 극대화, 세력균형 경쟁 등을 국제정치의 특징으로 강조하지 않을 수 없게 된다.

02

현실주의 이론:
힘의 배분이 중요하다

현실주의 이론^{realism}은 국제정치에서 평화와 협력이 지속되기 어렵다는 비관적인 전망을 가지고 있다. 다만 그 안에서도 전쟁의 원인과 평화를 위한 처방에 대해 다양한 이론적 분파들이 존재한다.

국제체제의 구조

고전적 현실주의 이론에서는 전쟁의 원인을 인간의 본성이나 국가의 내부적 특성에서 찾는다. 즉, 지도자가 공격적인 성향을 갖고 있거나 패권의 야심이 있다는 등의 설명이다. 스탈린, 무솔리니, 히틀러, 김일성과 같은 지도자 밑에서 국가의 공격적인 대외행동이 나온다는 것이다. 또는 권위주의 체제와 같은 국가의 내부적 특징으로부터 전쟁의 원인을 찾기도 한다. 다시 말해 한 국가의 대외정책은 개별국가의 내부적 속성으로부터 도출된다는 것이다.

반면, 신현실주의 이론^{Neo-Realism}은 국가 내부의 특징이 아니라 국제체제의 기본적 속성에 주목한다. 공격적인 대외정책이 공격적인 지도자 때문에 비롯된다는 고전적 현실주의의 설명은 전형적인 환원주의reductionism라는 것이다. 신현실주의 이론의 논리적 기초를 제공한 케네스 왈츠Kenneth Waltz는 국가의 대외정책을 설명하는 데 있어서 국가 내부의 변수는 무시한다. 그보다 대외정책을 결정하는 변수는 국제체제에서 개별국가가 차지하는 상대적 힘이라고 파악한다. 푸틴과 시진핑, 김정은이 각각 러시아와 중국 그리고 북한의 대외정책을 결정하는 요인이 아니라는 것이다. 그보다는 국제체제에서 차지하는 상대적 힘의 배분이 개별 국가의 대외정책을 추동한다고 본다. 즉, 민주국가든 권위주의 독재국가든 양 국가의 힘이 비슷하다면, 그래서 국제체제에서 차지하는 위치가 대등하다면 대외정책은 유사할 것이라는 것이다. 이런 현실주의적 관점에 따르면 중국의 국력이 미국과 대등해 질수록 중국의 대외정책은 과거 아메리카 대륙의 장악부터 시작하여 세계적 슈퍼파워로 등장한 미국의 패권적 대외정책과 유사한 모습을 보일 것으로 전망한다.

개별국가의 대외정책을 오로지 국제체제에서 차지하는 상대적 힘으로 설명하는 것은 왈츠가 바라보는 국제체제 구조의 세 가지 기본적 성격 때문이다. 첫째, 앞서 살펴본 대로 국제체제는 수직적 권위체가 존재하지 않는 무정부상태다. 따라서 모든 국가는 만일의 사태에 대비하여 스스로의 안전보장을 강구하지 않을 수 없다. 여기에는 어떤 예외도 없으며 이 점에서 국가 간 기능의 차이는 없다. 즉, 모든 국가는 생존을 위해 노력한다는 점에서 동일하다. 이렇게 단위국가의 성격이 무차별적이라는 것이 국제체제 구조의 두 번째 특징이다. 국가 내부에서는 각 행위자들이 각자의 비교우위에 따라 기능이 분화되고 분업이 이루어진다. 누구는 농사를 짓고 누구는 컴퓨터를 만들며 시장을 통해 자신이 생산한 재화를 교환한다. 그러나 국제체제에서 국가는 생존추구라는 동일한 기능을 수행한다는 점에서 차이가 없다. 물론 국가 간에도 경제적으로는 무역을 매개로 기능적 분업이 이루어지고 있다. 그러나 안보 문제에 있어서는 모든 국가가 스스로를 책임져야 한다.

국제체제 구조의 세 번째 특징은 국제체제에서 개별국가들이 서로 다른 힘을 가지고 있다는 것이다. 이것이 결국 제일 중요하고 국가의 대외정책을 설명하는 유일한 변수라고 한다. 그 이유는 첫 번째와 두 번째 변수는 항상 일정하고 주어진 것이기 때문이다. 국제무정부상태는 국제관계를 규정하는 기본적 환경이고 단위국가의 성격이 무차별적이라는 조건도 국가 간에 차이가 없다. 따라서 힘의 상대적 크기만이 개별 국가의 대외정책을 결정짓게 되는 것이고, 국가가 힘의 극대화와 세력균형에 그토록 골몰하는 것도 국제체제의 구조적 특성 때문이라는 것이다.

공격적 현실주의: 국제정치는 냉혹하고 비극적이다

왈츠의 이론을 기본적으로 계승하면서도 국제무정부상태의 위험성을 보다 철저하고 극단적으로 이론화한 존 미어샤이머John Mearsheimer라는 학자가 있다. 이를 공격적 현실주의라고 부른다. 미어샤이머도 왈츠와 같이 국제무정부상태가 단지 세계정부가 존재하지 않을 뿐 반드시 혼란이나 무질서를 의미하지 않는다는 점은 수용한다. 그러나 그는 국제무정부상태가 위험한 데에는 또 다른 이유가 있음을 강조한다. 먼저 모든 국가가 어느 정도 공격적인 군사력을 갖고 있다는 것이 첫 번째 이유이다. 비록 주변국을 정복할 정도로 강하지 못한 약소국이라 할지라도 상대를 파괴하고 고통을 부과할 수 있는 공격적인 군사력은 갖고 있다는 것이다. 둘째, 상대국의 의도를 완벽하게 예측할 수 없다는 문제가 있다. 현재 아무리 우호적 관계를 유지하고 있더라도 미래에 어떻게 변할지 알 수 없다는 것이다. 1939년에 맺어진 독소불가침협정에도 불구하고 히틀러는 스탈린을 배신하고 2년 뒤 소련을 침공했다. 연합국의 일원으로 나치 독일에 맞서 공동전선을 폈던 미국과 소련이 2차 대전이 끝난 지 불과 5년 후에 한국전쟁에서 충돌한 것도 국제정치에서 흔히 볼 수 있는 친구와 적의 뒤바뀜이다.

이 두 가지 사항이 중앙정부가 없는 왈츠의 국제무정부상태와 결합하면 모든 국가는 스스로의 안전에 대한 두려움을 갖지 않을 수 없게 된다. 나를 해칠 수 있는 국가가 바로 옆에 있는데 그 의도가 어떤지 알 수 없다면, 거기다가 유사시 이를 해결하거나 중재해 줄 어떤 권위체도 없다면 국가는 어떻게 행동해야 할까? 미어샤이머는 모든 국가가 힘의 극대화를 추구한다고 보았다. 국제무정부상태에서 가장 안전하게 되는 방법이 바로 패권국가가 되는 것이기 때문이다. 즉 정복욕 때문이 아니라 안전해지고자 하는 욕구 때문에 현상타파의 공격적 행동을 보인다는 것이다. 또한 공격적 현실주의에서는 국가 간 협력이 존재하긴 하지만 이는 매우 일시적이며 지속되기 어렵다고 본다. 그 이유는 상대방이 배신할 가능성이 있기 때문이다. 더욱이 배신을 하더라도 종래의 약속을 강제할 집행력이 국제사회에는 존재하지 않는다. 배신의 문제가 없다 하더라도 협력으로 인한 이득을 어떻게 배분할 것인가도 어려운 문제를 제기한다. 협력을 통해 이익이 발생한다 하더라도 상대방이 더 많은 이익을 지속적으로 얻는다면 이는 양 국가 간에 세력균형의 변화를 가져온다. 그리고 이것은 궁극적으로 약한 국가에게는 생존의 문제로 연결될 수 있다. 따라서 협력은 국가 간에 이익을 조정하고 조화시킬 수 있는 경우에만 유지되는 일시적 현상이라는 것이 공격적 현실주의의 관점이다.

미어샤이머의 미중관계 전망은 낙관적이지 않다. 중국은 국력이 커질수록 미국 주도의 현존 국제질서를 타파하려 들 것이라고 본다. 아시아에서 먼저 미국을 축출하고 지역 패권국이 될 것이라는 것이다. 미국이 과거 강대국으로 부상하면서 보였던 행동을 상기해 보면 이를 추론할 수 있다고 한다. 미국은 19세기말 스페인과 영국을 축출하면서 지역패권국의 지위를 달성하고 몬로 독트린Monroe Doctrine을 통해 아메리카 대륙에 대해 독점적 권한이 있음을 대외에 천명하였다. 강대국으로 부상한 이후에는 또 다른 패권국가가 등장하는 것을 막는 것이 미국 외교의 기본적 목표였다. 1차 대전 당시 독일 제국, 2차 대전에서는 일본과 나치 독일의 패권추구를 억제하고 좌절시키는데 핵심적 역할을 담당했다. 냉전 시대 소련과의 경쟁도 마찬가지이다. 20세기 이후 미국의 대외전략 목표는 미국을 넘보는 다른 패권국가의 등장을 막는 것이었다.

중국도 이와 다르지 않을 것이라는 전망이다. 현재 미국이 누리는 아시아에서의 패권적 위상을 계속해서 받아들이지 않을 것이며 점차 중국 중심의 질서를 만들어갈 것으로 본다. 주변국을 정복한다는 의미가 아니라 중국이 수용 가능한 행동의 범위를 규정하고 이를 미국과 아시아 주변국에게 강요할 것이라는 이야기다. 더는 서해나 남중국해 등 자신의 앞마당에서 활보하는 미국의 군사력을 용인하지 않을 것이라는 관측이다. 반대로 미국의 플로리다 앞바다에서 중국군과 러시아군이 대규모 해상훈련을 한다면 미국의 반응이 어떨지는 어렵지 않게 예

쿠바 미사일 위기 당시 미 행정부의 회의 모습

상할 수 있을 것이다. 실제 1961년 소련이 쿠바에 미사일을 배치하려 하자 당시 케네디 행정부는 핵전쟁의 위험을 무릅쓰고 이를 저지한 적이 있다. 중국도 이와 다르지 않을 것이라는 주장이다.

세계적 강대국으로 발돋움 하려는 국가는 먼저 자신이 속한 지역을 통제할 수 있는 지역 강대국이 되는 것이 순서이다. 중국도 일정 시점이 오면 중국판 몬로 독트린을 고안하고 이를 현실화시킬 가능성이 있다. 국가의 능력이 결정적으로 증가하면 대외전략의 의도 역시 변할 수 있다고 보는 것이다. 즉, 능력은 국가의 정체성을 바꾸고 국가이익의 개념도 확장시키기 때문에 온화하고 현상유지적인 국가도 육식동물 같은 현상타파 국가가 될 수 있다는 것이다. 이것이 미어샤이머가 바라보는 미중관계의 미래이다. 중국이 미국보다 더 윤리적이고 자제력을 발휘할 것이라고 볼 이유는 없다는 것이다. 미국이 과거 보였던 패권화 행보를 중국 역시 이어갈 것이고, 이 과정에서 미중 간에 긴장과 권력투쟁은 불가피할 것으로 본다. 이것이 바로 강대국 정치의 비극이라는 것이다. 생존을 위해 힘을 극대화 하는 과정에서 투쟁과 전쟁이 발생한다는 것이다. 우울한 전망이지만 어쩔 수 없다고 한다. 국제정치란 본질적으로 더럽고 위험하다는 것이 공격적 현실주의의 관점이다.

방어적 현실주의: 소극적인 안보추구가 전쟁으로 이어질 수 있다

현실주의 이론이 모두 미어샤이머의 극단적인 비관적 전망을 공유하는 것은 아니다. 방어적 현실주의 이론에서는 국가는 소극적인 안보만을 추구한다고 본다. 안전에 대한 욕구 때문에 모든 국가가 힘의 극대화를 추구한다고 보는 공격적 현실주의와는 다른 해석이다. 국제무정부상태에서 가장 안전하게 되는 방법이 팽창을 통해 패권국가가 되는 것일 수는 있지만 이는 너무 단순한 접근이라는 것이다. 방어적 현실주의는 국가가 힘의 극대화가 아니라 적정한 수준의 힘을 추구한다고 본다. 즉 국가는 안보추구자이지 반드시 팽창주의 국가는 아니라는 것이다. 힘을 극대화한다 하더라도 그로 인한 추가적인 안보의 한계이득은 점차 줄어들기 때문이다.

국가가 적정한 수준의 힘의 추구에 만족하는 또 다른 이유는 국가는 안전 이외에 다른 목표도 추구하기 때문이다. 생존뿐 아니라 풍요와 번영도 중요한 가치이다. 아무리 생존이 중요하다고 하더라도 다른 모든 가치를 희생하면서 안전만을 위해 국가의 역량을 다 쏟아부을 수는 없다. 흔히 안보는 너무 중요하므로 1% 또는 0.1%의 가능성에도 대비해야 한다고 한다. 그런데 이 말은 맞기도 하고 틀리기도 하다. 가능성이 낮아도 위험이 현실화될 경우 재앙적인 결과를 초래한다면 이를 무시하기 어려울 것이다. 그러나 개연성이 매우 낮을 경우 안보를 경제, 교육, 복지와 같은 다른 가치보다 우월하게 고려하기도 쉽지 않다. 개인적 차원의 소비 패턴이든 국가적 차원의 재원 배분이든 마찬가지다.

그렇다고 방어적 현실주의가 전쟁의 위험성을 가볍게 보는 것은 아니다. 비록 국가가 소극적인 안보를 추구한다 하더라도 이 과정에서 무력충돌이 발생할 수 있다고 본다. 자신의 안보를 증대하기 위한 노력이 상대방의 안보를 저해하거나 두려움을 초래하는 일은 얼마든지 가능하기 때문이다. 바로 로버트 저비스Robert Jervis가 명명한 안보딜레마security dilemma의 문제이다. 상호 의심과 두려움을 증폭시키고 전쟁으로 이어질 수도 있는 군비경쟁이 대표적인 예이다. 또한 날아오는 미사일을 요격하기 위한 미사일 방어는 내게는 방어적인 무기체계일지 모르나 상대방의 공격능력을 무력화한다는 점에서 위협적이다. 힘의 균형에 변화를 주기 때문이다. 다시 말해 방어적 차원에서 이루어지는 적정한 수준의 안보 추구조차도 전쟁으로 이어질 수 있다는 것이 방어적 현실주의의 경고이다.

03

자유주의 이론:
국제무정부상태에서도
협력은 가능하다

현실주의 이론의 비관적 국제정치관을 비판하고 국제협력의 가능성을 긍정적으로 평가하는 학파로서 자유주의 이론liberalism이 있다. 자유주의 이론은 현실주의의 암울한 경고에도 불구하고 국제정치에는 적지 않은 상호 협력이 존재하고 있음에 주목한다. 패권경쟁론이 빈번히 거론되지만 미국과 중국 간에는 무역과 투자를 통한 긴밀한 경제협력이 이루어지고 있다는 것이다. 자유주의자들은 글로벌 경제통합과 자본주의 시장경제체제로 인해 세력 경쟁에 몰두하는 전통적인 국제관계의 성격이 크게 변화되었다고 해석한다. 자유주의자들도 국제정치가 무정부상태에 있다는 점은 인정한다. 다만, 이들은 국제무정부상태의 개념에 대해 현실주의자들과 다른 관점을 갖고 있다. 자유주의 이론에 의하면 국제정치에서는 비록 세계정부와 같은 중앙적 권위는 존재하지 않지만 중앙 거버넌스governance 자체가 결여된 것은 아니라고 한다. 즉 약육강식의 정글이 아니라 국제법, 국제제도, 규범을 기초로 하는 거버넌스가 작동하고 있다는 것이다.

제도주의 이론(Institutionalism): 국제무정부 자체가 아니라 정보의 부족이 문제다

1차 대전은 지독한 참호전의 연속이었다. 양쪽 모두 깊은 참호를 파고 진지전을 계속하는 전투 양상 때문에 전선이 고착되는 경우가 많았다. 그런데 이때 상식적으로 이해하기 힘든 현상이 벌어지기 시작했다. 영국군과 독일군이 각자의 참호 안에서 대치하는 전투 와중에 협력의 모습들이 나타났던 것이다. 공휴일에는 전투를 중지하기도 하고 장작 수집을 위해서 상호 사격을 중지하는 패턴이 나타났다. 심지어 크리스마스 이브에는 선물을 교환하기도 했다. 그리고는 다시 전투를 재개하는 상황으로 돌아가곤 했다. 전쟁은 가장 극단적인 갈등 상황이다. 총격이 멎더라도 언제든지 다시 시작될 수 있다. 상대방은 나를 해칠 수 있고 이를 통제할 어떤 제3의 권위체도 없다. 완전한 무정부상태이다.

1차 세계대전 참호의 모습

그런데도 영국군과 독일군은 일정한 시간대에서는 사격을 중지하고 협력했다. 현실주의 이론으로는 해석하기 어려운 일이 벌어졌던 것이다. 이를 어떻게 설명할 수 있을까? 극단적 무정부상태에서 협력이 발생할 수 있었던 원인을 알아낸다면 그래서 이를 실천할 수 있다면 국제정치의 평화도 가능할지 모른다.

영국과 독일군간의 참호전에서 제한적인 협력이 발생할 수 있었던 것은 양쪽 군대에서 오랜 기간 상호작용이 반복되었기 때문이다. 즉, 공휴일에는 휴전한다는 암묵적 약속이 여러 번 반복되면서 양쪽 모두 협력을 통한 미래의 기대이익shadow of future을 공유하였던 것이다. 상대방이 배신하여 총격을 가해 오면 끔찍한 대가를 치르겠지만 이는 일회성으로 끝나는 것이 아님을 양측 모두 이해했던 것이다. 제도주의 이론은 이를 정보의 문제로 해석한다. 국제관계에서 협력이 이루어지기 어려운 것은 국제무정부 상태 그 자체가 아니라 높은 정보비용과 정보의 비대칭성에 있다는 것이다. 다시 말해 상대방의 현재 입장뿐 아니라 미래에 어떤 행동을 할지에 대해서 정확하게 알지 못하는 정보비용이 문제가 된다. 또한 정보를 가지고 있더라도 각자 서로에 대해 다른 정보를 가지고 있는 정보의 비대칭성이 문제이다. 참호전의 초기 대치 상황에서는 영국군과 독일군 모두 상대방의 의도를 알지 못하는 정보의 부족 상태에 있었을 것이다. 그러나 어떤 계기가 되었든 일정한 패턴의 상호작용이 반복되자 협력을 가능하게 할 만큼 상대방의 의도와 행동에 대한 정보가 공유되었던 것이다.

제도주의 이론가들은 정보비용을 줄이는 차원에서 국제제도의 중요성을 강조한다. 일단 제도가 만들어지고 국가들이 여기에 참여하게 되면 상대방의 선호를 알 수 있게 되고 상호 의심을 줄일 수 있다. 냉전 시대 유엔 안전보장이사회는 거부권으로 인해 집단안보의 기능은 사실상 무력화되었지만 미국은 최소한 소련의 투표 행태와 논리, 그리고 행동을 예측할 수 있었다. 이렇게 제도는 정보의 교환과 전달기제로서 특히 중요하다. 또한 정보의 투명화는 무정부상태의 압력인 상호의심과 불안을 완화하는 효과가 있다. 뿐만 아니라 국제제도에 참여하게 되면 국가들은 미래의 협력에 대한 기대이익을 갖게 되기 때문에 협력의 유인이 생긴다. 유럽연합EU이든 세계무역기구WTO든 제도는 지속감을 주고 참여국들은 배신을 함으로써 얻는 일회성 이득보다는 협력이 가져다주는 장기적인 이득을 생각하게 된다. 또한 제도는 협력을 장려하고 정당화하며 배신을 비난한다. 물론 국제제도가 세계정부와 같이 협력을 강제할 수는 없다. 그러나 국가는 단기이익 못지않게 명성reputation을 중요시하기 때문에 국제 체제에서 강조되는 협력의 장려와 배신의 비난은 개별국가의 행동에 영향을 미칠 수 있다고 본다. 이렇게 제도주의 이론은 국제무정부상태에서 국가들이 이기적인 국익을 추구하는데도 협력이 발생할 수 있다는 흥미로운 통찰을 제시했다. 세계평화, 인류 공영과 같은 도덕주의적 호소가 아니라 현실주의가 가정하는 국제무정부상태와 이기적인 국가행동을 수용하면서도 현실주의와는 다른 결론을 도출한 것이다.

제도주의 이론은 중국이 국제제도에 적극적으로 참여하고 있는 상황을 긍정적으로 평가한다. 중국은 WTO, 아시아태평양경제협력체APEC와 같은 국제경제기구 뿐 아니라 포괄적핵실험금지조약CTBT, 핵확산금지조약NPT과 같은 군비통제기구에 이르기까지 국제제도에 대한 참여수준을 높이고 있다. 제도주의자들은 중국이 국제제도에 깊숙이 참여한다는 것은 현 국제질서에 대한 중국의 현상유지적 태도를 반영하는 것으로 해석한다. 또한 일단 국제기구에 참여한 이상 규칙을 어기거나 탈퇴가 쉽지 않기 때문에 중국이 공격적이거나 현상타파적인 행보를 보이기 어려울 것으로 전망한다. 국제제도 참여시 연루효과, 규칙 미준수시 이미지 비용 효과가 있기 때문이라는 것이다. 또한 국제제도에 참여할수록 중국과 국제 정치경제 시스템과의 상호의존관계도 심화된다고 강조한다.

경제적 상호의존론(Economic Interdependence): 세계화 시대에 충돌은 시대착오적이다

자유주의적 무역질서가 보편화되고 상품, 서비스, 인력이 개별 국가의 국경을 넘어 자유롭게 이동하는 세계화 시대를 맞아 경제적 상호의존을 강조하는 자유주의 관점도 꾸준한 관심을 받고 있다. 많은 국가들의 경제적 이해관계가 너무 깊숙하게 얽혀있기 때문에 무력을 통한 이해관계의 해결이 거의 불가능할 정도에 이르렀다는 것이다. 현실주의자들은 안보를 흔히 상위정치high politics, 경제를 하위정치low politics로 구분하는데, 경제적 상호의존을 강조하는 자유주의자들은 이런 위계적 구분에 동의하지 않는다. 오히려 시장이 정치를 제한하고 구속하는 효과가 있다는 것이다. 국가 간의 복합적 상호의존이 심화된 오늘날에는 군사문제가 경제와 환경문제보다 반드시 중요한 것이 아니라는 것이다. 국가가 직면하고 있는 문제간에 등급과 서열은 없으며, 안보가 다른 모든 것을 압도하는 것은 결코 아님을 지적하는 것이다. 오히려 지나친 군비확장은 국력을 약화시키고 무역을 통한 중상주의야말로 부국강병의 근본임을 강조하기도 한다.

시장의 이해관계는 정치적으로 모험주의적인 행동을 구속하는 효과가 있을 뿐 아니라 글로벌 자유무역 체제하에서는 더 이상 파워 정치에 의존할 필요 자체가 없어진 측면이 있다. 일본이 1930년대에 대동아공영권을 주창한 것은 정복을 통해서만 시장에 접근할 수 있었기 때문이다. 그런데 전후 일본은 무역을 통한 중상주의 강국 노선을 견지하고 있다. 이제 원자재와 시장을 확보하기 위해 제국주의에 의한 식민지 건설이 필요한 시대는 지나갔다는 것이다. 또한 상호의존은 국내 정치에도 영향을 미친다. 1차 대전 이전 프랑스가 독일의 힘이 커지는 것을 두려워했고 이를 저지하기 위해 노력했다면, 유로화를 공유하는 등 경제가 통합되어 있는 현재 상태에서는 상대방의 힘을 약화시키는 정책이 프랑스의 국내 경제에도 악영향을 미치고 정치인 개인에게도 도움이 되지 않는다는 것이다.

현실주의자의 반론

경제적 상호의존으로 인해 국가 간 무력충돌의 가능성과 필요성이 줄어들었다는 자유주의자의 견해에 대해 현실주의자는 의문을 제기한다. 경제적 이익 때문에 무력의 사용을 자제할 수는 있지만 중요한 안보이익과 경제이익이 충돌하면 대부분의 국가는 안보를 우선시한다는 것이다. 경제는 부의 많고 적음의 문제지만 안보는 생존의 문제이기 때문이다. 또한 국가가 의사결정을 하는 기본 관점에 대해 현실주의와 자유주의는 차이를 보인다. 자유주의자들은 절대적 이득absolute gains의 관점에서 무역을 바라본다. 상대방이 얼마만큼의 이득을 얻든 간에 자신의 이득을 최대화하는데 관심이 있다는 것이다. 반면 현실주의자들은 상대적 이득^{relative gains}의 문제에 주목한다. 내가 이득을 많이 얻는 것도 중요하지만 상대방이 나보다 많은 이득을 얻는 것에 극히 민감하다는 것이다. 무역의 상대적 이득에 국가가 민감한 이유는 이러한 이익의 불균등이 누적될 경우 종국적으로 상대방과 자신간의 국력차이, 즉 세력균형이 변화하기 때문이다. 이로 인해 국가들은 단순히 무역의 이득에 만족하지 않고 상대보다 더 많은 이득을 얻기 위해 행동하는 제로섬^{zero sum} 게임에 빠지게 된다는 것이다. 따라서 상대적 이익의 배분 문제로 분쟁이 발생할 수 있으며 협력 자체가 어려울 수 있다고 강조한다.

또한 상호의존이 공동의 이익을 위한 협력을 조장할 수도 있지만 이는 갈등의 원천으로 작용하기도 한다. 내가 상대방에게 의존적이라는 것은 그만큼 자신의 취약성을 담보 잡힌 것과 같고 갈등상황이 도래하면 상대방은 이를 무기로 이용할지도 모른다. 이 때문에 국가는 가능하다면 상호의존보다는 자족적인 상태^{autarky}를 선호하는 경향이 있다. 양차 세계 대전에서의 독일이나 태평양전쟁에서의 일본이 보여준 행태도 마찬가지이다. 특히 두 당사국이 상호 의존관계에 있다 하더라도 한쪽이 덜 의존적이라면 이는 양국관계에서 권력의 원천으로 작용할 수 있다. 국가는 이 때문에 상호의존의 비대칭성을 자신에게 유리하게 만들기 위해 노력한다는 것이다. 또한 일본이 전후에 철저하게 무역에 의존하여 국력을 키워가는 국가전략을 세웠다는 자유주의자들의 주장에 대해 현실주의자들은 누군가가 일본의 안보를 제공했기 때문에 그것이 가능했다고 지적한다. 만약 미국의 관여가 사라진다면 일본은 비군사화된 경제일변도의 국가전략을 고수하지 않을 것이라는 얘기다. 1910년대에 이미 여러 저술들은 국제정치에서 전쟁은 무의미해졌다고 선언한 바 있다. 노동자와 지식인의 연대, 자본의 흐름 등 모든 것이 전쟁을 불가능하게 만들었다는 것이다. 그러나 이러한 역사적 낙관주의가 무색하게 1차 대전이 발발했고, 전쟁의 참화를 반성한 이후에도 인류는 다시 2차 대전이라는 오류를 반복했음을 현실주의자들은 상기시킨다.

국제제도가 협력을 가능하게 한다는 제도주의의 주장에 대해서도 현실주의자들은 유보적 태도를 보인다. 제도는 국가들의 세력관계를 반영하는 것에 불과하고 만약 국가의 핵심 이익이 국제규범이나 제도와 충돌한다면 국가는 이익에 따라 행동할 것이라는 지적이다. 중국이 국제제도에 적극적으로 참여하고 있는 현상도 현실주의자들은 다분히 베이징의 전략적인 선택의 결과로 본다. 강대국으로 부상하기 위해 경제발전에 집중해야 하고 안정적인 대외환경이 필수적임을 잘 인식하고 있는 중국이 당분간은 현존 국제질서를 활용하고 있다는 주장이다. 현실주의자들은 중국의 능력이 커질수록 현상타파적인 행동이 나올 수 있고 국제제도도 중국의 변화된 위상에 맞게 재편을 시도할 것이라고 전망한다. 이렇듯 자유주의자와 현실주의자 간의 논쟁은 간단하게 끝날 성질의 것이 아니다. 다만, 상호의존이 심화되고 국제체제의 거버넌스가 존재하는 현대의 국제정치 이면에도 갈등과 세력경쟁이 잠복해 있다는 현실주의자의 경고는 타당해 보인다.

04

어떤 무정부상태에
살고 있는가?

국제정치가 무정부상태라는 공간에서 벌어지고 있다 하더라도 무정부상태의 성격이 세계 어디서나 동일한 것은 아니다. 미국과 캐나다는 국경을 접하고 있지만 상호간에 안보적 위협을 느끼지 않고 있다. 서유럽은 유럽통합의 과정을 심화시켰고 이제 전쟁은 더 이상 국가정책의 수단으로 상상하기 어려운 정도가 되었다. 반면 중동은 상황이 다르다. 이스라엘과 일부 아랍국가 간에는 적대관계와 전쟁 가능성이 남아 있다. 이라크, 시리아에서는 종파 분쟁이 내전으로 발전하였고 여기에 주변국들이 복잡하게 얽혀서 돌아가는 혼돈이 지속되고 있다. 한편 미중관계와 미러관계는 협력과 경쟁이 공존하는 다소 모호하고 가변스러운 상황을 보여주고 있다.

무정부상태의 성격을 개념적으로 설명하기 위해 홉스적 문화, 칸트적 문화, 로크적 문화로 구분하기도 한다. 홉스적 문화는 적자생존이 지배하는 극단적인 무정부상태를 가리킨다. 여기서는 상대 국가를 적으로 인식하고 항상 최악의 상황에 대비해야 하므로 군사력이 결정적으로 중요하다. 내전으로 파괴된 17세기 영국에 살던 홉스가 강조했던 불안전과 무력, 생존경쟁의 상태를 말한다. 이와는 반대되는 개념이 칸트적 문화다. 국내정치와 같은 중앙 권위체는 없지만 구성원들은 상대 국가를 적이 아니라 동반자로 인식하는 세계를 뜻한다. 여기서는 세력균형이나 군사력 증강이 아니라 집단안전보장 체제를 통해 안보를 추구한다. '특별한 관계special relationship'로 불리는 미국과 영국과의 관계에 해당하는 국제무정부상태 모델이다. 마지막으로 로크적 문화가 있다. 홉스보다 반세기 이후 보다 안정된 영국을 경험한 로크는 국제무정부상태가 중앙정부는 없지만 사람들이 커뮤니케이션을 할 수 있다는 점 때문에 홉스가 우려했던 것만큼 위험하지는 않다고 보았다. 여기서는 상대 국가는 순수한 동반자도 아니고 그렇다고 완전한 적도 아닌 경쟁자로 간주된다. 협력과 갈등이 공존하며 분쟁이 생기는 경우에도 상대를 완전히 없애려는 총력전보다는 제한적인 전쟁을 통해 해당 문제만을 해결하려 하는 경향이 있다고 한다. 따라서 국가들은 적절한 수준의 안보를 추구하며 군사력의 유용성이 절대적이지 않은 성격을 갖는다.

특정 상황이 어떤 국제무정부상태에 가까운지 파악하는 것은 매우 중요하다. 만약 칸트적 문화라면 국제 레짐이 작동하고 평화에 대한 안정적인 기대가 공유되고 있기에 안보보다는 경제, 문화적인 가치들이 중요한 국가적 목표가 될 것이다. 이런 상황에서 무력이나 세력균형 등 현실주의의 처방에 골몰하는 것은 시대착오적인 집착이 될 것이다. 반면 구성원들 간의 적대성이 크고 내일이라도 전쟁이 발생할 수 있는 위험한 홉스적 무정부상태라면 생존이 국가의 최우선 과제가 되어야 할 것이다. 무역이나 국제제도를 강조하는 자유주의자들의 제안은 순진하고 때론 위험한 처방이 될 수도 있다. 현실의 세계는 많은 경우 협력과 갈등이 공존하는 로크적 문화에 해당할지 모른다. 그러나 로크적 문화가 유지되기 위해서는 갈등과 협력 사이에 미묘한 균형이 지속되어야 하는데 만약 갈등이 발생한다면 홉스적 문화로 바뀔 수 있다. 결국국제정치의 과제는 홉스적 문화를 로크적 문화로 그리고 가능하다면 칸트적 문화로 변화시키려는 노력, 그리고 그 과정에서 해당 무정부상태에 적실한 진단과 정책적 처방을 내리는 일이 될 것이다.

참고문헌

이근욱. 2009. 『왈츠 이후: 국제정치이론의 변화와 발전』 서울: 한울아카데미.

존 미어셰이머(이춘근 옮김). 2004. 『강대국 국제정치의 비극』 서울: 나남출판.

주펑(이상원 옮김). 2014. 『국제관계이론과 동아시아안보』 서울: 북코리아.

Betts, Richard. 2004. *Conflict After the Cold War.* New York: Longman.

Brown, Michael E. eds. 1999. *Theories of War and Peace.* Cambridge, MA: The MIT Press.

Doyle, Michael. 1983. "Kant, Liberal Legacies, and Foreign Affairs." *Philosophy and Public Affairs.* Vol. 12, No. 3.

Jervis, Robert. 1976. Perception and Misperception in International Politics. Princeton, NJ: Princeton University Press.

Keohane, Robert O. 1984. *After Hegemony: Cooperation and Discord in the World Political Economy.* Princeton, NJ: Princeton University Press.

Mearsheimer, John. 1990. "Back to the Future." *International Security.* Vol. 15, No. 1.

Oye, Kenneth A. ed. 1986. *Cooperation under Anarchy.* Princeton, NJ: Princeton University Press.

Powell, Robert. 1994. "Anarchy in International Relations Theory: the Neorealist-Neoliberal Debate." *International Organization*, Vol. 48, No. 2.

Snyder, Jack. 2004. "One World, Rival Theories." *Foreign Policy* (November/December 2004).

Waltz, Kenneth N. 1979. *Theory of International Politics*. Reading, MA: Addison-Wesley.

국제체제의 변화가
평화적으로 가능한가?

세상은 끊임없이 변화한다. 기존 패권국은 힘이 쇠하고 새로운 강국이 부상한다. 로마, 스페인, 영국, 그리고 미국으로 헤게모니의 주인은 계속 바뀌어 왔으며 국제체제도 그에 맞게 다른 모습을 띠어 왔다. 문제는 이런 변화가 평화적으로 이루어지는가, 아니면 전쟁이란 과정을 수반하는가이다. 국제체제내의 힘의 변화가 무력충돌로 귀결된 1, 2차 세계대전은 오늘날의 국제정치에도 많은 생각할 거리를 제공한다. 신흥 강대국의 부상을 어떻게 바라보아야 하는지, 언제 강하게 억제해야 하고 언제 이를 달래야 하는지는 백 년 전이나 지금이나 중요한 질문이다. 또한 20세기 초 유럽의 동맹체제가 어떻게 만들어지고 변화했는지, 그리고 독일과 러시아 간의 안보딜레마가 어떻게 위기 증폭을 가져왔는지에 대한 문제는 오늘날 한반도 안보에도 시사하는 바가 크다. 양차대전의 반성으로 탄생한 집단안전보장도 유엔의 역할과 관련하여 그 유용성과 한계를 살펴볼 필요가 있다.

01

평화적 변환,
국제정치의 핵심 질문

현존하는 국제체제는 결국 기존 강대국이 정한 게임의 법칙이라고 할 수 있다. 2차 대전이 끝난 후 유엔 안전보장이사회 상임이사국은 전쟁에서 승리한 연합국들이 차지했다. 미국, 영국, 프랑스, 러시아는 처음부터 상임이사국 지위를 획득했고 중국은 1971년도에 중화민국_{타이완}을 대신하여 상임이사국이 되었다. 유엔이라는 집단안전보장체제는 이들 5개 상임이사국 중 어느 한 나라의 의사에만 반해도 작동하지 않는다. 핵무기를 합법적으로 정당하게 보유하고 있는 국가도 이들 5개 상임이사국뿐이다. 그 외의 국가가 핵무장을 시도하면 국제 비확산체제^{NPT}에 도전하는 불량국가로 낙인이 찍히며 심각한 제재를 받는다. 물론 이스라엘과 같이 NPT 체제를 벗어나 사실상의 핵보유국이 된 경우가 있다. 그러나 이 역시 미국의 특별한 우방국이기 때문에 가능한 국제체제의 불공정함을 보여주는 사례일 뿐이다. 미국이 이스라엘의 핵 보유는 사실상 묵인하면서 이라크와 이란의 핵무기 개발 시도는 용인치 않는 것은 이중기준이라는 비판이 제기되는 것도 이 때문이다. 경제 질서도 마찬가지이다. 2차 대전 종전 직전인 1944년 7월 연합국 44개국은 미국 뉴햄프셔주 브레튼우즈에 모여 환율의 안정, 자유무역과 경제성장의 확대를 추구하는 브레튼우즈 체제라는 국제통화체제를 발족시킨 바 있다. 그리고 이를 실현하기 위해 창설된 것이 IMF와 세계은행이다. 그런데 이 브레튼우즈 체제는 철저히 미국을 비롯한 서방국가들의 이해관계를 대변하는 방향으로 만들어졌고 운영되고 있다. 세계은행 총재는 미국인이, IMF 총재는 유럽인이 각각 독점하며 맡아 오고 있는 것은 그 한 모습이다. 또한 IMF 의결권 중 미국은 최대 지분인 16.5%를, 유럽연합은 32.4%를 각각 가지고 있다. IMF의 주요 의사결정에 85%의 지지가 필요하므로 미국은 사실상 거부권을 가지고 있는 셈이다.

평등한 주권국가로 구성된 근대국가 시스템이 사실은 힘의 차이가 적나라하게 반영된 불평등한 체제라는 점은 놀랄만한 일도 새로운 일도 아니다. 로마의 제국 시스템이나 중세 봉건제도에서나 국제정치는 항상 평등하지 않았다. 어찌 보면 불균등한 힘을 반영한 국제체제는 불평등하기는 하지만 불공정하다고 할 수는 없을지 모른다. 문제는 국제체제에서 힘의 배분이 변하는 경우이다. 기존 강대국이 상대적으로 쇠퇴하고 신흥 강대국이 등장할 때 힘의 배분 현실과 발언권 간에 괴리가 커지게 된다. 현재 경제력 세계 3위인 일본과 영국, 프랑스를 능가하는 유럽의 강국 독일은 유엔 상임이사국이 아니며 세계평화의 문제에 대해 거부권이 없다. 세계 GDP의 15.4%를 차지하는 세계 2위 경제대국 중국은 아직 IMF에서 고작 3.8%의 지분만을 가지고 있다. 세계 GDP의 5.4%를 차지하는 인도의 의결지분도 2.3%에 불과하다.

신흥강대국은 자신의 증대된 힘에 걸맞는 위상과 발언권을 요구하기 마련이다. 이렇게 되면 현존 질서를 유지하고자 하는 기존 강대국과 당연히 갈등을 빚게 된다. 유엔 상임이사국 지위, 국제체제에서의 의결권, 기축통화, 방공식별구역, 영유권 등 국제체제에서 영향력과 발언권을 둘러싸고 경쟁하며 충돌하는 것이다. 신흥 강대국의 요구가 현존 국제 질서 안에서 수용된다면 극단적 충돌은 피할 수 있을 것이다. 이는 기존 강대국이 자신의 영향력 감퇴와 이익의 축소를 받아들인 경우다. 그러나 이는 쉽지 않은 문제다. 2010년 미국 오바마 행정부는 중국 등 신흥국의 거듭된 지분 확대 요구에 대응하여 미국의 IMF 의결권 지분을 0.5% 줄이는 방안을 마련한 바 있다. 그런데 미국 의회는 아직도 이를 통과시키지 않고 있다. 거부권 행사에 필요한 15%를 포기하지 않는 인색한 개혁안이었음에도 불구하고 자발적인 양보는 이렇듯 쉽지 않다. 따라서 이런 불균형 상황이 지속되면 신흥 강대국은 기존 국제질서에 도전하는 현상타파 세력이 되고 그 종국적 해결은 전쟁이 될 수도 있을 것이다.

국제체제는 구질서를 지탱하던 힘의 배분이 변하고 마침내 그 임계점을 넘어 폭발할 때 새로운 질서로 변모하여 왔다. 1648년 베스트팔렌체제는 17세기 유럽의 모든 강대국들이 참여했던 30년 전쟁이 끝나면서 등장했다. 이로써 주권영토 국가가 국제체제의 가장 지배적인 형태로 등장했고 네델란드와 스위스가 독립하는 등 유럽은 오늘날과 비슷한 지도를 갖게 되었다. 나폴레옹이 유럽을 뒤흔들고 난 후 1815년에는 비엔나체제Vienna System가 등장했고, 1차 대전이 끝난 후에는 1919년 파리평화조약이 유럽의 질서를 규정했다. 즉, 나폴레옹 전쟁 이후 오스트리아 등 8개 승전국이 구축한 비엔나체제는 프랑스 혁명이 불지핀 자유주의와 민족주의의 확산을 막기 위한 반동적, 복고적 질서를 만들어 냈고, 1차 대전을 종료시킨 파리조약^{Treaties of Paris}은 국제연맹의 탄생, 독일에 대한 혹독한 제재, 유럽 각국 영토의 귀속과 조정 등을 규정하였다. 2차 대전의 포츠담 회담 이후에는 전쟁의 참화를 직접 겪은 유럽이 상대적으로 쇠퇴하고 미국과 소련이 자본주의와 사회주의 양대 진영을 이끌었다. 1990년대 초반 냉전이 종식되고 소련이 무너진 후에는 영미식 자본주의 질서가 전세계로 침투하며 세계화를 가속화시켰다. '워싱턴 합의^{Washington Consensus}'가 확산되고 심지어 역사의 종언이 회자되면서 미국적 질서가 세계의 표준이 되는듯했다. 그러나 9.11 테러와 계속되는 국제테러리즘의 발호, 중국의 부상과 도전, 푸틴이 이끄는 러시아의 재부상 등이 이어지면서 탈냉전 초기 미국의 일극적인 초강대국 지위는 손상 받게 되었다.

힘의 배분이 변할 때 기존 국제체제는 변할 수밖에 없음을 역사는 보여준다. 문제는 그 변화가 평화적으로 가능한가이다. 양차대전을 통해 독일은 두 번이나 세계대전을 촉발하며 기존 질서에 정면으로 도전했다. 대영제국은 신흥 강대국 미국과 전쟁 없이 '명예롭게' 세계 패권국의 지위에서 물러났다. 1차 대전과 2차 대전 사이에 파운드화는 달러화와 경쟁했지만 결국에는 주도권을 상실하였다. 영국은 결국 제국의 유지에 필요한 해군력을 유지할 돈이 없었던 것이다. 힘의 배분이 변하고 있는 오늘날, 국제정치의 핵심 질문이 다시 제기된다. 평화적 변환^{peaceful change}은 가능한가?

02

독일 권력의 증가와
제1차 세계대전

제1차 세계대전은 1,500만명의 생명을 앗아간 재앙적 대사건이었다. 대전이 끝난 후 유럽의 한 젊은 세대가 사라졌을 정도로 깊은 상처와 피해를 남겼다. 전후 국제질서에도 근본적 변화가 이어졌다. 당시 독일, 오스트리아-헝가리, 러시아라는 3개의 유럽제국은 1차 대전 후 소멸했고, 세력균형의 중심도 이동하였다. 전쟁으로 황폐해진 유럽 대신 미국과 일본이 국제사회의 중요한 행위자로 등장한 것이다. 대전 와중에 러시아에서는 볼셰비키 혁명이 발생하고 이후 미소 냉전이라는 이데올로기 대결의 씨앗이 뿌려졌다. 뿐만 아니라 현대 국제정치에서 끊임없이 제기되는 중요한 문제들이 백 년 전의 대사건에서 이미 많이 나타났다.

1차 대전의 복합적 원인

그렇다면 이러한 대사건은 왜 발생했을까? 1차 대전의 원인은 복합적이다. 1914년 6월 28일 사라예보에서 세르비아 청년이 오스트리아 황태자 프란츠 페르디난트Franz Ferdinand 부부를 암살한 사건은 촉발요인이었다. 당시 발칸에는 오스만 투르크와 오스트리아 제국의 압제로부터 벗어나려는 슬라브 민족주의가 고조되고 있었다. 사라예보 사건은 바로 슬라브 민족주의의 구심점인 세르비아와 제국의 해체를 두려워 한 오스트리아와의 충돌에 불을 당긴 사건이었다. 만약 이 때 오스트리아와 세르비아간 충돌로 그쳤다면 사라예보 사건은 발칸 분쟁으로 그쳤을 것이다.

그러나 오스트리아의 세르비아에 대한 선전포고 후 불과 일주일 만에 유럽의 전 열강들이 전쟁에 휩싸이면서 세계대전으로 확대되었다. 러시아는 같은 슬라브 민족인 세르비아를 지원하고 러시아와 동맹관계에 있던 프랑스와 역외균형자 역할을 하던 영국이 이에 합세한 반면, 독일은 오스트리아, 터키, 불가리아 등과 연합하였다. 즉, 영국, 프랑스, 러시아의 삼국협상 진영과 독일, 오스트리아, 이태리의 삼국동맹 간의 대결 전선이 구축되었다. 결국 복잡하고 경직된 동맹체제가 얽혀들어가며 발칸분쟁이 세계대전으로 확대된 것이다.

1차 대전의 진영이 이렇게 구성된 데에는 독일 빌헬름 2세Wilhelm II의 경솔하고 모험주의적 외교정책에도 원인이 있었다. 1870년 보불전쟁에서 승리하고 역사상 처음으로 통일을 달성했던 독일은 1890년까지는 비스마르크Otto von Bismarck 재상 하에서 신중한 외교 기조를 견지하였다. 즉, 독일에게 알자스-로렌 지방을 빼앗기고 복수를 노리고 있는 프랑스를 고립시키고 해양 강국인 영국과의 충돌을 회피하는 것이 비스마르크의 외교기조였다. 이를 위해 러시아와 재보장조약을 체결하여 우호관계를 유지하였고, 해군력 건설을 포기함으로써 영국의 경계심

1차 대전 이전의 유럽

을 사지 않도록 노력하였다. 그런데 빌헬름 1세에 이어 황제에 오른 빌헬름 2세는 비스마르크를 해임시키고 그가 공들여 유지해 온 역내질서 관리 원칙을 변경하고 만다. 즉 러시아와의 재보장조약 연장을 거부함으로써 1894년 오히려 러시아와 프랑스간 동맹이 맺어지는 결과를 초래했고, 이로써 비스마르크가 그토록 고심하며 유지했던 대륙에서 프랑스의 고립이 종식된다.

여기에 더해 빌헬름 2세의 함대 건설은 영국에게 직접적인 위협이 되었다. 이에 영국은 마침내 명예로운 고립정책을 포기하고 프랑스, 러시아와 해군협정을 체결하며 독일의 반대진영에 가담하게 되었다. 물론 독일의 공세적인 외교정책이 단순히 빌헬름 2세 개인의 선택 문제만은 아니었다. 독일은 당시 국력이 객관적으로 증가하고 있었고 이를 바탕으로 기존 제국주의 세력인 영국, 프랑스와 식민지 경쟁을 벌였던 것이다. 특히 여기에는 독일 내 지주귀족들과 거대 자본가들의 연합세력이 해외 식민지 건설 등 팽창주의를 강력히 지지했던 국내 정치적 차원의 힘도 작용하였다.

신흥대국을 바라보는 기존 패권국의 고민

1차 대전은 국제체제 측면에서 보면 독일제국의 힘이 증가한 것이 구조적 원인이었다. 예를 들어 영국의 산업생산력은 1860년대 전 세계 25%에서 1913년에는 10%로 축소된 반면, 독일의 생산량은 15%로 증가하였다. 이런 경제력을 바탕으로 빌헬름 2세가 본격적인 건함경쟁에 뛰어들자 영국은 대영제국의 위상을 걱정하기 시작하였던 것이다. 기존의 패권국 입장에서 중요한 것은 신흥 강대국이 과연 어떤 국가인지를 파악하는 일이다. 다시 말해 신흥 강대국이 기존 국제질서를 부정하고 근본적 판도를 바꾸려는 현상타파 세력인지, 아니면 자신의 변화된 위상을 기존 질서와 조화시켜 나가려는 제한된 목적을 갖고 있는지를 판단하는 문제이다.

그러나 무엇이 진정한 의도인지를 알기는 어렵다. 신흥대국은 종종 평화로운 부상을 약속하지만 그것이 진심인지 확인할 방법이 없기 때문이다. 설령 현상유지를 약속하는 현재의 의도가 진심이라 하더라도 미래에도 그러할지는 장담할 수 없다. 국가도 개인과 같아서 힘이 커지면 정체성도 확장되며 팽창적인 의도를 가질 수 있음을 역사는 반복해서 보여주고 있다. 독일의 부상을 걱정스럽게 관찰하고 있던 당시 영국 외무성 사무차관 에어 크로Eyre Crowe는 1907년 한 보고서를 통해 기존 패권국이 갖는 이러한 고민을 토로한 바 있다.

독일은 영국의 존망을 위협하는 정치적 패권을 목표하고 있거나, 그와 같은 야망이 없이 단지 신도적 국가로서 독일의 정당한 위치와 영향을 이용하는 것을 생각할 수 있다. 그러나 이 중 어느 것을 받아들일 것인가를 영국정부가 결정할 실질적인 필요는 없다. 왜냐하면 두 번째 계획이 어느 순간에 첫 번째로 합쳐지거나 의식적 계획으로 바뀔 수 있다는 것이 명백하기 때문이다.

크로 차관이 내린 결론은 독일이 내건 진심과 약속은 의미가 없다는 것이다. 일단 독일이 해군력의 우위를 달성하고 나면 그것은 독일의 의도와 상관없이 대영제국의 위상과는 양립할 수 없는 객관적 위협이라는 것이다. 야심을 드러내지 않았을 뿐 어떤 의도를 품고 있는지 알 수 없었다. 더욱이 의도 자체가 어떻게 변할지 알 수 없다는 것이 문제였다. 너무나 중요한 이해가 걸려 있기 때문에 영국은 최악의 경우를 가정하지 않을 수 없다는 것이 그의 판단이었다. 그렇다면 1차 대전 위기의 원인은 독일의 의도 또는 이를 반영하는 특정 행동 때문이 아니라 독일의 증가된 능력, 즉 커진 힘 자체가 된다.

신흥국의 부상과 이를 바라보는 크로식의 해석은 현대 국제정치에도 시사점이 있다. 첫째, 냉전이 종식되고 독일이 통일되면서 독일 문제가 다시 제기되고 있다. 1870

1차 대전 당시 독일군 모병 포스터

년 보불전쟁, 1914년 1차 대전, 1939년 2차 대전에서 강력한 독일은 항상 유럽에서 전쟁을 일으킨 방아쇠였다. 따라서 통일 독일의 등장은 유럽의 지정학적 대변화로서 다시 한번 주목받고 있는 것이다. 물론 21세기 유럽은 과거와 많이 다르다. 유럽통합이 진전되어 있고 성숙한 민주국가인 독일이 군국주의적 의도를 가질 것이라고 볼 근거는 특별히 없다. 그러나 유럽의 최대 경제대국인 독일의 객관적 힘은 과거나 지금이나 마찬가지라는 점에 현실주의자들은 주목하고 있다. 두 번째 시사점은 중국의 부상이다. 크로와 같이 신흥대국의 객관적 능력을 중요시하는 관점에서는 중국과 미국간의 패권경쟁이 불가피하다고 여긴다. 그것은 태평양에서 미국의 기득권이 중국의 커지는 힘과 객관적으로 양립 불가능하다고 보기 때문이다. 미국과 중국이 서로 상대방에게 무엇을 요구하고 또 양보할 것인지, 그 과정에서 충돌 없이 새로운 질서가 만들어질 수 있을지가 21세기 국제정치의 가장 중요한 과제이다.

03

1차 대전의 원인에 대한
다른 설명: 공격 우위의 공포

공격-방어 균형과 안보딜레마 이론

1차 세계대전의 원인을 다른 각도에서 분석하는 설명으로 '공격-방어 균형이론offense-defense balance theory'이라는 것이 있다. 이 이론을 제시한 반 에베라Stephen Van Evera는 왈츠의 세력균형적 관점만으로는 국가의 행동을 충분히 설명할 수 없다고 비판한다. 즉, 상대적 힘이라는 국력의 총량만을 변수로 국가행동의 세밀한 부분을 이해할 수 없으며, 개별 상황에서 적용되는 특정한 군사적 힘이 중요하다고 보았다. 반 에베라는 그 특정한 군사적 힘을 공격능력과 방어능력으로 구분하였다. 즉, 군사전략, 당시의 군사기술 상황, 지형적 조건 등에 따라 공격과 방어 간의 균형이 달라지며, 국가의 행동은 이 공격-방어 균형이 어떠한지에 따라 영향을 받는다는 것이다.

반 에베라는 1차 대전을 당시 유럽대륙에 퍼져 있던 공격우위 공포의 결과로 해석한다. 즉, 공격이 방어보다 유리하고 효과적이라는 믿음을 공유하고 있었기 때문에 선제공격을 당할 것에 대한 두려움이 만

연했다는 것이다. 독일과 러시아는 서로 상대방이 선제공격을 할 가능성에 대해 걱정했으며, 특히 러시아가 총동원령을 발령하자 독일은 너무 늦기 전에 대응해야 한다는 공포에 시달렸다는 것이다. 이런 상황에서는 신중한 외교교섭이나 전략적 고려를 할 여유가 없어진다. 선제공격의 공포란 바꾸어 얘기하면 공격을 통해 빠른 시간내에 승리할 수 있다는 자신감이기도 했다. 당시 유럽 사람들은 전쟁은 단기적이고 결정적일 것이라고 예상했다. 전쟁은 마치 상쾌한 폭풍처럼 공기를 맑게 해줄 것이란 믿음을 줄 정도였다고 한다. 이런 상황에서 다른 나라가 먼저 공격하도록 기다린다는 것은 자살행위라고 여겨졌다.

공격-방어 균형 이론은 안보딜레마 이론을 기초로 하고 있다. 안보딜레마security dilemma란 어느 일방의 안보증진 노력이 상대방의 안보를 저해하는 상황을 말한다. 즉 공격적 의도 없이 순수하게 자신의 안보를 위해 취하는 방어적인 조치라도 상대국의 안보를 위협하게 된다는 딜레마를 가리킨다. 이 경우 상대방의 적대적인 반응을 불러일으키고 이는 연쇄적으로 악순환적인 반응을 초래한다는 것이다. 현상을 타파하려는 침략국이 없는데도 군비경쟁이 일어나고 의도하지 않은 무력 충돌까지 발생하는 상황을 말한다. 이러한 안보딜레마는 상대방의 의도를 알 수 없는 국제무정부상태에서 기인하는 구조적인 문제이다.

더욱이 국가들은 종종 이런 문제가 존재하는지조차 모르는 경우가 있어 문제의 심각성을 키운다. 왜냐하면 상대방의 관점을 통해 세상을 보지 않기에 자신의 행동이 위협적으로 보일 수 있다는 점을 인식하지 못하기 때문이다. 의사결정자들은 흔히 자신들의 행동을 상황situation 때문에 어쩔 수 없이 취해지는 방어적인 것으로 간주한다. 그리고 이는 누구에게나 자명할 것으로 여기곤 한다. 반면에 상대방의 행동은 객관적인 상황이 아니라 공격적인 동기motives나 목표의 관점에서 해석하는 경향이 있다고 한다. 인지 이론attribution theory은 바로 국가간에 흔히 발생하는 이러한 오류 가능성을 지적하고 있다.

안보딜레마의 강도: 공격·방어의 구별 가능성과 상대적 용이성

안보딜레마가 얼마나 강력하게 작동하는가는 두 가지 변수에 달려 있다. 하나는 공격과 방어의 구별 가능성offense-defense differentiation이고, 다른 하나는 공격작전과 방어작전의 상대적 용이성offense-defense balance 이다. 먼저 공격과 방어의 구별 가능성은 풀어 말하면 어떤 국가를 방어하는 특정 무기나 정책이 동시에 공격능력까지 제공하는가의 문제를 말한다. 방어란 본질적으로 적을 자국의 영토로부터 축출하는 행동이다. 따라서 부동성immobility이 핵심이다. 예컨대 성벽이나 지뢰 등은 대표적 방어무기체계이고 상대방을 위협하지 않는다. 반면, 전차, 전투기, 미사일 등은 대표적인 공격무기이고 이는 기동성을 특징으로 한다. 문제는 대부분의 무기가 공격과 방어 모두를 위해 사용 가능하다는 점이다. 즉, 공격과 방어의 구별은 많은 경우 무기 자체의 성격이 아니라 지리적 조건과 무기를 운용하는 방식 등 특정한 상황에 의해 결정된다는 것이다. 공격과 방어의 구별이 곤란할 경우 국가는 상대방에게 자신의 방어적 의도를 전달할 방법이 없게 된다. 따라서 최악의 상황을 가정한 국가들의 행동으로 인해 안보딜레마가 강력하게 작동한다.

안보딜레마의 강도를 결정하는 두 번째 변수는 공격과 방어 중 어느 것이 쉬운가 하는 것이다. 여기에는 다시 두 가지 차원이 있다. 하나는 동일 비용을 들일 때 공격능력을 구축하는 것이 유리한지 아니면 방어능력을 갖는 것이 효과적인지의 문제이다. 다시 말해 상대국가가 공격능력에 일정 비용의 군비를 투자했을 때 이를 상쇄하기 위한 방어능력 구축에 얼마의 비용이 들어가는가의 질문이다. 예컨대 북한이 1조 원을 들여 구축한 스커드 미사일의 공격능력을 상쇄하기 위해 한국이 2조 원의 미사일 방어망 건설이 필요하다면 이는 공격 우위의 상황에 해당한다. 무엇이 더 유리한지에 따라 군비를 공격능력에 써야 할지, 방어능력에 써야 할지에 영향을 미치게 된다. 즉, 공격능력 구축이 방어능력 구축보다 비용면에서 유리하다면 이는 군비경쟁을 유발하는 효과를 갖는다. 공격-방어 용이성의 두 번째 차원은 주어진 군사력으로 공격이 쉬운가, 방어가 쉬운가의 문제이다. 공격이 유리하다면 군사적 긴장상황에서 선제공격의 압력이 증가하며 이는 단기적인 안정성을 해치게 된다. 선제공격의 공포에 시달렸던 1차 대전 당시의 유럽의 상황이 이에 해당한다.

	공격-방어 구별 불가능	공격-방어 구별 가능
공격 유리	이중으로 위험 (안보딜레마 강력 작동)	안보딜레마는 없으나 안보문제 존재
방어 유리	완화된 안보딜레마	이중으로 안전

　공격과 방어의 구별가능성과 상대적 용이성이라는 두 가지 기준을 조합하여 안보딜레마의 정도를 판단해 보면 다음 네 가지 상황이 도출된다. 첫째, 만약 공격과 방어의 구별이 불가능하고 공격이 유리하다면 안보딜레마는 가장 심각하게 작동한다. 상대방의 의도는 알 수 없는

데 공격이 유리하기 때문에 선제공격의 압력과 공포에 시달리는 이중으로 위험한 세상이다. 둘째, 공격과 방어의 구별이 가능한 가운데 공격이 방어보다 유리하다면 안보딜레마는 존재하지 않는다. 상대방의 의도를 알 수 있어 그에 따라 대비하면 되기 때문이다. 적어도 딜레마 상황은 아니다. 다만 공격 우위에서 비롯되는 정세 불안정 등 안보문제 security problem는 존재한다. 셋째, 공격과 방어의 구별이 불가능하고 방어가 유리한 상황이 있을 수 있다. 이때는 방어 우위로 선제공격의 유인誘因이 약하므로 전략적으로 안정적이다. 다만, 상대방의 의도를 알수 없는 불안은 있다. 완화된 안보딜레마 상황이다. 마지막으로 공격과 방어를 구별할 수 있고 방어가 유리한 상황이다. 이 경우에는 안보딜레마가 없을 뿐 아니라 방어 우위로 정세가 안정적이기 때문에 이중으로 안전한 상황이다.

한반도, 완화된 안보딜레마

안보딜레마 관점에서 한반도 상황을 평가하면 어떤 모습일까? 남북관계는 앞서 설명한 네 가지 상황 중 어디에 가장 가까울까? 먼저 공격과 방어의 구별 가능성은 매우 어려워 보인다. 흔히 북한은 대남 적화통일 목표하에 공격적인 군사전략을 갖고 있다고 평가되어 왔다. 선제기습 공격을 통한 전격전을 기본으로 하되 남한 후방을 교란하는 비정규전을 가미하는 배합전 전략을 갖고 있다는 것이다. 110만이 넘는 상비군과 GDP 대비 과도한 군사비 지출, 그리고 공격용 전력의 전진 배치가 바로 북한의 공격적 의도를 나타내는 증거라고 거론된다. 지상군 전력의 70%가 평양-원산 이남에 전진 배치되어 있고 서울까지 6분 비행거리에 있는 최전방 지역에 130여 대에 달하는 전투기를 배치하고 있는 군사태세는 매우 위협적인 것임에 틀림이 없다.

그러나 북한의 이런 공세적으로 보이는 군사태세가 사실은 자신을 보호하기 위한 억제전략이라는 해석도 가능하다. 즉, 북한은 자신보다 압도적인 군사력을 보유하고 있는 한미연합 전력에 대해 위협을 느끼고 있고, 이에 대응하기 위해 응징보복 능력을 과시하고 있다는 해석이다. 즉, 전진 배치된 지상군, 공군전력, 장사정포와 미사일 등은 모두 북한에 대한 한미의 적대적인 군사행동을 억제하는 수단이라는 것이다. 실제 1994년 북핵 위기시에 북한 영변 핵시설에 대한 정밀타격 옵션이 검토되었으나 북한의 보복 우려로 채택될 수 없었던 사실은 바로 북한의 공격용 전력이 북한을 보호하는 억제 역할을 하고 있음을 보여 주고 있다. 핵심은 북한의 의도를 공격적이거나 방어적이라고 단정할 수 없다는 데 있다.

두 번째 변수인 공격과 방어의 상대적 용이성은 그 효과가 다소 모호하다. 한반도는 작전 종심縱深이 짧아 공격에 유리한 측면이 있다. 남한은 종으로 약 700km에 불과하므로 방어자는 공간을 양보하며 전략적으로 후퇴하는 기동방어가 곤란하다. 한국전쟁시 개전 7일 만에 북한군이 낙동강에 도착한 사실만 봐도 기습공격의 위험성을 잘 알 수 있다. 반면, 방어에 유리한 측면도 있다. 한반도의 지형은 대규모 기계화 부대가 고속 기동할 수 있는 공격 축선이 한정되어 있다. 따라서 요충지를 중심으로 한 지역방어에 유리하다. 또한 예상 공격루트를 통해 기동하는 북한의 기갑전력은 한국전쟁 상황과는 달리 강력해진 한국군의 헬기, 전투기 등의 대전차 능력에 의해 견제당할 것이다. 특히 전선 돌파를 위해서는 주요 접근로에 기계화 부대를 집중시킴으로써 병력집중의 우위를 기할 수 있어야 하는데, 현재의 군사력 배치상황은 병력 대 공간의 비율^{force to space ratio}이 높아 병목현상이 나타난다는 것이다. 이러한 조건들을 종합적으로 고려할 때 한반도 상황은 완화된 안보딜레마^{ameliorated security dilemma}가 작동하고 있다고 평가된다. 즉, 공격우위로 공포가 극도화 되어 있는 상황은 아니다. 그러나 상대방이 방어적 동기를 갖고 있는지 공격 의도가 있는지 분별하기 어렵기 때문에 쌍방 모두 원치 않더라도 위기가 증폭될 수 있는 구조이다.

북핵 위기 사례: 안보딜레마와 선제공격 공포의 연쇄효과

안보딜레마로 인해 한반도에서 무력충돌이 발생할 가능성이 있었던 실제 사례가 있다. 바로 1993년 여름 이후 1차 북핵 위기 상황이다. 당시 위기가 고조된 과정은 다음과 같다. 1993년 3월 북한이 NPT 탈퇴를 선언한 이후 초기 외교적 해결 움직임이 있었지만 사찰^{inspection} 문제로 협상이 경색되고 점차 미국 조야에서 강경론이 득세하였다. 이에 1993년 6월 미국은 UN 경제제재 준비에 착수하고 아울러 군사적 방안도 강구하기 시작하였다. 5월 18일에는 미 국방부에서 윌리엄 페리^{William Perry} 국방장관 주재로 한반도 전쟁계획 토의가 있었고 6월 16일에는 클린턴 대통령, 엘 고어 부통령, 페리 국방장관, 크리스토퍼 국무장관, 게리 럭 주한미군사령관 등이 모두 모여 세 가지 군사적 옵션을 토의했다고 한다. 1994년 봄부터는 전차, 브래들리 장갑차, 48개 발사대와 300개 미사일로 구성된 6개 패트리어트 포대 등이 한반도에 증강 배치되기 시작하였다. 북한의 보복 우려 때문에 결국 채택되지는 않았지만, 영변 핵시설을 정밀 유도탄으로 파괴하는 정밀타격surgical strike안이 검토된 것도 이 무렵이다. 한국군도 1994년 6월 8일 대규모 육해공 합동 군사훈련을 실시했고 일주일 후에는 전시 대비태세를 강조하는 예비군 동원훈련과 민방위 훈련을 실시하였다.

북한은 당연히 강력하게 반발했다. 연일 미국이 제2의 한국전쟁을 획책하고 있다고 맹비난하였다. 북한의 반응이 의례적인 대미, 대남 프로파간다인지 아니면 실제로 공격당할지 모른다는 두려움의 반영인지는 확실히 알 수 없다. 그러나 당시 북한의 반응을 단지 통상적인 대외 선전술이거나 편집증적인 태도라고 치부하기에는 상황이 너무 심각했다. 당시 이병태 국방장관은 국회에서 북한이 전군에 걸쳐 전투준비태세를 검열했다고 언급했고, 김덕 안기부장은 북한주민들에 대한 여행허가증 발급 보류, 비상 통신 점검 등 전시체제 점검이 이루어지고 있다고 밝혔다.

전쟁이 날지도 모른다고 생각했던 것은 북쪽만이 아니었다. 한국 증권시장은 전쟁 리스크로 크게 출렁였고 국민들은 비상 식량용으로 라면을 사재기 하였다. 심지어 김영삼 대통령도 미국이 북한을 폭격할 준비를 하고 있다고 믿었다. 미국정부가 한국에 거주하던 주한미군 민간인 가족 등 미국 시민들을 한국 밖으로 대피하는 계획을 세우고 있다는 보고를 받고 이를 미국의 군사행동이 임박한 징후로 해석하였다. 그리고는 바로 레이니 주한 미 대사를 청와대로 불러 한국정부의 동의 없는 군사행동은 안 된다며 강력히 항의했음을 그의 자서전에서 밝히고 있다. 이렇게 동맹국인 한국의 대통령이 미국의 군사행동 가능성을 염려했다면 북한의 김일성이 어느 정도의 우려를 가지고 있었는지는 쉽게 짐작할 수 있을 것이다.

바로 여기에 안보딜레마의 위험성이 있다. 미국이 곧 공격할 것이라고 믿었다면 북한이 과연 이를 기다리고만 있었을까 하는 것이다. 미국의 군사적 공격이 임박할수록 이에 선제적으로 대응해야 한다는 압박감이 높아졌을 것이다. 영변 핵시설에 대한 정밀타격은 언론에서도 공공연하게 거론되었다. 그렇다면 북한 입장에서는 그렇지 않아도 불리한 군사력 상황에서 기회의 창window of opportunity이 닫히기 전에 선제공격을 해야 한다는 심리적 압박이 있었을 가능성이 크다. 이 점은 당시 주한미군에 근무하던 몇 명의 고위 장교들이 우려했던 것이기도 하다. 즉, 북한은 누구보다 걸프전을 진지하게 공부했을 것이고 이때 그들이 얻은 교훈은 '미국의 군사력 증강을 속수무책으로 기다려서는 안 된다'는 것일 가능성이 높다. 당시 미 국무부 관리였던 로버트 칼린Robert Carlin도 관계부처 토의에서 패트리어트 포대의 한반도 증강 배치가 북한에 대해 갖는 효과에 대해 같은 문제를 제기했다. "북한은 생각할 것이다. 언제 패트리어트가 사용되었지? 사막의 폭풍. 그런데 무슨 용도로 패트리어트가 필요하지? 이라크 공격을 위해서."

앞서 언급한 대로 미국이 실제 북한을 공격하기 위해 군사력 증강을 추진했던 것은 아니다. 정밀타격 방안은 검토되었지만 채택되지 않았다. 그럼에도 불구하고 미국과 한국은 군사적 대비태세를 높여가지 않을 수 없었다. 외교적 협상은 교착되고 UN 차원의 경제제재를 준비하자 북한은 연일 이를 전쟁으로 간주하겠다며 군사적 긴장을 높여 가고 있었기 때문이다. 즉, 북한의 도발을 억제하고 만약에 있을지 모르는 사태에 대비한 군사대비태세를 격상시키지 않을 수 없었던 것이다. 또한 북한의 양보를 이끌어내는 협상전략 차원에서도 일정 수준의 군사적 압박이 필요하다고 간주되었다.

그런데 문제는 이러한 한미의 군사태세 증강이 북한의 안보를 위협하는 효과가 있다는 데에 딜레마가 있다. 만약 북한이 미국의 공격이 임박했다고 믿고 군사적 행동을 준비한다면 이는 역으로 한국과 미국에게 북한이 선제적 군사행동을 할 것이라는 신호로 해석될 수 있다. 그렇게 되면 한미는 군사대비태세를 더욱 높여야 할 것이고 이는 다시 북한의 두려움을 더 크게 자극할 것이다. 선제공격 공포의 연쇄효과는 이렇게 작동한다. 1994년 여름의 위기가 무력충돌의 문턱에 어느 정도까지 근접했는지는 확실히 알 수 없다. 그러나 상당히 위험했다는 것은 분명해 보인다. 더욱이 곧 이어 협상이 진전되고 카터 전 대통령의 방북으로 외교적 돌파구가 마련되지 않았다면 상황은 더욱 위험하게 발전했을 것이다. 안보딜레마의 압력은 1994년 한반도에서 위험한 상황을 초래했지만 1914년 유럽과 달리 공격 우위의 공포라는 조건은 결여되어 있었다는 점이 그나마 다행이었다고 할 수 있다.

동맹의 본질과 결정요인: 동맹은 무엇에 기초해 만들어지는가?

1차 대전 전 영국-프랑스-러시아의 삼국협상과 독일-오스트리아-이탈리아 삼국동맹으로 동맹 진영이 편성된 것은 당시 유럽 각국이 갖고 있던 위협인식과 외교 전략의 반영이었다. 빌헬름 2세는 유럽의 정세와 외교 전략에 대해 비스마르크와 다른 판단을 했고 결국 그 대가를 치르게 되었다. 누구를 적으로 간주하고 누구를 친구로 삼는가는 이처럼 국가 생존이 걸린 엄중한 선택이다. 국제정치에서 동맹의 본질과 결정요인을 이해하는 것이 중요한 이유이다. 국제정치란 결국 '동맹이 만들어지고 유지되고 붕괴되는 과정에서 드러나는 외교'라고까지 지적되기도 한다.

세력균형 이론: 동맹은 강력한 국가가 등장할 때 이루어진다

전통적으로 동맹은 강력한 국가가 등장할 때 이루어진다고 이해되어 왔다. 이를 세력균형balance of power 이론이라고 한다. 국제체제에서 부상하는 국가가 있을 경우 다른 국가들은 통상 상대적으로 힘이 약한 국가를 지원해 전체적인 균형을 유지하려 한다는 것이다. 1860년대 전 세계의 4분의 1에 해당했던 영국의 산업생산력이 1913년에는 10%로 줄어든 반면, 독일의 생산량은 15%로 증가했다. 독일이 산업생산 능력을 이용하여 해군력 증강을 시도하자 해양패권을 위협받았던 영국은 마침내 명예로운 고립을 포기하고 영불 및 영러 해군협정을 체결한 것이 대표적 사례다. 반면, 강력한 국가가 등장할 때 이를 견제하기 보다는 이에 영합하는 선택을 할 수도 있다. 이를 편승bandwagoning이라고 한다. 조선시대까지 한국의 외교 전략은 중국을 견제하는 것이 아니라 이에 편승하는 것이었다. 2차 대전 전 스탈린이 히틀러와 독소불가침조약을 맺은 것 역시 부상하는 독일을 억제하기 보다는 편승하는 전략이었다.

그러나 편승보다 밸런싱이 보다 보편적인 국가의 행동이라고 동맹 이론은 설명한다. 왜냐하면 편승할 경우 장기적으로 자신의 안보를 위험에 빠뜨릴 수 있기 때문이다. 편승했던 국가가 배신할 경우 힘의 비대칭에 놓여 있는 국가는 위험에 처할 수밖에 없다. 중국이 부상하면서 한미동맹의 미래에도 불확실성이 생기고 있다. 미국 조야에서는 한국이 점차 증대하는 중국의 영향력 하에서 미국보다는 중국에 접근할 것이라는 우려를 갖고 있다. 즉, 한국이 부상하는 중국에 편승하지 않겠느냐는 것이다. 그러나 동맹 파트너를 찾을 수만 있다면 소국은 강한 대국을 상대로 밸런싱하는 것이 바람직하다는 것이 동맹이론의 제안이다. 이점은 한국의 외교안보전략을 논할 때 자세하게 살펴보기로 한다.

동맹은 또한 법률혼이 아니라 동거 상황이다. 동맹이란 우방국의 국가 안위가 위험에 처했을 때 이를 지원하겠다는 약속^{commitment}이지만 결코 영원한 것은 아니다. 동맹은 안전을 추구하기 위해 사용하는 국가정책의 도구이지 결코 신성한 것은 아니라는 것이다. 러시아는 비스마르크 시절 맺었던 독일과의 재보장조약이 종결되자 독일의 잠재적 적대국인 프랑스와 동맹을 맺었다. 또한 진주만 기습을 당하고 태평양전쟁을 치르며 적대관계에 있었던 미국과 일본이 전쟁이 끝난 지 불과 6년 후에 동맹관계로 전환되었다. 반면 연합국의 일원으로 나치 독일과 군국주의 일본을 대상으로 함께 싸웠던 미국과 소련은 바로 냉전을 전개하며 적대관계로 바뀌었다. 뿐만 아니다. 냉전당시 서방진영에 대항했던 바르샤바조약기구의 동유럽 국가들은 냉전이 종식되자 미국이 주도하는 나토에 가입함으로써 진영을 갈아탔다. 현재의 상황이 계속될 것 같지만 이는 착시현상일 뿐 국제정치에서는 끊임없이 친구와 적이 변해왔던 것이다.

위협균형 이론:
동맹은 힘이 아니라 위협에 기초해 구축된다

한편 동맹이 힘이 아니라 위협에 기초해 구축된다는 위협균형^{balance of threat} 이론이 있다. 다시 말해 가장 강력한 국가에 대항하는 것이 아니라 가장 위협적이라고 간주되는 국가를 밸런싱한다는 것이다. 1917년 당시 각국들의 권력을 산술적으로 계산해 보면 영국, 프랑스 및 러시아는 세계 산업자원의 30%를 보유한 반면, 독일, 오스트리아는 19%에 불과했다. 따라서 세력균형 이론대로라면 미국은 삼국협상이 아니라 독일을 지원했어야 맞다. 그러나 미국은 독일을 침략국이라고 인식했기 때문에 프랑스와 영국을 지원했던 것이다. 영국도 미국보다는 독일의 부상을 더 걱정했는데 이는 위협의 근접성 때문이었다. 2차 대전 직후에 미국은 가장 강력한 국가였는데도 불구하고 영국과 프랑스가 미국을 동맹 파트너로 선택한 것도 마찬가지다. 소련이 유럽에서 영향권을 구축하고 공격적으로 팽창하는 세력이라고 인식했기 때문이다. 국가가 인식하는 위협이란 이렇게 군사력 뿐 아니라 지리적 인접성, 의도의 복합 변수라는 것이다.

동맹을 힘에 기초해서 맺어야 하는지 위협에 근거하여 결성해야 하는지는 정책적으로도 중요하다. 이는 다시 말해 국가안보를 잠재적 적대국의 객관적 능력에 기초해야 하는 것인지 아니면 의도에 따라 대비해야 하는가의 문제이기도 하다. 세력균형 이론에 의하면 국가는 주관적 의도보다는 객관적 능력, 즉 힘의 변화에 주의를 기울이는 것이 보편적이고 또 그래야만 한다고 설명한다. 국가의 의도는 변할 수 있기 때문이다. 반면, 위협균형 이론은 국가의 의도는 안정적이며 쉽게 변하지 않는다고 보며 변화하는 경우에도 이를 여러 경로를 통해 파악할 수 있다고 생각한다.

위협균형 이론이 강조하는 또 다른 정책적 시사점은 국가는 힘을 사용할 때 신중해야 한다는 것이다. 힘이 강하다고 무조건 반대 세력이 구축되는 것은 아니다. 그러나 위협적인 국가가 되면 반대 동맹이 결성되기 쉽다. 따라서 다른 국가들을 위협하는 존재로 인식되지 않도록 유의해야 한다는 것이다. 또한 세력균형이 깨진다고 하더라도 성급한 개입은 바람직하지 않다고 강조한다. 세력균형이 변하면 이를 원상 복구하려는 움직임이 역내에서 자생적으로 일어날 것이기 때문에 미국 등 역외 강대국이 성급히 개입할 필요가 없다는 것이다. 앞서 언급한 대로 편승보다는 밸런싱이 신흥 강국의 부상에 대응하는 국가들의 보편적인 반응이기 때문이다. 이 점에서 도미노 이론은 잘못된 가정 하에 잘못된 정책적 제안을 했다고 비판 받는다. 미국이 베트남전에 개입한 이유는 베트남이 공산화되면 인도차이나 반도 전체가 공산화될 것을 우려했기 때문이었으나 실제 베트남 공산화 이후에도 그런 일은 발생하지 않았다. 즉 국제정치 역학상의 밸런싱 속성을 간과했다는 것이다.

위협균형 이론에 대한 비판도 있다. 먼저 세력균형이 깨질 경우에도 성급한 개입을 자제하라는 정책적 권고에 대해 미어샤이머는 책임전가의 위험성을 경고한다. 평화를 위협하는 국가가 등장했을 때 이를 견제해야 할 국가들이 서로 책임을 회피하면서 개입을 미룰 경우 나중에 더 큰 비용과 희생을 치르게 된다는 것이다. 히틀러의 독일은 1933년에 이미 국제연맹을 탈퇴하고 1935년에는 베르사유조약의 군비제한 조항을 비난하며 군비증강을 하였고 그 다음해부터는 본격적인 팽창을 실행하였다. 즉, 1936년에는 비무장지대인 라인란트에 진주하였고 1938년에는 오스트리아를 합병한 데 이어 체코의 주데텐란트를 점령하였다. 이듬해인 1939년 3월 챔벌린과의 약속을 위반하며 체코를 합병하고 마침내 폴란드에 이어 프랑스를 침공하는 데까지 이르게 되었다. 그러나 이때까지 유럽의 어느 국가도 독일을 강력히 견제하지 못했다. 영국과 러시아는 각각 상대방이 히틀러와 대적해 주기를 바라며 책임을 전가했던 것이다. 이런 벅 패싱^{buck passing} 현상은 특히 다극체제에서 일어나기 쉬운 위험이라고 지적되고 있다.

또한 동맹은 단순히 외부의 위협에 대응하기 위한 것만은 아니다. 오히려 동맹은 관여와 통제의 수단일 때도 있다. 비스마르크가 오스트리아-헝가리 제국과 동맹을 맺은 것은 오스트리아-헝가리 제국의 대외정책을 통제하려는 의도에서였다. 1949년 결성된 나토도 소련의 위협에 대응한다는 목적 외에도 다른 기능이 있었다. 즉, 미국이 유럽대륙 문제에 계속 관여할 수 있도록 묶어두고 동시에 독일이 다시 전쟁을 일으키지 못하도록 억제한다는 것이었다. 초대 나토 사무총장을 지낸 이스메이Hastings Ismay는 이러한 나토의 목적에 대해 "유럽에 대한 미국의 관여를 보장하고, 러시아의 영향력을 배제하며, 동시에 독일의 군사적 재부상을 억제하는 것Keep the Americans in, the Russians out, and the Germans down"이라고 표현하기도 했다. 냉전이 종식되고 바르샤바조약기구가 해체되었는데도 불구하고 나토가 소멸하기는커녕 계속 확대 되는 현상은 이런 동맹의 다양한 용도를 이해해야 설명이 가능하다.

05

현상타파 세력에 대한
대처의 문제: 2차 세계대전

2차 대전은 인류가 경험한 가장 비극적인 사건이었다. 군인 사망자만 1천 5백만 명, 민간인 희생자는 2천 6백만 명에서 3천 4백만 명에 이르러 많게는 5천만 명이 목숨을 잃었다. 1차 대전과 비교해도 군인 사망자는 두 배, 총 사망자 수는 세 배에 이르렀다. 경제적 손실은 1조 6천억 달러에 달했다. 즉, 전쟁의 희생과 비용 면에서 다른 모든 전쟁을 능가했던 대재앙이었다. 또한 2차 대전은 군사, 정치, 경제적인 국력의 모든 요소들이 총동원된 총력전이었으며 타협 없는 무조건 항복을 요구한 절대전쟁이기도 했다.

베르사유체제의 결함과 히틀러의 선택

2차 대전은 흔히 히틀러의 전쟁이라고 하지만 1차 대전 후에 독일에게 부과된 베르사유체제의 구조적 문제가 그 배경으로 작용했다. 1차 대전에 패배한 독일은 파리의 베르사유 궁전에서 항복 조약을 맺었는

히틀러와 그의 지지자들

데 그 내용이 실로 가혹했다. 1871년 전쟁 승리로 획득했던 알자스-로렌 지방을 다시 프랑스에 빼앗겼고, 카메룬, 동아프리카 등 독일이 보유했던 식민지를 모두 상실했다. 330억 달러라는 막대한 배상금을 물었으며 군대는 10만 명 이하로 줄여야 했고 공군은 아예 보유가 금지되었다. 그러나 한편으로 독일은 영토와 인구를 그대로 보존했다. 다시 강대국으로 일어설 수 있는 자산은 해체되지 않은 셈이었다. 다른 패전국인 오스트리아-헝가리 제국이 오스트리아, 체코슬로바키아, 헝가리, 유고슬라비아, 불가리아, 루마니아로 분열된 것과 대조적이다. 오스만 투르크 제국도 터키, 그리스, 레바논, 시리아, 요르단 등으로 분열되었다. 이런 점에서 베르사유 조약은 독일 민족주의를 불러 일으켰다는 점에서 너무 가혹했지만, 독일인들이 재기할 여지를 주었다는 점에서 너무 관대했다고 평가되기도 한다.

패전국 독일은 다음 네 가지 진로를 선택할 수 있었다. 첫째, 독일의 약화된 국제적 지위를 수용하는 것이다. 그러나 프랑스가 독일의 루르 Ruhr 지대를 점령하면서까지 배상금 지불을 압박한 사례에서 보듯이 가혹한 베르사유의 구속을 언제까지나 받아들이기는 어려웠을 것이다. 두 번째로 가능했던 선택은 일본 모델을 채택하는 것이다. 즉 군사적 해결이 아니라 경제적 성장을 통한 팽창 방안이다. 셋째는 베르사유 조약의 일부 수정에 목표를 국한하는 것이다. 배상금을 경감하거나 상실한 영토 중 일부를 돌려받는 방안들이 포함될 수 있다. 1930년대에 이르면 전승국들도 독일의 부담이 가중하다고 생각하고 있었고 일부 죄의식까지 갖고 있었기 때문에 아주 불가능한 방안은 아니었다. 그러나 히틀러가 결국 선택한 것은 군사적 팽창이었다. 히틀러는 독일이 유럽의 한 가운데에 이처럼 끼어 포위된 채 살아갈 수는 없다고 판단했고, 게르만족의 생활공간 확보를 위해 동쪽으로 진군했던 것이다.

유화정책에 대한 변호와 역사적 유추의 문제

2차 대전은 히틀러가 계획적으로 일으킨 전쟁이었다. 1차 대전처럼 경직된 동맹체제 때문에 어쩔 수 없이 전쟁으로 끌려들어간 것이 아니라 히틀러, 무솔리니와 같은 지도자가 전쟁을 원했기 때문에 발생했던 것이다. 상호불신과 두려움, 의사전달의 실패로 인해 원치 않던 충돌이 발생한 것이 아니라 사전 기획과 교묘한 전술을 통해 밀고 나갔던 의도했던 전쟁이었다. 이 때문에 2차 대전은 억제 실패의 대표적 사례로 거론된다. 침략국 독일의 도발 의지를 영국을 비롯한 연합국들이 단호하고 일관된 메시지를 통해 사전에 억제하지 못한 외교 실패의 전형적 케이스로 여겨진다.

실제 히틀러는 1930년대 초반부터 베르사유 조약을 허무는 외교적 책략으로 시작하여 1930년대 중반부터는 제한적인 군사행동으로 확대함으로써 영국과 프랑스의 의지를 시험하였다. 1933년에 국제연맹을 탈퇴하고 1935년에는 베르사유 조약의 10만 명 군비제한 조항을 위반하며 군대를 세배로 증강하였다. 1936년에는 비무장지대인 라인란트에 군대를 진군시키고 그해 스페인 내전에 개입하여 독일 군사력을 실전 점검하기도 하였다. 그러나 국제사회는 히틀러가 멈추기만을 바라며 망설임과 양보만을 반복했다. 마침내 1938년 히틀러가 독일인 민족자결을 명분으로 체코슬로바키아의 주데텐란트를 요구했을 때 영국은 이에 동의까지 하였다. 히틀러가 주데텐란트를 제외한 체코슬로바키아의 영토에 손대지 않겠다는 약속을 믿고 영토 분할을 수용했던 것이다. 이것이 바로 챔벌린Neville Chamberlain 수상이 "우리 시대의 평화를 성사시켰다"고 공언하며 귀국한 뮌헨 회담의 결과였다. 그러나 그 후 6개월만에 히틀러는 체코의 나머지 지역으로 진군하여 프라하를 점령하였고 그 이듬해에는 같은 수법으로 폴란드를 잠식하고 침공해 들어갔음은 역사가 보여준 바와 같다.

이제 유화정책appeasement policy에는 씻을 수 없는 오명이 씌워졌다. 히틀러의 야심을 억제하기는커녕 유약한 양보만 반복함으로써 오히려 더 대담하게 만들었기 때문이다. 이후 국제정치에서 유화정책은 이제 다시는 반복해서는 안 될 외교적 실패의 대명사가 된 듯하다. 협상과 타협의 시도는 보수파로부터 유화정책으로 낙인 찍히는 경우가 많아졌다. 그러나 유화정책이 그 자체로 나쁜 것은 아니다. 강압과 억제가 필요할 때도 있지만 유화정책이 효과적인 경우도 있다. 유화정책은 외교의 고전적인 수단이다. 특히, 역사적 교훈을 도출하고 이를 오늘의 사례에 적용하는 문제는 신중한 분석이 필요하다. 2차 대전은 확실히 계획된 침략에 대한 억제의 실패라는 면에서 단호한 대응이 필요했다는 점은 분명하다. 이 점에서 유화정책이 잘못된 대응이었다는 점에 대해 이론의 여지가 없다. 그러나 1차 대전에서는 오히려 유화정책이 필요했었다. 의도하지 않은 악순환으로 세계대전으로 확대된 1차 대전에서는 독일을 달랬어야 하는 상황이었던 것이다. 결국 양보와 타협이 필요했던 1910년대에는 대결을 택했고, 강하게 맞서야 할 1930년대에는 반대로 독일을 달랬던 실수가 있었던 것이다. 따라서 역사적 유추를 통해 현실에 적용할 때는 이러한 단순화의 오류가 없는지 유의해야 한다. 현재 우리의 문제는 상대를 달래야 하는 상황일까? 아니면 강력히 맞서야 하는 상황일까? 아니면 제3의 대응이 필요한 상황인가?

또한 챔벌린이 어떤 상황에 처해 있었는지 이해하는 것이 그의 유화정책을 비판하는데 있어 공정할 듯하다. 히틀러가 주데텐란트를 위협했을 때 챔벌린은 영국이 체코슬로바키아를 방어하는 것은 불가능하다고 판단했다. 특히 게르니카의 폭격에서 증명되었듯이 독일의 공중폭격 능력은 위협적이었고 영국의 당시 방공능력은 취약한 상황이었다. 따라서 챔벌린은 히틀러에 정면으로 맞서자면 영국은 시간이 더 필요하다고 판단했다. 특히, 독일이 위협으로 부상한 1930년대는 영국이 심각한 재정적자에 시달리던 시기였다. 대영제국을 유지하기 위해 필수적인 해군력을 계속 증강해나갈 것인지 아니면 유럽대륙에서 제기되는 독일 위협에 대응하기 위해 지상군과 공군력에 투자해야 하는지에 대해 영국 내부의 논란과 투쟁이 심각했던 상황이기도 했다. 결국 처칠에 이르러 유럽 대륙으로부터 오는 독일의 위협에 본격적으로

뮌헨 회담의 성공을 발표하는
챔벌린

대응하기로 결심하지만 이는 인도양부터 지중해에 이르기까지 대영제
국의 물리적 기반이었던 제국 해군을 포기한다는 고통스러운 결정 뒤
에야 이루어 질 수 있었다. 다시 말해 챔벌린이 단지 겁쟁이였기 때문
에 물러선 것은 아니라는 것이다. 결과적으로 실패했기에 공허한 변명
처럼 들릴 수 있지만 1차 대전의 전철을 피하고 싶었던 챔벌린 자신의
변호를 들어본다.

내가 그 고통스러운 4년을 생각하고, 인생의 절정기에 그 봉오리가
잘라진 700만 명의 젊은이들과 부상당하거나 불구자가 된 1,300만
명을 생각하고, 그 부모와 자식들의 불행과 고통을 생각하면, 전쟁
에서 승자란 없고 모두 패자라고 말할 수밖에 없다. 나는 유럽에서
대전이 재현되지 않도록 최선을 다하는 것이 나의 중요한 의무라고
느낀다.

태평양전쟁과 예방전쟁(preventive war)의 문제

태평양전쟁은 2차 대전의 일부이긴 하지만 그 자체의 기원을 갖는

전쟁이었다. 무엇보다 1930년대 일본내 군부와 극우주의가 득세하면서 지역적 패권을 차지하기 위해 취한 제국주의적인 시도였다. 일본은 섬나라로서 언제나 생존에 필요한 원료자원을 수입하지 못하게 될 것을 걱정하였는데, 1930년대에 이르면서 세계 대공황으로 큰 타격을 입게 되었다. 이제 이 환경을 바꾸지 않는 한 일본의 미래는 암울할 것으로 여겨졌다. 당시 일본 팽창주의자들에게는 세 가지 선택지가 있었다. 첫째는 소련을 향해 서쪽으로 진출하는 것이었다. 그러나 히틀러가 소련을 공격하자 일본에 대한 소련의 위협은 사라졌고 더 이상 소련을 목표로 삼을 필요가 없어졌다. 둘째는 남쪽 방면, 즉 고무, 석유, 주석 등의 원료가 풍부한 네덜란드령 동인도 지역을 확보하는 방안이었고, 셋

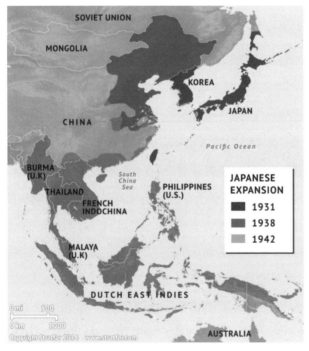

태평양 전쟁 당시
일본 제국의 판도

째로는 더 적극적으로 미국을 향해 동쪽으로 팽창하는 방안이 있었다.

일본의 진주만 공습은 바로 남방 자원지대 점령을 통해 자급자족의 지역패권을 확립하려는 대동아공영권 구상이 미국의 압박에 부딪히면서 발생한 충돌이었다. 미국은 일본상품의 수입을 거부하고 자산을 동결하며 일본을 봉쇄하였고 1941년 7월에 이르러는 전면적인 대일 금수 조치를 단행하였다. 이에 일본 도조 정부는 1941년 가을 미일 협상이 결렬되는 분위기에 이르자 미국과의 결전을 준비하였다. 그리고 마침내 12월 7일 진주만에 정박중인 함선과 비행장, 해군 공창을 기습 폭격하였다. 무방비로 당한 미국은 전함 7척을 포함하여 18척의 함선을 잃고 항공기 폭파 188대, 대파 159대라는 엄청난 손실을 입게 되었다. 인명 피해도 전사자 2,403명을 포함해 3,581명에 이르렀다. 그러나 전술적인 성공에도 불구하고 진주만 공습은 일본의 전략적 실수였다. 엄청난 전쟁 잠재력을 보유한 미국의 본격적 참전을 유발하여 이길 수 없는 전쟁을 시작했기 때문이다.

석유금지 조치를 취하면서 미국 국무부의 애치슨^{Dean Acheson} 차관보가 이것이 전쟁으로 가지 않을 것으로 예단한 것도 이러한 상황판단을 했었기 때문이다. 애치슨은 "합리적인 일본 지도자라면 미국에 대한 공격으로 재앙 이외의 다른 어떤 결과를 얻을 수 있다고 믿지는 않을 것"이라며 자신했다. 그러나 일본의 계산은 달랐다. 석유 없이는 해군이 1년도 버티지 못할 것으로 우려했고, 서서히 목 졸려 죽는 것보다는 전쟁에 운명을 거는 편이 낫다고 판단했다. 일본장교가 천황에게 했다는 말이 당시 일본 군부가 가졌던 절박함을 잘 보여준다. "수술은 비록 대단히 위험하긴 하지만 그래도 생명을 건질 수 있는 유일한 기회"라고 했다는 것이다.

예방전쟁의 논리를 이해하는 것은 한반도에서 무력충돌이 발생하는 경로를 이해하고 대응전략을 구상하는 데에도 시사점이 있다. 한반도에 전면전이 발생할 수 있는 시나리오는 대략 세 가지로 생각할 수 있다. 첫째, 북한의 의도적인 전쟁 감행, 즉 한국과 미국 입장에선 억제의 실패로 발생하는 경우이다. 따라서 북한의 오판을 방지하기 위해 한미동맹의 공고화 등 대북 억제력을 강화하는데 정책적 노력이 모아져야 한다. 두 번째 시나리오는 국지적 충돌이 심화되어 전면전으로 비화되는 경우이다. 상호 불신과 공포 속에 위기관리가 실패하여 원치 않는 결과가 초래되는 상황이다. 북핵 1차 위기 때 나타났던 안보딜레마의 압력이 임계점을 넘으면 발생할 수 있다.

마지막으로 가능한 무력충돌의 경로가 바로 예방전쟁이다. 북한이 외부적 고립과 내부적 불안 속에서 미래가 암울하다고 판단될 때 일본이 진주만을 공습했듯이 극단적인 선택을 하는 시나리오를 말한다. 전쟁이 불가피하다면, 그리고 그 전쟁을 수동적으로 기다리기 보다는 오늘 내가 시작하는 것이 조금이라도 유리하다는 논리가 작동하는 경우다. 외부적 관점에서는 종종 이런 예방전쟁의 논리를 놓치기 쉽다. 약자가 승리의 가능성이 거의 없는 군사행동을 시작한다는 것은 자살행위로 보이기 때문이다. 그러나 극단적 상황에 몰린 국가의 입장에서 보면 예방전쟁은 합리적인 선택이다. 북한의 위협에 대처함에 있어서도 챔벌린의 실수를 경계해야 하고, 안보딜레마로 빚어지는 위기증폭의 위험성도 극복해야 하지만, 애치슨이 놓쳤던 예방전쟁의 논리도 잊지 않는 것이 필요할 것이다.

06

집단안보:
세력균형정책에 대한 반성

1차 대전이 끝난 후 세력균형정책에 대한 반성이 일어난다. 현실주의자들의 처방대로 서로 동맹을 맺어 힘의 균형을 유지하는 정책이 전쟁을 막는 현실적인 수단이라고 믿었는데 결과는 참혹한 재앙을 가져다 주었기 때문이다. 1차 대전은 세력균형정책이 얼마나 불안정한지를 잘 보여주었다. 뿌리 깊은 상호 불신을 토대로 각국은 비밀외교에 의존하며 자국의 세력만을 확장하려고 노력했다. 정세 오판도 빈번했고 정치적으로는 근시안적인 사고를 가졌다. 한마디로 1차 대전은 유럽의 정치, 외교, 군사의 총체적 실패를 보여주는 비극적인 역사였다.

국제연맹은 바로 이러한 세력균형정책에 대한 반성에서 탄생했다. 프린스턴 대학 교수를 역임하고 역대 미국 대통령 중 유일한 정치학 박사 출신인 미국의 우드로 윌슨 대통령은 세력균형이란 사악한 구시대적 질서에 지나지 않는다고 믿었다. 또한 민주주의와 민족자결주의의 관점에서 볼 때 세력균형정책은 받아들이기 어렵다고 보았다. 따라서 세력균형 대신 그가 제안한 것은 집단안보collective security 시스템이었다.

국제연맹의 시작을 알린 파리평화회의의 지도자들

자유주의자였던 그는 주권국가를 없애는 것은 불가능하지만 국제정치도 국내정치처럼 법과 제도로 길들일 수 있다고 믿었다. 즉, 모든 국가들이 국제연맹에 가입하여 단결하고, 어떤 침략행위도 국제연맹 회원국 전체에 대한 공격이라고 간주해서 대응한다는 개념을 제안하였다. 힘의 대세는 선善의 편이 될 것이므로 국제연맹에 도전하는 침략국을 함께 응징할 수 있다는 것이다.

집단안보는 세력균형정책과 근본적인 차이가 있다. 세력균형정책이 국가의 능력을 중시하며 동맹을 맺는 데 반해 집단안보는 국가의 호전성에 초점을 맞춘다. 또 세력균형에서는 침략국을 가정하고 동맹을 맺어 친구와 적을 미리 구분하지만 집단안보에서는 침략행위가 발생한 이후에 응징의 대상을 정한다. 또한 세력균형은 국제무정부상태를 가정하는 데 반해 집단안보는 위반행위를 처벌하는 국내 법집행과 유사하다. 따라서 세력균형에서는 중립상태가 가능한 반면, 집단안보에

서는 무임승차란 허용되지 않는다. 즉 동맹은 맺어도 되고 중립국으로
남아도 되지만, 집단안보에서는 안보는 공동책임이라는 인식하에 작
동하기 때문에 열외는 허용되지 않는다. 모든 회원국들의 평화가 불가
분의 관계에 있다는 믿음 때문이다.

국제연맹의 활약과 좌절

윌슨 대통령이 주창한 국제연맹은 국제관계의 제도화를 시도한 최
초의 시도였다. 그러나 연맹은 그 시작부터 한계를 갖고 출범하였다.
연맹을 제안했던 미국이 상원의 인준 거부로 국제연맹에 참여하지 않
았기 때문이다. 사실 집단안보의 회원국이 된다는 것은 주권의 일부를
포기한다는 의미이기 때문에 미국의 상원이 이에 대해 거부감을 보인
것은 당연한 측면이 있었다. 즉, 연맹규약 제16조가 상원의 선전포고
에 관한 권한을 약화시킬 것이라는 우려가 작용하였다. 더욱이 1차 대
전이 끝나자 미국의 고립주의 정서가 다시 나타났다. 더 이상 복잡한
대외문제에 연루되기보다는 일상으로 돌아가고 싶었던 것이다.

이렇게 미국의 참여 없이 출범한 국제연맹이지만 초창기에는 어느
정도 긍정적인 역할을 수행하였다. 예컨대 연맹은 패전국인 독일의 가
혹한 배상금을 경감시켜 주는 계획을 수립하였고, 1925년에는 독일을
국제연맹에 가입시키는 성과를 거두었다. 1921년에는 미국, 영국, 일
본 간 해군 군비감축을 논의한 워싱턴회의를 주도하였고 1928년에는
전쟁을 불법화하는 켈로그-브리앙 조약Kellogg-Briand Pact을 체결하는데
역할을 하였다. 국제무대의 주요 외교성과가 국제연맹을 중심으로 이
루어졌던 것이다.

그러나 연맹이 구상한 집단안보는 중요한 국제위기 상황에서 작동하지 못하는 실패를 겪게 된다. 먼저 1931년대 일본 군부가 만주철도 보호 명목으로 만주국이라는 괴뢰정부를 수립하였지만 연맹은 이에 효과적으로 대응하지 못하였다. 조사보고서를 통해 일본의 만주국을 인정하지 않았지만 제재조치조차 요구하지 않았고 일본은 마침내 연맹에서 탈퇴하였다. 연맹의 한계는 1935년 에티오피아 사태로 더욱 극명하게 드러났다. 1935년 10월 이탈리아가 에티오피아를 침략하자 연맹은 군수물자 수출 금지 등 일부 제재를 권고했지만 철강, 석유 등 핵심 전략물자의 수출금지는 포함시키지 않았고 외교관계도 단절하지 않았다. 이런 가운데 이탈리아는 이듬해 에티오피아에 대한 군사적 승리를 손쉽게 달성할 수 있었다. 심지어 몇 달 후에 연맹은 나머지 제재도 해제하였다. 연맹이 이탈리아의 침략행위에 대해 이렇게 유약하게 대응했던 이유는 유럽의 세력균형에 대한 고려가 우선했기 때문이었다. 당시 유럽에서는 히틀러가 비무장지대인 라인란트에 진주하는 등 독일의 위협이 고조되고 있었기 때문에 영국과 프랑스는 이탈리아를 대독 동맹에 끌어들일 필요가 있었던 것이다. 이런 상황에서 아프리카는 너무 멀고 부차적인 문제였다. 당시 연맹에 파견돼 있던 아이티의 대표가 했다는 탄식이 인상 깊다. "크거나 작거나, 강하거나 약하거나, 가깝거나 멀거나, 백인이나 흑인이나, 언젠가 우리가 누군가의 에티오피아가 될 수 있음을 절대 잊지 말자."

집단안보는 작동하는가?

국제연맹은 실패했지만 2차 대전 이후 집단안보 사상은 국제연합

United Nations이라는 모습으로 다시 나타났다. 유엔에는 유엔기구 대표를 선출하고 예산과 행정적 결정을 하는 유엔총회가 있고, 사무국과 산하 특별기구 그리고 평화유지군을 지휘 감독하는 사무총장이 있다. 그러나 집단안보의 가장 핵심적인 사명인 평화유지의 책무는 5개 상임이사국과 10개 비상임이사국으로 구성된 유엔안전보장이사회에 위임되어 있다. 즉 국제사회에 대한 침략aggression이 발생할 경우 안보리결의를 통해서 유엔차원의 집단적 응징, 즉 집단안보가 작동하도록 되어 있는 것이다. 그렇다면 집단안보는 과연 설계된 대로 작동할까? 자유주의자들은 어느 정도 긍정적 평가를 내린다. 무정부상태를 규율하는 아무 장치도 없는 것보다는 최소한 나을 뿐 아니라 만약 발동된다면 압도적인 힘으로 침략행위를 응징할 수 있다는 것이다. 특히 세력균형정책에 비해 침략을 억제하는 효과가 큰데, 이는 만약 침략국이 나타나면 전 국제사회가 힘을 합쳐 응징한다는 능력의 압도성 때문이라는 것이다. 한국전쟁과 걸프 전쟁을 바로 유엔의 집단안보가 작동한 성공 사례로 거론한다.

반면 현실주의자들은 집단안보의 가능성을 비관적으로 본다. 집단안보가 작동하려면 두 가지 조건이 충족되어야 한다. 먼저 무슨 행동이 침략aggression에 해당되는지에 대해 집단안보 회원국 간에 합의가 있어야 한다. 그러나 누구의 무슨 행동이 국제평화의 위협이 되는지는 합의가 어려운 경우가 많다. 후세인의 쿠웨이트 침공은 유엔개입을 정당화하는 근거가 된다. 그러나 북아일랜드 분쟁이나 신장지역 갈등에 대해서는 영국이나 중국이 절대 국제사회 개입을 용인하지 않을 것이다. 누구의 행동인가도 중요하다. 미국은 나토 동맹국의 행동에 대해 군사행동을 하지 않을 것이며, 소련도 바르샤바조약기구 국가를 유엔 이름으로 응징하려 하지 않을 것이다.

두 번째로 집단안보가 작동하기 위해서는 집단적 행동collective action에 대한 헌신commitment이 있어야 한다. 그런데 산유국인 쿠웨이트를 돕기 위해서는 걸프전의 어려움을 감당하는 미국이지만 르완다 참상에 대해서는 행동하지 않았다. 모든 피해국가가 동일하지 않았던 것이다. 또한 힘의 문제도 있다. 미국, 러시아, 중국에 대한 유엔의 응징은 불가능할 것이다. 강대국이 아니더라도 인도, 파키스탄과 같이 사실상 핵보유국에 대해서 유엔이 군사적 행동을 할 수 있을지는 지극히 의문이다. 결국 이미 친구와 적을 나누고 국가이익을 좁게 정의하고 있는 국가들이 국제평화라는 이름으로 공동행동을 하는 것은 오히려 예외적인 경우에 해당한다는 것이다. 세력균형에 입각한 동맹정치의 폐해를 극복하고자 제안되었으나 많은 국가들이 유엔을 통해 안전감을 느끼지 못하는 이유가 여기에 있다.

참고문헌

브레진스키(김명섭 옮김). 2000. 『거대한 체스판: 21세기 미국의 세계전략과 유라시아』 서울: 삼인.

육군사관학교 전사학과. 2004. 『세계전쟁사』 서울: 황금알.

조지프 나이(양준희, 이종삼 옮김). 2000. 『국제분쟁의 이해: 이론과 역사』 서울: 한울아카데미.

폴 콜리어 외(강민수 옮김). 2008. 『제2차 세계대전: 탐욕의 끝, 사상 최악의 전쟁』 서울: 플래닛미디어.

피터 심킨스 외(강민수 옮김). 2008. 『모든 전쟁을 끝내기 위한 전쟁: 제1차 세계대전 1914~1918』 서울: 플래닛미디어.

Gilpin, Robert. 2004. "Hegemonic war and international change." *Conflict After the Cold War.* New York, NY: Longman.

Glaser, Charles L. and Chaim Kaufmann. 1998. "What is Offense-Defense Balance and How Can We Measure It?" *International Security,* Vol. 22, No. 4.

Glaser, Charles L. 1997. "The Security Dilemma Revisited." *World Politics,* Vol. 50, No. 1.

Howard, Michael. 1972. *The Continental Committment: The dilemma of British defense policy in the era of the two world wars.* London: The Ashfield Press.

Jervis, Robert. 1978. "Cooperation Under the Security Dilemma." *World Politics.* Vol. 30, No. 2.

Kim, Jungsup. 2006. "The Security Dilemma: Nuclear and Missile Crisis on the Korean Peninsula." *The Korean Journal of Defense Analysis,* Vol. 18, No. 3.

May, Ernest R. 1973. *Lessons of the Past: The Use and Misuse of History in American Foreign Policy.* Oxford: Oxford University Press.

Van Evera, Stephen. 1984. "The Cult of the Offensive and the Origins of the First World War." *International Security.* Vol. 9, No. 1.

Walt, Stephen M. 1987. *The Origins of Alliances.* Ithaca, NY: Cornell University Press.

04

차가운 전쟁,
냉전의 도래와 종식

냉전이 언제부터 시작된 것인지, 또 누가, 그리고 무엇이 냉전을 일으킨 것인지에 대해서는 논란의 여지가 있다. 언뜻 이해하기 힘든 것은 나치와 파시즘에 맞서 함께 싸운 연합국의 일원이었던 미국과 소련이 2차 대전 종전 후 불과 수년이 지나지 않아 극도의 적개심과 공포를 갖는 관계로 변했다는 것이다. 전통적 관점에서는 동유럽을 지배하고 팽창을 추구했던 스탈린과 소련에게 일차적 책임이 있다고 본다. 그러나 개디스John Lewis Gaddis와 같은 탈수정주의 학자가 지적하듯이 냉전은 미소 누구의 책임도 아니라 전후 세력균형의 양극체제 때문에 불가피했는지도 모른다. 2차 대전으로 인해 유럽의 기존 강대국들은 모두 파괴되었고 미국과 소련이라는 두 슈퍼파워만 남게 됨으로써 이런 힘의 진공상태가 다른 모든 것을 빨아들였다는 것이다.

더군다나 냉전은 자본주의와 사회주의라는 이념의 대결이었고 자신의 체제를 상대방에게 강요하는 체제 간 경쟁이었다. "영토를 점령한 그 누구든지 자신의 사회체제를 강요한다. 모두가 그의 군대가 닿을 수 있는 곳까지 자신의 체제를 강요한다." 스탈린이 한 말이다. 상호 공포와 적개심이 극대화될 수밖에 없었던 이유를 잘 설명한다. 냉전의 또 다른 특징은 핵무기의 시대였다는 것이다. 미국과 소련 모두 상대 진영을 파멸에 몰고 갈 정도로 충분한 군사적 능력을 갖게 되었고 이 때문에 냉전은 공포의 균형이란 속성하에 진행되었다. 즉, 열전은 시도할 수 없었으며 억제와 봉쇄만이 가능했던 것이다. 위험했던 순간이 없었던 것은 아니지만 차가운 평화는 유지되었다.

01

핵 억제의 시대: 나토 핵 전략의 변천

핵무기는 냉전의 성격을 규정했다. 미소 모두 상대방을 절멸시킬 수 있는 핵 능력을 갖게 됨에 따라 이제 강대국 간의 전면전은 상상하기 어렵게 되었다. 20세기를 흔히 총력전의 세기라고 부르지만 핵무기의 등장은 다시 제한전쟁의 개념을 부활시켰다. 주변부의 충돌은 있었지만 중심부에서의 전쟁은 없었던 시절이었다. 한국전쟁, 베트남전쟁이 있었지만 대리전 또는 간접전쟁의 성격이 짙었고 제한전으로 종결되었다. 클라우제비츠가 일찍이 전쟁은 정치의 수단이라고 설파했지만, 핵무기의 등장으로 군사적 수단과 정치적 목표 간의 불균형이 초래된 것이다. 따라서 냉전시대에는 억제가 그 중심개념이 될 수밖에 없었다. 공격과 방어라는 전통적인 군사적 수단은 적절치 않았으며 이제는 핵 전쟁을 예방하기 위해 사전에 두려움을 야기하여 상대의 의지를 꺾는 것이 절실한 문제가 된 것이다. 따라서 봉쇄가 소련의 팽창을 막는 외교 전략이었다면, 핵 억제는 냉전을 수행하는 핵심적인 군사전략이었다.

핵 억제의 효과라는 논리의 연장선상에서 케네스 왈츠^{Kenneth Waltz} 같은 학자는 핵 확산이 바람직하다는 주장까지 하기도 하였다. 수정공 효과^{crystal ball effect}라는 말이 있다. 히로시마와 나가사키에 떨어진 핵무기의 파괴력을 본 인류가 이제는 전쟁의 말로가 어떠할지 수정공을 들여다보듯 알게 되었으므로 이런 학습효과는 자기파괴적인 전쟁을 막아줄 것이라는 의미다. 그러나 합리성에 기초한 이런 분별력을 어느 정도까지 믿을 수 있을지는 확실치 않다. 또한 적대국의 판단에 나의 생존을 맡기는 억제전략과 공포의 균형 상태는 심리적으로 매우 불편하고 두려운 것이었다. 더욱이 압도적인 소련의 위협을 미국의 핵 무기에 의존해 대처할 수밖에 없었던 서유럽 비핵국가들의 입장에서는 핵억제의 신뢰성은 국가의 안전보장을 결정하는 중차대한 문제였다. 한반도에서도 북한의 핵무장으로 억제, 특히 미국의 대한반도 핵우산의 중요성이 새롭게 강조되고 있다. 유사한 상황에서 냉전시대 미국과 서유럽 국가들이 겪었던 고민을 이해하기 위해 나토의 핵 전략 변천을 살펴본다.

대량보복전략:
재래식 군사력의 불균형과 핵억제 전략의 채택

소련의 압도적인 군사력에 노출되어 있던 서유럽을 보호하기 위해 냉전초기 나토가 구상한 전략은 재래식 군사력을 토대로 한 억제였다. 1949년 12월 나토는 그 최초의 전략개념이라 할 수 있는 '북대서양 지역의 방위를 위한 전략개념(DC 6/1)'을 통해 나토의 재래식 군사력을 증강하여 소련의 재래식 공격에 대응한다는 구상을 수립하였다. 1952

년 리스본 회담에서 나토 회원국들이 2년 이내에 100개 사단을 증강할 것을 결의한 것은 이러한 초기 전략의 반영이었다. 그러나 재래식 억제전략에 수반되는 심각한 경제적, 정치적 부담이 분명해지면서 미국은 핵억제로 전환하였다. 이것이 바로 '대량보복전략massive retaliation strategy'이었다.

1954년 11월 덜레스John Foster Dulles 국무장관이 행한 연설에서 공식화된 이 전략에서 미국은 소련의 재래식 공격을 포함하여 다양한 형태의 침략에 대하여 대대적인 핵무기 보복으로 대응할 것임을 천명하였다. 대량보복전략은 압도적인 소련의 재래식 전력과는 경쟁하지 않겠다는 전략적인 선택으로서 재래식 병력 증강에 따르는 정치적 난관과 국방예산을 절감해야 하는 경제적 어려움 가운데 선택한 불가피한 결정이었던 것이다. 그러나 도발의 유형이나 수준과 무관하게 대규모 핵 보복을 하겠다는 것은 비례성이 무시되었다는 점에서 문제가 있었다. 소규모 재래식 도발에 대해서도 처음부터 전면적 핵공격으로 보복한다는 것은 도덕적으로 정당화되기 어려웠을 뿐 아니라 보복 위협의 신뢰성도 의문시되었기 때문이다. 다시 말해 대량보복전략이 미국에게 전면 핵전쟁 아니면 굴복이라는 극단적인 택일을 강요한다는 점에서 미국의 정책적 융통성을 제한하고 그 신뢰성을 떨어뜨린다는 비판이 제기되었다.

이 같은 내재적인 한계에도 불구하고 대량보복전략은 나토의 핵전략으로 공식화되었다. 그 이유는 미국과 서유럽의 안보가 상당 수준 연계되어 있다는 당시의 전략상황 덕분이었다. 1950년대 초반 당시는 소련의 핵무기 개발에 따라 미국의 핵 독점은 종식되었으나 아직 미국의 핵 우위가 유지되고 있던 시절이었다. 특히 소련은 북미대륙에 군사기지를 마련하지 못했기 때문에 당시 군사력으로는 미국 본토를 핵으로 공격할 가능성이 높지 않다고 판단되었다. 또한 미국의 핵무기를 운반하는 B-52와 같은 전략폭격기는 재급유나 임무 후 귀환을 위해 서유럽 내 공군기지를 이용해야 했다는 점도 작용하였다. 즉, 대량보복전략은 미국과 서유럽의 안보가 서로 연결되어 있다는 당시 전략상황의 토대 위에서 수용되었던 것이다.

유연반응전략:
도발과 대응의 비례성과 위험부담의 문제

비례성의 문제를 안고 있는 대량보복전략의 신뢰성에 대한 의구심은 1960년대에 들어 더욱 증폭되었다. 소련 핵탄두의 수량이 증가하고 핵무기 능력이 향상됨에 따라 미국의 핵 우위 시대는 종말을 고하게 되었고, 미소 공히 대륙간 탄도미사일과 잠수함발사 탄도미사일 능력을 갖추게 되었기 때문이다. 이로써 미국이 서유럽 군사기지를 활용해야 하는 의존도는 약화되었고, 무엇보다 미국 본토가 소련의 핵공격에 취약하게 되었다. 따라서 유사시에 미국이 과연 소련의 핵 보복 위험을 무릅쓰고 대량보복을 수행할 수 있겠냐는 의문이 더욱 강하게 제기되었다.

이에 따라 케네디 행정부가 채택한 핵전략이 '유연반응전략flexible response strategy'이었다. 이는 다양한 형태의 도발에 대해 그 수준에 맞게 재래식 방어, 전술핵 대응, 전략핵 보복을 선택적으로 조합하여 대응한다는 개념이었다. 무엇보다 도발과 대응의 비례성을 확보함으로써 확장억제의 신뢰성을 회복하는데 주안점이 있었다. 구체적으로 유연반응전략은 '직접적 방위*direct defense*', '의도적 확전*deliberate escalation*', '전면적 핵 대응*general nuclear response*'이라는 3개의 단계적 요소로 구성되어 있다. 첫째, 직접적 방위는 재래식 도발에 대해서 재래식 전력으로 대응하여 방어한다는 것이다. 둘째, 의도적 확전은 직접적 방위가 실패할 경우 전술핵무기를 사용하여 확전을 시도함으로써 침략군을 나토 영토로부터 격퇴한다는 것이다. 마지막으로 전면적 핵 대응은 직접적 방위와 의도적 확전 전략이 모두 실패하여 침략군을 퇴각시키지 못하거나 서유럽에 대한 대규모 핵공격이 발생할 때에 취하는 최후의 수단이었다.

케네디 행정부가 제안한 유연반응전략이 확장억제의 신뢰성을 제고하기 위한 것이었음에도 불구하고 서유럽 나토 동맹국들은 새로운 전략개념에 거부감을 강하게 표출하였다. 그 이유는 전술핵무기는 재래식 방어가 실패한 2단계까지, 전략핵무기는 전술핵 대응까지 실패한 마지막 단계까지 사용이 유보되어 있다는 점에 있었다. 즉, 서유럽 국가들은 나토가 대량보복전략을 채택하고 있을 때보다 소련이 재래식 도발이나 제한적 핵전쟁을 시도하는데 덜 주저하게 될 것이라고 우려하였던 것이다. 특히 미국이 전면적 핵 대응을 하는 마지막 단계 이전에 이미 유럽은 소련의 재래식 공격과 전술 핵무기로 감당할 수 없는 피해를 입을 것이라는 점을 우려하였다. 이러한 시각차이로 인해 유연반응전략은 치열한 논쟁 끝에 처음 제안된지 무려 10여 년이 지난 1967년에야 나토의 공식 전략으로 채택될 수 있었다. 확장억제를 둘러싼 신뢰성과 핵 전쟁 가능성에 따르는 위험의 배분 문제가 얼마나 복잡하고 미묘한 문제인가를 잘 보여주는 사례라고 할 수 있다.

이중결정: 소련의 중거리 핵미사일과 탈연계의 심화

유연반응전략이 공식 채택된지 오래 지나지 않아 나토는 새로운 도전에 직면하였다. 소련이 1977년부터 성능이 향상된 SS-20 중거리 핵미사일을 대규모로 배치하기 시작함으로써 유럽에서의 전술핵 균형이 소련에게 유리하게 기울어지게 된 것이다. 1983년까지 6년간 총 369기가 배치된 신형 SS-20 미사일은 기존 SS-4, SS-5에 비해 정확성이 향상되고 사정거리가 5,000km로 확대되어 유럽전역을 타격할 수 있는 능력을 갖고 있었다. 뿐만 아니라 1974년 블라디보스토크 협정을 통해 미소간에 대륙간탄도미사일의 수적 균형이 이루어지는 등 1970년대 초반에는 이미 소련에 대한 미국의 전략핵무기 우위도 상실된 상황이었다.

이렇게 변화된 미소간의 전략·전술 핵무기의 균형은 유연반응전략의 신뢰성을 훼손시켰다. 유연반응전략은 재래식방어, 전술핵무기 사용, 그리고 전략핵무기 대응이라는 단계적 확전 개념에 기초하고 있는데, 이는 나토가 재래식 전력에서는 열세에 있지만 전술핵 및 전략핵무기에 있어서는 우위에 있었기 때문에 가능한 구상이었다. 그러나 이제 소련의 중거리 핵미사일 배치로 나토가 전술핵을 통해 의도적 확전을 도모하는 것이 어렵게 된 것이다. 또한, 미소간 전략핵 균형이 이루어진 상황에서 전략핵무기로 소련을 응징한다는 것도 미국 본토에 대한 대규모 보복을 감수하지 않고는 단행될 수 없는 것으로 우려되었다. 즉 유연반응전략이 작동할 수 있는 중요한 조건들이 변화된 것이다.

이에 따라 나토는 새로운 전략수립을 모색하여 1979년 12월에 이른바 '이중결정Double-Track Decision'이라는 전략을 채택하였다. 미국이 서유럽 전역에 중거리 핵미사일인 퍼싱 II 108기, 지상발사크루즈미사일

GLCM: Ground Launched Cruise Missile 464기를 5년에 걸쳐 배치하고, 이와 동시에 미소간에 중거리 핵미사일 INF: Intermediate-Range Nuclear Forces 을 폐기하기 위한 협상을 추진한다는 것이다. 군비통제를 추진함으로써 소련의 전술핵미사일 폐기를 유도하되, 협상이 실패할 경우 미국은 예정된 중거리 핵미사일 배치를 강행한다는 복안이었다. 협상결렬과 재개라는 어려운 과정을 거쳤으나 미국은 마침내 1987년 소련과 중거리 핵미사일 감축조약을 체결하는데 성공하였다. 이에 따라 양국이 보유하고 있던 사거리 500~5,500km의 모든 중거리 핵미사일을 폐기하기로 결정함으로써 확장억제정책의 신뢰성 훼손을 막고 소련과의 핵감축 협상을 이끌어내는 성과를 달성할 수 있었다.

한반도 확장억제의 신뢰성

냉전 시대 나토 핵 전략의 변천을 살펴보면 확장억제 extended deterrence 의 신뢰성을 확보하는 것이 얼마나 어렵고 많은 정책적 노력이 필요한 과제인지를 알 수 있다. 억제는 원래 상대방의 마음에 영향을 미치는 심리적 효과를 바탕으로 작동하는 내재적 불확실성을 안고 있다. 그런데 확장억제, 즉 핵우산 nuclear umbrella 의 제공은 여기에 동맹국이 추가되기 때문에 더 복잡하고 어려운 문제를 야기한다. 냉전시대 나토의 핵 전략 사례에서 보듯이 핵우산 제공국(미국)과 피보호국(서유럽) 안보의 분리 가능성, 즉 탈脫연계 de-coupling 우려 때문이다.

확장억제의 신뢰성 확보는 이제 한반도에서도 절실한 과제로 부각되고 있다. 사실상의 핵보유국에 근접한 것으로 평가받고 있는 북한은 이미 표준탄 20개 내외의 핵무기 수량을 확보했을 것으로 추정되고 있고 향후 전력화와 작전배치도 가능할 것으로 예상되고 있다. 이제 북한의 핵 무장을 기정사실로 보고 이에 대한 군사적 대비책을 마련하지 않을 수 없는 상황이 된 것이다. 그렇다고 전형적인 무역국가인 대한민국이 국제비확산체제에서 이탈하여 핵무장을 추구하기도 어렵다. 따라서 미국의 대한반도 확장억제의 신뢰성을 담보하는 것은 다른 무엇보다 우리 안보의 핵심 과제라고 할 수 있다. 냉전시대 나토 핵 전략을 참고하되 한반도 전략환경의 특수성을 고려한 맞춤형 억제전략을 고민해야 할 시점이다.

02

가장 위험했던 순간: 쿠바 미사일 위기

냉전이 3차 세계대전으로 폭발하지는 않았지만 위기가 없었던 것은 아니었다. 특히 가장 위험했던 사건을 꼽는다면 아마도 1962년에 발생했던 쿠바 미사일 위기라고 할 수 있을 것이다. 미국의 코앞에 위치한 쿠바에 핵 미사일 기지 건설 움직임이 탐지되면서 고조된 미소 간의 대결은 자칫 핵전쟁으로 치달으면서 제3차 세계대전으로 비화될 수 있는 위험한 순간이었다.

사건의 발단은 1962년 10월 14일 아침 쿠바에 핵 미사일 기지가 건설되고 있음을 선명히 보여주는 CIA 항공사진이 케네디 대통령에게 보고되면서 시작되었다. 케네디 대통령은 곧 국가안보회의를 소집하여 대응방안을 논의하고 핵 미사일을 탑재한 소련 선박이 쿠바에 접근하지 못하도록 하기 위해 해상 봉쇄를 단행하였다. 그럼에도 불구하고 소련 선단은 쿠바를 향해 다가오고 있었고 자칫 무력충돌로 번질 수 있는 긴박한 시간이 이어졌다. 실제로 해안봉쇄와 미사일 기지를 정찰하던 미국의 정찰기가 쿠바 상공에서 격추되는 일도 발생하였다. 그러나

카스트로와 후루시초프   해상봉쇄를 발표하는 케네디

군사적 대치 와중에서도 케네디 대통령과 후루시초프 서기장은 전문교환, 특사 활용 등을 통한 막후 교섭을 계속해 나갔고, 마침내 10월 28일 쿠바의 소련 미사일기지와 터키의 미국 미사일기지의 상호철수에 합의함으로써 2주간의 위기는 해소되었다.

쿠바 미사일 위기는 사안의 무게만큼이나 다양한 시사점을 제공하는 국제정치적 사건이다. 냉전이 심화되는 과정에서 미국과 소련 간의 전략적 경쟁의 측면에서 볼수도 있고, 핵 억제력과 양극체제의 안정성 관점에서 해석할 여지도 있다. 또한 군사적 대치과정에서도 외교적 시그널에 대한 민감성과 막후 협상 노력을 유지하였던 위기관리의 모범 사례로 연구할 수도 있다. 여기서는 케네디 행정부의 행동을 세 가지 의사결정 모델로 정형화한 그래엄 앨리슨^{Graham Allison}의 해석을 살펴보기로 한다. 쿠바 위기의 진행과정과 결말을 다양한 관점에서 이해하는 데 도움이 되는 것은 물론, 다른 의사결정 사례에도 적용할 수 있는 유용성이 있다. 흥미롭게도 케네디 대통령은 미사일 위기 과정의 모든 회의와 대화 내용을 다른 참석자들 모르게 비밀 녹음했는데, 앨리슨의 해석은 바로 이 비밀 녹취록을 분석하여 이루어진 것이다.

합리적 모형(rational policy model)

첫 번째 의사결정 모형은 합리적 모델이다. 합리적 모델의 기본 개념은 국가가 직면한 전략적 문제를 국가이익 극대화 관점에서 의사결정을 한다는 것이다. 다양한 대안을 검토한 후에 최대 효용과 최소 비용을 달성하는 가장 합리적인 방안을 선택한다는 가정이다. 이 모델에서는 조직이란 통제와 조정이 잘 이루어지는 유기체와 같다고 여긴다. 즉, 마치 단일한 의사결정자가 존재하는 것과 같다고 보는 것이다.

합리적 모델의 관점에서 쿠바 미사일 위기를 해석한다면 케네디 행정부는 다양한 대응방안을 검토한 끝에 해상봉쇄라는 가장 합리적인 옵션을 선택했다는 것이다. 실제로 수많은 회의와 토의 과정을 통해 다른 대안들은 하나씩 탈락되어 갔다. 먼저 쿠바에 미사일 기지 건설 징후가 발견된 직후에 있었던 회의에서는 무대응 전략도 논의된 바 있다. 소련의 미사일에 대한 미국의 취약성은 새로운 것이 아니라는 논리였다. 그러나 무대응은 두 가지 큰 단점이 있었다. 먼저, 쿠바의 미사일을 용인하면 미국의 사전경보가 무력화되는 문제가 있었다. 플로리다로부터 불과 230km 떨어진 쿠바에 소련의 중거리 핵미사일이 배치되면 소련 영토내에 위치한 대륙간탄도 미사일에 비해 미국의 반응시간이 훨씬 촉박해지기 때문이었다. 무대응할 경우 여타 문제에 대한 미국의 신뢰가 의심받게 되는 정치적 함의도 고려해야 했다.

따라서 두 번째 옵션을 검토하게 되는데 외교적 방안이었다. 유엔 안보리에 안건으로 상정하여 소련을 압박하거나 후루시초프에 비밀 접근하여 협상을 통해 문제 해결을 도모하자는 것이다. 그러나 이 방안은 사태의 주도권을 소련이 쥐게 한다는 점에서 매력적이지 않았다. 세 번째 대안은 쿠바에게 비밀 접근하여 미사일을 철수시키는 방안이었다. 그러나 미사일 배치와 철수는 후루시초프가 결정할 사안이지 카스트로의 권한 밖이라는 점이 확인되면서 탈락하였다. 네 번째는 쿠바 침공 방안이다. 미사일 철수 목표에 만족하지 않고 이전에 있었던 피그만 공격의 실패까지 만회하고자 하는 가장 공격적인 방법이었다. 그러나 그럴 경우 소련의 보복이 우려되었는데 특히 베를린이 공격받을 것에 대한 가능성이 크게 제기되었다. 다섯 번째 대안은 쿠바 미사일에 대한 정밀 폭격안이었다. 케네디 대통령이 초기에 선호했던 방안이었지만 타격의 정밀성에 대해 자신이 없었던 것이 한계였다. 이 방안 역시 소련의 보복을 불러올 수 있고, 기습공격에 대한 혐오감도 작용했다.

마지막으로 남은 안이 해상봉쇄였다. 미사일 배치를 물리적으로 저지할 수 있고 소련을 압박할 수 있다는 고려에서였다. 봉쇄 방안 역시 소련의 보복 우려가 있었고 소련이 봉쇄를 어겼을 경우에 이를 응징해야 하는 부담을 미국이 지는 한계는 있었다. 그럼에도 불구하고 직접 무력 공격은 하지 않으면서 미국의 결의를 단호하게 보일 수 있는 절충적인 방안이었다. 무대응이나 외교적 해결의 유약함을 보이지 않으면서 한편으로 정밀타격이나 쿠바 침공과 같은 군사적 도박은 피할 수 있다고 판단되었던 것이다. 결국 해상 봉쇄안이 최종 대안으로 선택되었는데, 이는 합리적 의사결정 모델에서 볼 때 이 안이 최소 비용으로 최대 효과를 갖는 가장 합리적인 방안으로 여겨졌기 때문이었다.

조직적 과정 모형(organizational process model)

조직적 과정 모형에서는 모든 의사결정은 조직적 산물임을 강조한다. 합리적 모형에서처럼 단일 행위자가 목표 극대화 관점에서 합리적 결정을 하는 것이 아니라, 느슨하게 연합된 하위 조직들이 기존 절차에 따라 행동할 뿐이라고 한다. 다시 말해 모든 조직은 특유의 우선순위와 관점을 보유하고 있으며, 이를 반영한 표준적인 행동절차SOP와 사전에 만들어진 프로그램에 따라 행동한다는 것이다. 이 때문에 조직은 반복적인 사안은 매우 효율적으로 처리해 나가지만 새로운 상황에 직면하면 창의적이고 유연하게 반응하는 능력이 떨어진다는 점을 지적한다. 조직의 의사결정이 이렇게 경직적인 이유는 조직원의 선발과정부터 보상분배, 조직내 소그룹의 압력, 조직에 특수한 선별적인 정보수집 때문이다. 물론 조직도 학습하고 변하지만 이는 매우 완만한 속도로 이루어지는 것이 보통이라고 한다. 즉, 급격한 조직의 변화는 예산의 급격한 감소나 재앙적인 정책 실패가 있을 경우에야 발생한다고 강조한다.

이와 관련하여 재미있는 일화가 있는데, 미국의 루즈벨트 전 대통령이 이렇게 토로한 적이 있다고 한다. "재무부와 관련해서 나는 내가 원하는 것을 거의 얻지 못한다는 것을 알았다. 그러나 국무부에 비하면 재무부는 아무것도 아니다. 직업 외교관의 생각과 정책을 바꾸는 것은 거의 불가능하다. 그러나 해군은 이 둘을 합친 것보다 더 어렵다. 이것은 마치 깃털로 된 침대를 맨주먹으로 계속 때리다가 때리는 사람이 지치는 것과 같다." 조직모형에서는 이렇게 반독립적으로 움직이는 하위 조직들로 인해 최고지도자는 부분적인 통제권만을 보유하고 있다고 본다. 따라서 의사결정은 효용의 극대화가 아니라 만족화를 추구한다고 해석한다.

쿠바 미사일 위기 과정에서도 이런 조직적 모형의 행태들이 발견된다. 미소간 대치로 위기가 고조되는 가운데 미군의 핵전력 부대들에게는 비상대비태세가 내려졌다. 그런데 이때 U2 정찰기가 항로를 이탈하여 소련 영공으로 넘어가는 일이 발생했다. 소련의 핵실험 낙진을 수집하라는 임무명령서가 하달되어 있었기 때문이다. 그러자 이를 소련 공격을 위한 최후 정찰로 판단한 소련 방공부대는 전투기를 출격시켰으며 이에 대응하여 알래스카 미 공군도 핵무기로 무장한 전투기를 대응 출격시켰다. 국가적 위기 상황이라는 변화된 여건에 대한 고려 없이 기존 절차와 계획에 따라 기계적으로 임무를 수행하다가 위험한 상황이 초래된 것이다. 또한 이렇게 예민한 시기에 미군은 태평양 공해상에 중거리 미사일을 발사하는 훈련을 실시하였다. 이 역시 오래전 수립된 훈련 스케줄에 따랐던 것이다. 조직은 국가적 차원의 합리성을 추구하는 것이 아니라 실제로는 평소에 하던 대로 행동한다는 조직모형의 설명 그대로였다.

국가안전보장회의 의사결정 과정에서도 조직적 모형의 특징이 나타났다. 케네디 대통령, 맥나마라 Robert McNamara 국방장관 등이 봉쇄를 통해 미사일 철수를 압박한다는 정치적 전략에 집중했다면, 합참은 즉각적인 폭격을 통해 미사일을 파괴하는 군사적인 방법을 선호했다. 특히 르메이 Curtis LeMay 공군 참모총장은 "세계는 미국 전략공군과 전략공군이 공격할 수 있는 목표만이 존재한다" 는 신조를 바탕으로 쿠바에 핵무기 사용까지 주장하기도 했다. 또한 초기 케네디 대통령의 관심에도 불구하고 쿠바 미사일 기지에 대한 정밀 폭격 방안이 제대로 검토되지 못한 것은 미 공군의 미사일 표적 카테고리상 소련 미사일이 '이동식 mobile'으로 분류되어 있었기 때문이었다. 공군이 이동식 표적에 대해서는 대규모 폭격만이 가능하다고 주장했던 것이다. 그런데 며칠 후 공군이 소련 미사일을 '움직일 수 있는 movable' 표적으로 재분류하였는데, 그제야 정밀 폭격 방안은 본격적으로 검토될 수 있었다. 즉, 미 공군 내부의 기술적 매뉴얼이 어떻게 규정되어 있느냐에 따라 군사적 옵션에 대한 공군의 제안이 좌우되었던 것이다.

또한 해상 봉쇄 과정에서 당시 맥나마라 국방장관과 작전책임을 맡았던 앤더슨George W. Anderson Jr. 작전사령관간에 벌어진 유명한 설전도 조직모형의 설명과 부합한다. 봉쇄의 집행과정에서 우발적인 충돌이 발생할 것을 걱정한 케네디 대통령을 대리하여 맥나마라 국방장관이 봉쇄 작전에 개입하면서 발생한 일이었다. 10월 23일 저녁 맥나마라 장관은 길패트릭 국방차관과 함께 해군 작전상황실에 나타나서 해군의 봉쇄 규칙에 의구심을 품고 이런 저런 질문을 던졌다. 누가 처음으로 차단할 것인지, 소련 잠수함에 대한 대처는 어떻게 할 것인지 등의 질문이었다. 앤더슨 제독은 "규정에 의해 잘 진행되고 있다"고 시큰둥하게 답변했다고 한다. 해상봉쇄는 수백년의 역사를 가진 해군의 작전인데 민간인 상관이 이래라 저래라 하는 것이 영 마땅치 않았던 것이다. 그러면서 해군의 규정에 따라 봉쇄에 응하지 않는 선박에 대해서는 발포하겠다고 발언한다. 이에 대해 맥나마라 장관은 언성을 높이며 반박한다. 어떠한 경우에도 대통령의 명시적 승인 없이는 발포해서는 안 된다는 것이었다.

그러자 앤더슨 제독이 발끈한다. "모든 것은 해군 규정에 있습니다. 장관님과 차관님은 사무실로 돌아가십시오. 그러면 봉쇄작전은 해군이 수행하겠습니다It's all in there, the manual of navy regulations. Now, Mr. Secretary, if you and your deputy will go back to your office, the Navy will run the blockade." 맥나마라 장관이 마침내 폭발한다. "난 존 폴 존스(미국 독립전쟁시의 전설적 해군 제독)에 대해선 눈꼽 만큼도 관심 없어요. 이건 케네디 대통령이 후루시초프와 하는 의사소통이란 말입니다. 이건 언어예요I don't give a damn what

." 즉, 맥나마라는 해상봉쇄를 케네디와 후루시초프간의 전략
적 의사소통으로 본 데 반해, 봉쇄작전 책임을 맡았던 앤더슨 제독은
해군의 '매뉴얼'에 따라 수행하면 된다고 생각했던 것이다.

관료 정치 모형(bureaucratic politics model)

마지막으로 관료 정치 모형에서는 정책이란 국가내부의 정치적 산
물이라고 본다. 관료정치 모형이 이해하는 의사결정이란 국가이익 극
대화를 위한 합리적 선택도 아니고 기존 조직절차에 따라 산출되는 기
계적인 과정도 아니다. 그보다는 조직 내 다양한 이해관계와 입장을
가진 개인들이 연합, 경쟁, 타협을 통해 도출되는 결과물로 파악한다.
즉, 정치적 과정에 참여하는 행위자들은 모두 정부 내에서 일정 지위
를 보유하고 있는 인물들로서 이러한 입장과 지위가 행위자들의 행동
에 영향을 미친다는 것이다. 또한 조직의 공식적 입장 뿐 아니라 개인
의 성격과 비공식적인 이해관계, 영향력 등도 이에 못지않게 중요하다
고 한다. 그리고 정책이 토의되고 결정되는 방식은 무작위로 이루어지

왼쪽부터 로버트 케네디, 로버트 맥나마라, 딘 러스크, 딘 애치슨

는 것이 아니라 사전에 규정된 방식에 의해 진행된다는 점이 중요하다고 지적된다. 회의에 누가 참석하는지, 결론은 어떻게 도출할 것인지 등 사전에 마련된 룰에 따라 최종 결론은 이미 상당부분 정해질 수도 있다는 것이다.

쿠바 미사일 위기 과정에서도 관료정치 모형에서 말하는 특징들이 나타났다. 합리적 모형에서는 해상봉쇄가 다른 대안보다 우수했기 때문에 채택 되었다고 설명한다. 다시 말해 많은 대안을 비교하여 가장 합리적인 결론을 도출했다는 것이다. 그러나 관료정치 모델에서는 누가 어떤 대안을 지지했는지에 주목한다. 해상봉쇄를 주장했던 인사들은 로버트 케네디 법무장관, 로버트 맥나마라 국방장관, 테드 소렌슨 특별 보좌관들로 모두 케네디 대통령의 신임이 각별한 인사들이었다. 반면, 쿠바 폭격이나 침공을 주장한 맥스웰 테일러 합참의장, 러스크 국무장관, 딘 애치슨 등은 케네디 대통령과 개인적인 친분이 두터운 사람들은 아니었다. 특히 로버트 케네디 법무장관은 수천 명의 무고한 쿠바시민을 희생시키는 쿠바 침공은 제국일본의 진주만 기습과 같이 비도덕적인 행위라고 비판했는데, 이는 형이 제2의 도조 히데키가 되지 않도록 보호하려는 개인적인 고려도 작용했다. 관료정치 모델에서는 대안의 객관적 합리성 못지않게 의사결정 과정에서 누가 지배적인 연합을 구축하는가에 달려 있다고 보는데, 쿠바 미사일 위기에서 해상봉쇄가 채택된 것도 대통령이 가장 신임하는 인사들의 3각 연합의 힘이 있었기 때문이라는 것이다.

03

냉전의 종식을
어떻게 설명할 것인가?

　냉전이 언제 시작되었는지가 분명하지 않은 것처럼 냉전이 언제 종식되었는지를 특정하는 것 역시 쉽지 않다. 냉전의 상징이던 베를린 장벽은 1989년 11월 10일 도로와 광장을 메운 시민들에 의해 붕괴되었다. 법적인 독일통일은 1990년 9월 12일 미소영불 등 제2차 대전 승전국들이 대독일 화해조약을 조인함으로써 이루어졌다. 이후 미국과 소련을 포함한 22개국 정상들은 사흘 동안의 유럽안보협력회의CSCE 첫날인 1990년 11월 19일 유럽재래식 무기에 관한 협정CFE에 서명하였다. 이는 나토와 바르샤바조약기구가 유럽에 배치하고 있던 수천대의 전차, 항공기, 대포 등을 감축하는 야심적인 군축협정이었다. 회의 마지막 날인 22일에는 34개 회원국들이 '대결과 분열의 시대는 유럽에서 종말을 고하였다'라고 선언한 파리헌장에 서명하였다. 한편, 이듬해인 1991년 7월 31일 부시 대통령과 고르바초프는 미소 양측이 보유한 핵무기를 최대 40%로 감축한다는 전략무기감축협정START을 모스크바에서 서명하였다. 그리고 그 해 12월 25일 소련은 공식적으로 붕괴되었고 이후 15개 소련 공화국이 독립하였다. 냉전에서 공산진영을 이끌었던 공산진영의 대표국가가 사라진 것이다. 따라서 이 중 어떤 시점에 냉전이 끝났다고 볼 것인가는 논란의 여지가 있다. 다만, 반세기 동안 진행되어 오던 적대관계가 급속하게 종식된 것만큼은 이론의 여지가 없을 것이다.

냉전이 종식된 과정은 당시를 살았던 사람들에게는 물론이고 현재에도 어리둥절할 정도로 엄청난 변화의 연속이었다. 1985년 미하일 고르바초프가 소련 공산당 서기장이 되어 글라스노스트glasnost와 페레스트로이카perestroika라는 개혁개방정책을 추진한지 불과 5~6년 사이에 일련의 대사건들이 폭풍처럼 휘몰아쳤던 것이다. 영국의 역사학자 허버트 버터필드Herbert Butterfield는 역사가들이 '휘그식 역사해석'의 오류에 빠지는 경향이 있다고 지적한 바 있다. 즉 마치 전지전능한 신이 된 것처럼 역사 해석을 하는 오류를 범한다는 것이다. 과거를 현재의 눈으로 보면 모든 사건들이 마치 미리 정해진 각본에 따라 정해진 대로 이루어진 것처럼 보인다는 의미이다. 베를린 장벽이 붕괴되고 독일이 재통일되며 마침내 소련제국이 해체되는 일은 결국 이렇게 예정되어 있었던 것일까? 아니면 인간의 의지와 예측 불가능한 우연이 복잡하게 얽혀 발생한 수많은 가능성 중의 하나였을까?

우리가 냉전의 종식에 관심을 갖는 것은 한반도의 냉전 상태 때문이다. 동서 냉전은 끝났지만 남북한은 아직 냉전속에서 살고 있다. 동서간 적대관계가 이렇게 갑자기 끝날 수 있다면 남북관계의 적대성도 변할 수 있지 않을까? 가능하다면 어떻게 어디서부터 한반도 냉전구조를 녹여 나갈 수 있는 것일까? 더욱이 동서 냉전은 총 한방 쏘지 않고 끝났다. 가공할 만한 소련의 핵무기, 전차, 대포 등 물리적 힘은 그대로 있었다. 장벽은 시민들에 의해 무너졌고 소련제국은 동유럽 위성국가들을 해방시키며 자발적으로 해체하였던 것이다.

냉전 종식에 대한 현실주의 이론의 설명과 한계

냉전 종식에 대한 가장 일반적인 설명은 소련이 내부모순의 축적으로 발생한 구조적 문제를 건디지 못해서 무너졌다는 것이다. 사회주의 경제체제의 취약성으로 인해 소련체제의 구조적 문제점이 누적되었고 고르바초프 시대에 이르러 마침내 한계점에 도달했다는 것이다. 폴 케네디Paul Kennedy는 세상의 모든 제국은 과대팽창imperial overstretch으로 무너진다고 강조한다. 소련의 경우도 취약한 경제에도 불구하고 과도하게 군사부문에 투자함으로써 체제의 부담을 가중시켰다고 지적된다. 소련이 얼마만큼을 군사에 투자했는지는 정확히 알려져 있지 않지만 적게는 GDP의 12~18%, 많게는 25~30%까지라고 한다. 미국의 군사비가 1980년대 GDP의 6% 수준이었다는 것과 비교할 때 소련이 얼마나 국가 역량을 군사에 소진했는지 짐작할 수 있다.

현실주의자들은 또한 미국의 군사적 압박이 소련의 붕괴를 앞당겼다고 해석한다. 레이건 행정부가 야심차게 추진한 미군의 군사혁신RMA이 중요한 요인이라는 것이다. 특히, 1983년 흔히 '별들의 전쟁'이라고 불리는 우주기반 미사일 방어체계인 전략방위구상SDI이 그 대표적 예로 거론된다. 허약해진 소련을 상대로 미국이 의도적으로 군비경쟁 드라이브를 강력하게 걸었다는 것이다. 따라서 현실주의자들은 고르바초프가 보여준 개혁조치들을 외부적으로 강요된 선택이라고 본다. 즉, 페레스트로이카는 소련 경제재건을 위한 외교적 방편이었다는 것이다. 핵 군축과 재래식무기 감축에 합의한 것이나 동유럽 위성국가들에 대한 관여를 줄인 것들 모두 경제적 취약점이 증가하는 상황에서 어쩔 수 없이 취한 조치라는 것이다. 다시 말해 서방의 경제적 지원을 확보하고 소련내부의 개혁에 집중하기 위해서는 헝가리, 체코슬로바키아의 자유주의 움직임을 무력으로 무참히 진압했던 1960년대의 행태를 보일 수 없었다는 것이다.

그러나 위와 같은 현실주의자들의 설명에는 한계가 있다. 먼저 소련의 행동은 현실주의 이론의 핵심 가정에 위배된다. 현실주의 이론은 국가는 힘의 증대와 생존을 그 어떤 목표보다 중요하게 여긴다고 믿는다. 그런데 고르바초프는 독일통일 과정에서 2차 대전 승전국의 권리를 포기하는 것은 물론 적대적 동맹인 나토에 잔류하는 것조차 용인했다. 더욱이 위성국가가 제국으로부터 떨어져 나가는 것도 막지 않았다. 1989년 아프가니스탄에서의 철수야 주변부에서의 양보라고 할 수 있을지 모르나, 소련의 안보와 영향력을 위한 핵심 지역인 유럽에서의 후퇴와 영토의 자발적 축소는 핵심국익을 포기한다는 점에서 현실주의 이론으로는 설명이 되지 않는다.

둘째, 고르바초프의 개혁이 외부적으로 강요된 선택이라는 해석도 왜 고르바초프 때 이런 양보가 발생했는지에 대해서는 충분히 설명하지 못한다. 즉, 현실주의적 해석은 거시적 트렌드만 지적할 뿐 특정 타이밍에 대한 설명으로는 부족하다. 이는 1980년대 중반 소련이 취할 수 있었던 선택에는 여러 가지 대안이 있었고, 고르바초프가 채택한 노선이 유일 불가피한 것이 아니었다는 것을 뜻한다. 다시 말해 동유럽에서 서구 지향적인 정권의 탄생을 용인하고 독일 통일과 나토 잔류를 허용한 고르바초프의 정책과는 다른, 보다 보수적이고 현실적인 대안들이 있었다는 뜻이다. 실제 고르바초프 이전의 소련 지도자들의 선택은 매우 달랐다. 브레즈네프Leonid Brezhnev와 안드로포프Yuri Andropov는 레이건의 강경정책에 강경하게 맞대응했고, 체르넨코Konstantin Chernenko는 근본적인 개혁보다는 현상유지를 선택했다. 고르바초프도 전임자들의 노선을 답습하면서 소련을 최소한 수십 년 더 끌고 나갈 여력은 충분했다.

셋째, 레이건의 군사적 압박이 소련의 개혁개방을 강요했다는 주장도 잘못이라는 비판이 있다. 레이건 행정부는 전반기에는 대 소련 강경정책을 구사했으나 고르바초프가 등장한 1985년 이후에는 유화적으로 변화했다는 것이다. 즉, 고르바초프의 개혁 노선은 레이건 행정부 후반기의 대 소련 유화정책과 맞물리면서 탄생했다는 지적이다. 미국 내 보수진영은 1980년대 중반 이후 미소 간 군비통제 협상이 지나치게 전향적이고 유화적이라고 반발했는데, 이것만 보더라도 레이건 행정부 후반기의 대소정책의 기조가 어떠했는지를 짐작할 수 있다.

대안적 설명과 실제 있었던 일

현실주의 이론과는 다른 대안적 관점은 당시 소련 지도부의 변화된 인식과 새로운 정체성이 냉전의 종식을 가능하게 했다고 설명한다. 계급과 물질에 매몰된 경직된 세계관에서 벗어나 국내정치, 문화 등 비물질적 요소를 받아들이고 자본주의에 대해서도 보다 유화적으로 해석하는 새로운 세계관을 가진 혁신그룹이 등장했다는 것이다. 특히 1970년대 초반부터 활발하게 이루어진 서방과의 각종 군비통제 체제가 이런 개혁 성향의 인물들을 소련 시스템 내에 배출시켰는데, 이들은 일찍부터 서방과 접촉하고 여행하면서 소련을 상대적인 시각에서 조망할 수 있는 기회를 가졌다고 한다. 따라서 냉전의 종식을 가져온 소련의 개혁적 조치들은 세력균형의 변화가 강요한 구조적 결과가 아니라 변화된 정체성이 빚어낸 개혁세력의 자발적인 선택이었다는 것이다.

고르바초프는 실제로 새로운 세상을 꿈꿨다. 그는 '모든 유럽인들의 집'이라는 비전을 제시하며 자본주의, 사회주의, 공산주의 국가들이 대립하는 진영에서 벗어나 서로 공존하는 유럽을 상상했다. 동유럽의 자율성을 용인한 것도 이들 국가에서 자신의 비전을 공유하는 소小 고르바초프가 등장하면 유럽의 분단과 분열이 극복될 수 있다고 믿었기 때문이다. 고르바초프는 특히 기존 정책의 소극적 수정만으로는 소련이 겪고 있는 문제를 해결하는데 충분치 않다고 판단했다. 고르바초프 자신은 농부의 아들이고 소련 공산당 체제에서 성장한 엘리트로서 처음부터 개혁가로서의 경력을 쌓아 온 인물은 아니었다. 그러나 그는 선입관이 없는 사람이었고 소련과 서방과의 근본적인 관계 변화를 촉구하는 수많은 학술 저널과 세미나의 주장들을 이해했다. 고르바초프 뿐아니라 셰바르드나제Eduard Shevardnadze 외상도 구시대의 사고에 사로잡힌 인물은 아니었다. 소련 내부의 강경파가 고르바초프의 친서방 외교노선을 비판하자, 그는 소련이 위대한 국가로 남기 위해서는 영토, 인구, 무력만이 아니라 인민들의 고통, 인권의 부재, 삶의 무질서함을 외면하지 말아야 한다고 역설하기도 했다.

물론 고르바초프의 선택과 냉전의 종식이 전적으로 신사고에 의해 자발적으로 이루어진 것만은 아니었다. 독일 통일 과정에서 적나라하게 드러났듯이 공산당 정치국을 중심으로 한 강경파들은 고르바초프의 개혁적 조치와 대서방 양보를 강력하게 비판했다. 1990년 2월 공산당 정치국 회의에서 예고르 리가초프^{Yegor Ligashov}는 소련이 독일에 대해 챔벌린이 범했던 유화정책의 실수를 반복하고 있다고 경고하였다. 특히 나토의 확장은 백만 대군을 동원해서라도 막아야 한다고 주장했다. 또한 그 해 봄에 작성된 공산당 중앙위원회의 보고서는 동유럽에서 발생한 힘의 공백을 서방이 메우고 있는데, 소련은 아무런 합리적 설명도 없이 후퇴만 계속하고 있다고 비판했다. 고르바초프와 셰바르드나제도 핵심 안보 이슈에 대해서는 현실주의적 접근을 유지했다. 특히 독일통일 과정에서 독일의 나토 잔류 문제는 마지막까지 저지하려고 노력 하였다. 그러나 숨가쁘게 진행되는 역사의 흐름 속에서 체제 전환기의 소련은 효과적으로 대응하지 못했으며 미국의 부시 행정부와 서독 콜 정부의 체계적이고 집요한 외교적 공세를 당해낼 수 없었다. 따라서 냉전 종식은 현실주의 이론의 설명처럼 완전히 구조적 압력에 의한 강요된 선택도 아니었고 대안적 설명이 제시한 것과 같은 정체성의 변화만도 아닌 그 중간의 복합적 요인이 작용한 것으로 보는 것이 타당할 것이다.

04

구성주의 이론:
적이 친구로 바뀔 수 있는가?

냉전의 붕괴를 소련 내부에 새롭게 등장한 정체성의 변화로 설명하는 것은 국제정치의 구성주의 이론constructivism에 기초를 두고 있다. 구성주의는 국가 행위의 원천을 현실주의와는 다르게 이해한다. 현실주의 이론에서는 국가의 행위란 국제체제에서 발생하는 힘의 분포, 즉 권력분배라는 물질적인 측면에서 비롯된다고 본다. 이에 반해 구성주의는 문화, 정체성과 같은 비물질적인 측면이 국가의 이익계산에 영향을 주며 국가행위를 추동한다고 한다. 즉, 구성주의는 현실을 공유된 인간 인식과 사회적 행동의 결과물로 이해한다. 물질은 존재하지만 그 자체의 내재적인 의미는 없으며 집단 이해collective understanding가 있어야 그 물질의 사회적인 의미를 창출한다는 것이다. 쉬운 예를 들어본다면 전승기념비는 원래 거대한 돌덩이에 불과하다. 그러나 승리의 영광과 참전용사의 희생을 추모하는 의미가 부여되면 전혀 다른 사회적 현실이 창출된다. 또 올림픽 메달은 원래 금, 은, 또는 동으로 만들어진 것이지만 이를 딱딱한 금속 물질 자체로만 간주하는 사람은 없다. 즉, 구성주의에서는 단순히 물리적으로 존재하는 현실 자체가 아니라 그 현실을 어떻게 규정하는가가 중요하다고 본다.

국제무정부상태에 대한 이해: 현실은 의미부여의 결과이다

이를 국제정치의 문제에 적용해 보면 국제무정부상태도 이를 어떻게 이해하느냐에 따라 그 성격이 달라질 수 있다는 것이다. 다시 말해 개별 국가들이 무정부상태에서 어떤 상호작용을 거치느냐에 따라 홉스적인 적자생존 세상이 될 수도 있고 칸트적인 협조 시스템이 만들어질 수도 있다고 본다. 구성주의 이론의 대표적 학자인 웬트Alexander Wendt는 무정부상태란 국가의 공유지식이 형성한 것이며 국가의 정체성 형성은 상부상조하는 관계로서 여러 종류의 무정부상태가 가능하다고 설명한다.

국제체제의 무정부성은 물질적인 것이고 체제수준에서 개별국가에게 일방적으로 부과된 것으로 보는 현실주의 이론과는 이 점에서 근본적으로 다르다. 현실주의에서는 국제체제의 구조가 국가행동을 결정하지만, 구성주의에서는 국제체제란 단순히 주어지는 것이 아니라 개별국가들의 상호작용이 만들어낸 사회적 맥락임을 강조한다. 예를 들어 미국 입장에서 이스라엘이 핵무기를 보유하는 것은 묵인할 수 있지만 이란의 핵개발 시도는 반드시 막아야 할 위협이다. 또한 영국의 핵무기는 국제사회에서 정당성을 인정받지만, 북한의 핵 무장 시도는 국제비확산체제에 대한 도전이며 지역안보를 위협하는 골칫거리이다. 이렇듯 국가는 만들어진 이익을 추구하며 동일한 물질적 조건에서도 국가마다 다른 선택을 할 수 있음이 강조된다. 고르바초프는 전임 소련 서기장들과 비슷한 내외부 환경에서 소련을 이끌었지만 전혀 다른 신사고 외교정책을 펼쳤다는 것이다.

국제무정부상태가 한 가지 성격만 있는 것이 아니라 다양한 모습이 존재한다면 이는 어떤 과정을 통해 형성되는 것일까? 구성주의에서는 무정부상태란 물질적 조건을 해석하고 의미를 부여하는 상호작용의 결과에 따라 세상이 창조된다고 한다. 어떤 계기를 통해서건 협력이 발생하면 협력을 낳고, 갈등은 갈등을 증폭시킴으로써 일정한 방향성이 생기고 이것이 관성으로 유지 강화되어 하나의 문화를 만들어 낸다는 것이다. 즉, 순환 및 자기실현적인 현상이라고 할 수 있다. 그런데 긍정적 상호작용을 통해 협력적인 무정부 문화가 공고화되기 위해서는 고비용의 시그널링signaling이 필요하다고 한다. 특히, 위기시에 비싼 대가를 치르면서까지 보여주는 협력적 태도는 상대방의 신뢰를 얻는데 큰 도움이 될 수 있다고 지적된다. 값싼 말이 아니라 행동이 필요하다는 것이다. 예컨대 위기에 처한 동맹국을 돕기 위해 같이 싸운다면 혈맹의 관계가 생길 것이고, 금융위기에 처한 국가를 비용을 들여 구제해 준다면 믿을만한 협력관계가 구축될 것이다.

국제무정부상태에서 협력의 가능성과 한계: 영화 공동경비구역(JSA)

국제정치의 핵심적 질문은 무정부상태에서 과연 협력이 가능한가이다. 앞서 살펴 보았듯이 현실주의 이론에서는 안보딜레마가 불가피하기 때문에 협력이 어렵고, 있다 하더라도 일시적인 현상에 불과하다고 본다. 반면 구성주의에서는 초기 상호작용과 반복되는 접촉의 패턴에 따라 협력관계가 구축될 가능성이 있다고 평가한다. 즉, 안보딜레마는 존재하지만 개별국가의 선택에 따라 약화시킬 수 있다고 이해한다. 이 점에서 자유주의 이론과 결론이 유사하다. 다만, 안보딜레마를 완화시키는 메커니즘에 대한 설명이 다른데, 예컨대 제도주의는 제도를 통한 정보비용의 해결과 미래협력의 기대를 협력의 요인으로 보는 반면, 구성주의는 정체성 자체의 변화에 주목한다.

협력의 가능성을 긍정적으로 보는 구성주의 시각이 남북관계에 주는 시사점은 무엇일까? 남북관계도 상호작용의 변화를 통해 새로운 정체성을 만들어 낼 수만 있다면 현재의 적대적 관계를 좀 더 협력적인 상태로 바꿀 수 있지 않을까? 실제 역사는 안보딜레마를 벗어나 새로운 정체성을 만들어 내는 것이 가능하다는 점을 보여주고 있다. 과거 독일과 프랑스는 수많은 전쟁을 치렀던 숙명적인 라이벌이었다. 근대 이후만 보더라도 나폴레옹 전쟁, 비스마르크의 보불전쟁, 그리고 양차 세계대전을 통해 수차례 충돌했다. 그러나 지금은 어떠한가? 이제 프랑스와 독일간의 전쟁은 더 이상 상상할 수 없을 정도로 서유럽의 안보적 지형은 완전히 바뀌었다. 이제 서유럽은 EU 공동체를 향해 통합되면서 새로운 정체성을 만들어 낸 것이다. 즉, 적자생존의 무정부상태가 아닌 일종의 안보공동체security community로 변모된 것이다. 유럽에서 가능했던 일이 동아시아 그리고 한반도에서는 불가능할까?

영화 공동경비구역JSA은 이 점에서 매우 흥미로운 통찰을 보여준다. '적이 친구로 바뀔 수 있는가?' 라는 구성주의 이론의 질문과 답이 이 영화 속에 모두 녹아 있다. 송강호(북한 인민군)가 지뢰를 밟은 이병헌(한국군)을 위험을 무릅쓰고 도와준 것을 계기로 이들의 관계가 변화하기 시작한다. 처음에는 쪽지를 주고 받다가 마침내는 이병헌이 북한군 초소까지 찾아 간다. 총부리를 겨누고 적대해야 할 최전방의 남북한 군인이 나중에는 같이 술을 마시고 게임을 할 정도로 가까워진다. 지뢰 제거 행위가 고비용을 무릅쓴 시그널링으로 작용했고, 반복되는 상호작용 속에서 조금씩 신뢰가 싹트며 형, 동생이라는 새로운 정체성을 형성했기 때문이다. 군인 개인 간의 관계 변화지만 이런 것이 남북한 국가 간의 관계에도 적용될 여지는 없는 것일까?

그러나 영화는 비극적으로 끝난다. 북한군 상관의 예기치 않은 초소 방문으로 인해 결국 총격과 살상이 이루어진다. 이 과정에서 이병헌은 외친다. "다 필요 없어. 결국 우리는 적이야." 구성주의 이론의 한계는 바로 이 점이다. 설혹 협조적인 관계를 어렵게 구축했다 하더라도 이는 언제든지 다시 바뀔 수 있기 때문이다. 즉, 국가의 정체성이 변할 수 있다면 최악의 상황, 즉 홉스적인 위험한 상황에 대비해야 한다는 부담이 있다. 그렇게 되면 결국 현실주의 이론과 다를 바가 없다. 국제 무정부의 압력에 굴복하는 것이기 때문이다. 그럼에도 불구하고 남북 관계의 적대성을 바꾸기 어렵다는 현실주의 이론의 비관적 전망에 만족할 수는 없을 것이다. 현실을 있는 그대로 설명하는 것에 그치지 않고 항구적 적대성이란 함정에서 빠져 나올 수 있다는 구성주의적 상상력의 매력 때문이다.

05

집단안보의 마비와
유엔 평화작전

집단안보는 양차 세계대전에 대한 반성으로 탄생했음을 살펴보았다. 더 이상 세력균형정책이 전쟁을 예방하는 메커니즘이 될 수 없다는 각성이 있었기 때문이다. 따라서 앞으로는 세계평화를 위협하는 세력을 다른 모든 국가들이 단결하여 집단적으로 대응하기로 하고 국제연맹과 국제연합을 탄생시켰던 것이다. 그러나 냉전 기간 집단안보는 작동하지 않았다. 냉전의 이데올로기적 분열 속에서 무엇이 정당한 무력의 사용인지에 대한 동의는 거의 이루어질 수 없었기 때문이다. 무엇이 침략인지를 정의하는 데서부터 문제가 발생하기도 했다. 상임이사국에 부여된 거부권으로 인해 냉전 기간 내내 유엔 안보리는 거의 마비 상태에 있었다.

이러한 집단안보의 난국은 유엔의 예방외교preventive diplomacy 개념을 낳았고 평화유지작전PKO이라는 새로운 임무를 탄생시켰다. 원래 전쟁을 예방하고 침략이 발생하면 집단적 응징을 하기 위해 만들어진 것이 유엔이다. 그런데 이제 이미 발생한 분쟁에 개입하여 평화를 유지하는 새로운 임무를 수행하게 된 것이다. 유엔헌장에는 존재하지 않은 이 평화유지작전은 유엔 회원국의 약 3분의 2가 참여했을 정도로 활발하게 진행되어 왔다. 냉전시대에만 50만 명의 군, 경찰, 민간인이 평화유지임무에 투입되어 700여명이 사망했다. 냉전시대에는 캐나다, 스웨덴, 핀란드 등과 같은 선진국들이 적극적이었으나, 냉전 종식 이후에는 유엔이 개발도상국에게 많이 의존하고 있다. 유럽과 캐나다 등 선진국들은 병력 유지가 힘들어진 반면에 평화유지작전 요구는 더 커졌기 때문이었다.

평화작전의 진화 및 유형

초창기 평화작전은 평화유지peace keeping였다. 즉, 국가 간 분쟁에 개입하여 충돌이 재발하지 않도록 하는 임무를 말한다. 이러한 전통적 평화작전은 두 가지 핵심 임무를 수행한다. 하나는 상황을 관찰하고 보고monitor and report하는 것이고, 또 다른 임무는 분쟁 당사자의 중간 지역에 위치하여 완충inter-positional buffer 역할을 담당하는 것이다. 인도-파키스탄, 조지아, 수에즈 분쟁 등이 대표적 예이다. 평화유지작전은 두 가지 특징을 갖고 있다. 첫째는 중립원칙이다. 유엔은 분쟁 당사국 중 어느 한쪽을 두둔하거나 침략국이라고 정의하지 않는다. 두 번째 특징은 유엔이 개입하기 위해서는 당사국의 동의가 필요하다는 점이다. 따라서 평화유지군 구성도 중립적인 국가들로 구성되는 것이 보통이었다. 그러나 이러한 중립성과 동의의 원칙은 작전의 성격상 불가피한 측면이 있었지만 침략을 정당화시키는 효과가 있다는 비판을 받기도 하였다.

전통적 평화유지가 1세대 평화작전이었다면 2세대 평화작전은 보다 광범위하고 다양한 형태의 임무를 수행한다. 그 중 하나는 평화건설^{peace building}에 중점을 둔 평화작전이다. 주로 냉전 종식 이후 내전에 개입하여 국가건설에 관여하는 임무를 말한다. 단순히 평화를 유지하고 평화협정을 이끌어내는 것이 아니라 반군의 무장해제 및 정규군 편입, 치안 시스템 도입, 신정부 수립을 위한 선거 감시 등 광범위한 역할을 수행한다. 인도네시아로부터 독립한 동티모르 분쟁이 대표적 사례다. 또 다른 유형의 평화작전으로는 평화강제^{peace enforcement}가 있다. 이는 당사국의 동의가 없이도 개입하여 평화를 강제하는 모델이다. 때때로 평화파괴 행위자를 지목하기도 한다. 유고슬라비아 사태시 세르비아를 침략자로 규정한 경우가 여기에 해당한다. 당연히 소극적 평화유지작전보다 중무장이 필요하다. 마지막으로 인도적 작전^{humanitarian operation}이 있다. 분쟁당사자간 평화협정 체결을 유도하는 것이 목적이 아니라 분쟁 와중에 고통 받는 민간인들을 보호하고 이들에 대한 인도적 지원을 제공하기 위한 작전이다. 이러한 평화작전 유형들은 상황변화에 따라 동일한 분쟁에서도 변화하면서 나타나기도 하는데, 처음에는 평화유지로 시작했으나 상황이 악화되면서 평화강제, 그리고 평화건설 작전으로 이어지기도 하였다.

평화작전의 작동원리

평화작전이 작동하는 원리는 무엇일까? 분쟁이 재발하지 않고 평화협정을 유도하는 임무가 성공하기 위해서는 어떤 메커니즘이 작동해야 하는 걸까? 국가 간에 분쟁이 소강상태에 접어들고 합의가 이루어졌다 하더라도 평화가 다시 깨지는 이유는 크게 세 가지 경우이다. 첫째,

당사자 일방 또는 쌍방의 무력재개 결정, 둘째, 의심과 공포, 셋째, 우연한 사고이다. 따라서 평화작전이 성공하려면 이 세 가지 변수에 영향을 미쳐야 한다.

첫째, 유엔 평화작전은 전쟁의 비용을 높인다. 평화유지군이 일종의 억제로 작용하기 때문이다. 만약 일방이 분쟁을 재개하려면 완충지역에 주둔한 평화유지군과 충돌이 불가피하고 이에 따른 비용을 치를 것을 각오해야 한다. 특히 평화유지군의 규모가 크고 선진강대국으로 구성될수록 이런 억제효과는 높아진다. 2006년 이스라엘과 레바논간의 불안정한 휴전상황을 감시하기 위해 파견된 유엔 평화유지군이 주로 프랑스, 이탈리아 등 서유럽 국가들로 구성된 15,000여명의 대규모 군이었다는 것도 이런 억제효과에 대한 고려라고 볼 수 있다. 한편, 유엔의 개입은 전쟁의 편익에도 변화를 준다. 유엔은 평화협정 체결을 유도하고 전쟁의 재발을 억제하기 위해 경제적 지원 등 유인책을 제공하기도 한다.

둘째, 평화작전은 불확실성을 줄임으로써 의심과 공포로 인한 분쟁 재발을 막는다. 유엔군의 지속적인 모니터링은 특히 기습공격을 어렵게 한다. 평화교섭 과정에서 군축과 무장 해제는 매우 예민한 과제인데, 이때 중립적인 중재자의 모니터링은 당사자들의 의심과 불안을 덜어주는데 도움이 된다. 또한 중재자를 통해 분쟁 당사자간 의사소통이 촉진된다. 마지막으로 평화작전은 우발적 사고를 방지하는 데 도움이 된다. 중간 완충지대에 위치한 평화유지군은 설사 평화위반 행위가 발생 할지라도 이를 현장에서 중재하고 문제를 해결함으로써 상황이 악화되는 것을 방지하기 때문이다.

위와 같은 작동원리에도 불구하고 평화작전은 성공하기 매우 어렵다고 알려져 있다. 유엔평화유지군은 성격상 임시로 편성된 다국적군이므로 작전간 상호운용성interoperability이 문제되기도 하고 경우에 따라 임무의 모호성이 지적되기도 한다. 그러나 무엇보다 가장 어려운 것은 국가 간 분쟁이 아니라 내전상황인 경우다. 앞의 작동원리는 주로 1세대 평화작전인 국가 간 평화유지임무에 해당하는 설명이다. 그러나 내전상황은 국내 무질서 상황으로서 국제무정부상태보다 더 강도가 높고 위험할 때가 많다. 국제무정부상태는 국제체제에서 처음부터 주어진 것으로 국가들은 이를 받아들이고 나름대로 적응하여 행동하지만 치안력이 사라진 국내무정부상태는 그야말로 최소한의 질서마저 없기 때문이다. 이런 상황에서 평화를 정착시키기 위해서는 경찰, 정당, 선거와 같은 제도 건설institution building이 함께 진행되어야 한다.

국제사회 분쟁개입의 정당성: 전쟁에게 기회를!

국제사회의 분쟁 개입에 대해서는 입장이 엇갈린다. 혹자는 유엔 평화유지작전과 같이 분쟁에 개입하되 중립성을 유지해야 한다고 한다. 또한 이때 주권국가의 동의를 전제로 개입해야 한다고 한다. 또 다른 입장은 당사국의 동의 없이도 국제사회는 분쟁에 개입해야 한다는 견해이다. 즉, 중립성의 포기이다. 이는 베스트팔렌조약 이후 근대국제정치를 규율해 온 주권국가 시스템과 마찰을 빚는 관점이다. 따라서 국내문제 개입을 정당화하기 위해서는 국가주권에 대한 새로운 해석이 필요하다. '보호책임R2P: Responsibility to Protect'이라는 새로운 규범이 등장한 배경이다. 즉, 실패한 국가나 독재국가에서 심각한 인권침해가 자행되는 경우 그 나라의 주권을 일시적으로 무시하고 국제사회가 인도주의적 개입을 할 수 있다는 논리를 말한다. 세 번째는 불개입 입장이다. 앞의 두 가지 입장이 중립성에 대한 차이만 있을 뿐 국제사회가 분쟁에 개입해야 한다고 믿는 반면, 불개입 관점은 국제사회가 분쟁에 관여하지 말아야 한다고 생각한다. 분쟁은 언젠가는 종식될 것이며 국제사회의 개입은 오히려 사태를 악화시키거나 분쟁을 영속화시킨다는 것이다.

불개입을 주장하는 사람들은 전쟁이 끔찍하기는 해도 국제사회에서 꼭 필요한 역할을 수행하고 있다고 여긴다. 즉, 전쟁이란 갈등을 종식시키고 종국적으로 평화에 이르게 하는 가치가 있다는 것이다. 분쟁 당사자가 싸움을 중단하고 평화에 합의하는 것은 쌍방 모두 더 이상 싸울 여력이 없이 소진되었거나 어느 일방이 승리를 거두었기 때문이다. 따라서 결론이 날 때까지 전쟁은 계속되어야 한다는 것이다. 만약 유엔이 개입해서 성급하게 전쟁을 종결시키고 휴전을 강요한다면 분쟁만 영속화시킨다는 점을 강조한다. 당사자들은 시간을 벌면서 힘을 키우며 미래의 싸움에 대비할 뿐 타협안에 합의할 어떠한 유인도 없기 때문이다. 특히 유엔이 약자를 지원하는 것은 이들에게 잘못된 희망을 제공함으로써 강자에게 양보하는 것을 어렵게 만든다는 것을 지적한다.

'난민캠프의 역설'이라는 말이 있다. 유엔이 세운 난민 캠프가 시설, 식사, 의료, 학교 등 여건 면에서 난민들의 원래 생활 조건보다 나쁘지 않기 때문에 난민촌이 없어지지 않는다는 주장이다. 또 난민캠프의 존재는 망각과 용서를 어렵게 하고 갈등의 존재를 계속 상기시키는 문제가 있다는 지적도 있다. 난민은 사회에 흡수되든지 다른 지역으로 이민을 가든지 해야 하는데 난민 캠프는 이러한 근본적 해결책을 가로막는다는 것이다.

국제사회가 분쟁에 개입하지 말아야 한다고 주장하는 사람들은 흔히 소말리아와 르완다를 대비시킨다. 비인도적 상황을 해결하고자 유엔이 개입했으나 작전이 처참히 실패했던 소말리아는 20년이 지난 지금도 해적이 창궐하는 실패국가로 남아 있다. 반면 르완다에서는 1994년 내전 중에 약 백일 동안 백만 명이 살해당하는 집단 학살이 있었음에도 불구하고 국제사회가 개입하지 못한 채 방치된 바 있는데, 오히려 지금은 아프리카에서 상대적으로 정치안정과 경제발전을 이룬 나라로 평가되고 있다. 그러나 불개입이 결과적으로 좋은 결과를 가져 왔다고 하더라도 윤리적인 문제는 남는다. 하루에 일만명 꼴로 벌어지는 대량학살genocide을 외면하는 것이 과연 인도주의적 관점에서 용인될 수 있을까? 또 엘살바도르, 모잠비크와 같이 유엔이 내전상황에 개입하여 평화를 정착시키고 정치안정을 가져 온 성공사례가 있듯이 국제사회의 개입이 긍정적 효과를 거둘 수도 있음을 간과해서는 안 될 것이다.

한국의 해외파병정책: 해외 군사작전의 명분과 동기

국제평화에 기여하기 위해 평화작전에 참여하는 것은 어찌 보면 당연하고 바람직해 보인다. 그러나 많은 나라들이 유엔의 평화작전에 적극적으로 참여하는 데에는 국제평화라는 명분 외에 다양한 동기들이 작용하고 있음을 이해할 필요가 있다. 먼저 경제적 자원 확보이다. 해당 분쟁 국가가 천연 자원이 풍부하고 미래 경제협력의 잠재력이 클수록 경제적 실익은 참여의 주요 동기로 작용한다. 평화작전은 지역적 영향력을 유지하거나 분쟁지역의 불안정 사태가 번지지 않도록 하는 외교안보적 고려에서 이루어지기도 한다. 프랑스가 레바논이나 아프리카의 옛 식민지국가에 대한 개입에 적극적인 경우가 이에 해당한다. 미국이 아이티 등 중남미 지역, 러시아가 조지아 등 옛 소련 국가 지역에 적극적 관심을 보이는 것도 마찬가지이다. 한편, 캐나다, 스웨덴, 노르웨이 등은 세계평화에 대한 기여를 국가적 정체성으로 삼고 국제무대에서 존재감을 유지하는 수단으로 활용한다. 방글라데시, 파키스탄, 나이지리아 등 빈곤국이나 개발도상국들은 평화유지에 참여할 경우 유엔으로부터 보전받는 경비 확보가 실제 주요 동기이다.

평화작전에 참여하는 동기 중 흥미로운 유형으로 군 개혁을 추동하기 위한 정치적 고려의 경우가 있다. 1990년 걸프전 당시 미국의 참전 요청을 받아들여 남미국 중 유일하게 걸프전에 참전한 아르헨티나가 이에 해당한다. 당시 아르헨티나는 오랜 군부 독재의 역사를 갖고 있었고 1982년 포클랜드 전쟁 이후 군사정권이 무너진 이후에도 수차례의 군사 쿠데타가 발생하는 등 민군관계의 위기가 계속되고 있었다. 따라서 당시 메넴 정부는 군을 해외에 파병함으로써 군의 지향성을 국내정치로부터 외부로 돌리고자 하였다. 즉, 걸프전 참전을 통해 아르헨티나 군이 영국군 등 선진군대와 함께 작전하면서 새로운 임무와 정체성에 눈을 뜨게 하도록 유도하였던 것이다. 또한 미국이 신뢰할 수 있는 파트너로 인정받겠다는 외교정책적 고려도 있었다.

그렇다면 한국은 해외파병에 대해 어떤 정책적 고려를 해야 할까? 먼저 한국 전쟁 때 유엔의 도움을 받았던 국가로서 국제사회의 요청이 있다면 적극적으로 이를 되갚아야 할 당위성이 있을 것이다. 보은 차원이 아니더라도 중견국으로서 마땅히 해야 할 일이기도 하다. 다만, 당위성 차원 뿐 아니라 국익 관점에서 생각해 보아야 할 점이 있다. 자원 확보나 시장진출과 같은 경제적 이득은 비단 군사력 파견이 아니라 비군사적, 민간 부분의 지원을 통해서도 접근이 가능할 수도 있다. 안보적 관점에서도 파병의 확고한 명분에 대해 좀 더 고민해야 한다. 유럽과 달리 한반도는 분쟁으로 인한 부정적 사태가 우리 영토로 번지는 스필오버spill over 효과를 걱정할 필요가 크지 않다. 또 프랑스, 영국과 같이 지역적 영향력을 유지하려는 지정학적 고려도 약하다. 우리는 아직까지 중동, 아프리카, 동남아시아 등 파병지역을 가리지 않고 개별 상황에 따라 파병 여부를 판단하고 있다. 군사력을 해외에 파견하는 것은 고도의 정치적 결단이다. 당연히 국방부 차원의 파병이 아니라 정부의 외교안보 전략과 맞물려야 한다. 군사작전에는 항상 희생이 있을 수 있다. 우리 군이 해외에서 무엇을 위해 피를 흘릴 가치가 있는지에 대해 정부차원의 종합적 파병정책이 필요하다 하겠다.

참고문헌

권태영 외. 2014.『북한 핵・미사일 위협과 대응』서울: 북코리아.

김정섭. 2015. "한반도 확장억제의 재조명: 핵우산의 한계와 재래식 억제의 모색."『국가전략』제21권 2호.

이근욱. 2013.『쿠바 미사일 위기』서울: 서강대학교 출판부.

필립 젤리코, 콘돌리자 라이스(김태현, 유복근 옮김). 2008.『독일통일과 유럽의 변환: 치국경세술 연구』서울: 모음북스.

한인택. 2009. "동맹과 확장억지: 유럽의 경험과 한반도에의 함의." JPI-EAI 동아시아 평화컨퍼런스 2009. 9. 11.

Allison, Graham. 1969. "Conceptual Models and Cuban Missile Crisis" *American Political Science Review.* Vol. 63. No. 3.

Allison, Graham and Philip Zelikow. 1999. *Essence of Decision: Explaining the Cuban Missile Crisis.* New York, NJ: Longman.

Diehl, Paul F. 1994. *International Peacekeeping*. Baltimore: The Johns Hopkins University Press.

Fortna, Virginia. 2008. *Does Peacekeeping Work?: Shaping Belligerents' Choices of War*. Princeton: Princeton University Press.

Freedman, Lawrence. 1989. *The Evolution of Nuclear* Strategy. New York: St. Martin's.

Gaddis, John Lewis. 1982. *Strategies of Containment: A Critical Appraisal of Postwar American National Security Policy*. Oxford: Oxford University Press.

Herman, Robert G. 1996. "Identity, Norms, and National Security: The Soviet Foreign Policy Revolution and the End of the Cold War" in Peter Katzenstein, ed. *The Culture of National Security*. New York: Columbia University Press.

Luttwak, Edward. 1999. "Give War a Chance" *Foreign Affairs*. Vol. 78, No. 4.

May, Ernest R. 1993. *American Cold War Strategy: Interpreting NSC 68*. Boston & New York: Bedford/St. Martin's.

Neack, Laura. 1995. "UN Peace-keeping: In the Interest of Community or Self?" *Journal of Peace Research*. Vol. 32, No. 2.

Pifer, Steven et. al. 2010. *U.S. Nuclear and Extended Deterrence: Considerations and Challenges*. Washington D.C.: The Brookings Institution.

Snyder, Glenn H. 1961. *Deterrence and Defense: Toward a Theory of National Security. Princeton*, NJ: Princeton University Press.

Wendt, Alexander. 1992. "Anarchy Is What States Make of It: the Social Construction of State Politics." *International Organization*. Vol. 46, No. 2.

Yost, David. 2009. "Assurance and US extended deterrence in NATO." *International Affairs*. Vol. 85, No 4.

탈냉전기
유라시아 지정학과
유럽의 변환

지정전략가들은 냉전이 끝나고 난 후에도 유라시아 대륙을 여전히 지정학정치geopolitics의 중심으로 바라본다. 카터 행정부 시절 국가안보 보좌관을 지냈던 즈비그뉴 브레진스키Zbigniew Brzezinski는 미국의 세계전략은 유라시아 대륙의 변방을 통제하고 교통요지와 자원의 중심을 통제하는 것이라고 정의한다. 그는 냉전이 끝난 후 미국이 채택한 두 가지 중요한 지정학 전략상의 행동으로 나토의 동진과 미일동맹의 강화를 꼽는다. 브레진스키의 설명처럼 소련이 해체되고 바르샤바조약기구도 사라졌지만 나토는 오히려 과거 공산진영으로 접근하며 확대됐고, 아시아 대륙에서는 미일군사동맹이 강화되고 있다. 미국의 이 두 가지 행동은 각각 서부전선, 동부전선에서 러시아와 중국과 같은 대륙국가에 대한 압박이자 억제의 일환이라고 볼 수 있다. 한편, 이라크 전쟁, 아랍의 봄 등 격변이 벌어진 바 있는 중동 지역도 미국의 입장에서는 남부 전선이자 또 다른 지정전략의 중심이다. 동아시아와 중동을 논의하기 전에 나토의 확대와 러시아의 재부상이 맞부딪히는 서부 전선, 즉 유럽 지역을 먼저 살펴본다.

즈비그뉴 브레진스키

01

독일 문제의
재등장과 유럽통합

독일이 통일되면서 소위 '독일문제'가 유럽에 다시 등장했다. 독일의 부상에 대해 갖는 유럽 국가들의 민감성을 이해하기 위해서는 독일문제의 역사적 근원을 거슬러 올라가 살펴보아야 한다. 또한 유럽연합의 출범 등 변화된 유럽의 안보 환경하에서 독일 문제에도 변화가 있었는지 살펴볼 필요가 있다.

독일 통일: 위대한 외교적 승리 vs. 지정학적 패배

독일 통일은 유럽의 지정학적 현실을 극적으로 변화시킨 사건이었다. 통일된 독일은 서유럽의 명백한 최강국으로 부상했다. 8천만의 인구에 가장 역동적인 경제력과 군사적 잠재력을 갖춘 나라가 유럽의 심장부에 다시 등장한 것이다. 독일 통일은 냉전 종식과정에서 갑자기 찾아왔다. 1989년 베를린 장벽이 무너지고 일년이 지나지 않아서 독일 통일이 이루어졌다. 지금 돌이켜보면 마치 미리 정해져 있던 것처럼 보일지도 모른다. 그러나 당시 역사적 과정에 깊숙이 관여했던 인사들에게는 독일 통일이 그렇게 갑작스럽게 그것도 평화적으로 이루어질 수 있었다는 것이 오히려 기적과 같다고 회고한다. 영국의 한 역사학자는 독일 통일은 "강대국의 협상에 힘입은 동시다발적 돌진"이었으며, "10년이 걸려도 모자랄 일이 단 10개월 만에 끝났다"라고 평가하기도 한다. 독일 입장에서는 "세계 역사에서 외교가 거둔 가장 위대한 승리"였던 반면에, 전직 소련 외상은 "소련 외교사에 가장 증오스러운 일"이라고 탄식한 사건이었다. 러시아뿐 아니라 프랑스에게도 독일 통일은 지정학적 패배였다고 일컬어진다.

독일 통일은 왜 이렇게 극적으로 여겨질까? 그 이유는 독일의 분단이 2차 대전의 승전국들이 피로 얻은 승리의 상징이자 과실이기 때문이다. 1945년 6월 5일 폐허가 된 베를린에서 독일의 패망을 가져온 미국, 소련, 영국, 프랑스 4강의 장성들이 독일 분할 결정 문서에 서명한

베를린 장벽을 부수고 있는 독일 시민들의 모습

이후 전승국들은 독일을 분할 점령하고 독일의 미래를 결정하는 합법적 권한을 확보했다. 그런데 1990년 9월 바로 그 4강이 45년전 유혈 끝에 얻은 권리를 아무런 대가 없이 포기하는 문서에 서명했던 것이다. 미국을 제외한 나머지 전승국들은 독일 통일을 우려하고 반대했다. 소련 셰바르드나제 외상은 독일 통일이 유럽의 세력균형을 불안정하게 만들 것이라고 반발했다. 영국의 대처 수상도 부시 대통령의 통일지원 외교에 대해 마지막까지 제동을 걸고자 했다. 통일독일에 대한 거부감은 주변 유럽 국가들 사이에 널리 공유되고 있었던 것이다. 2차 대전이 끝난 후 서독, 동독, 오스트리아 3개의 독일이 만들어진 데 대해 "우리는 독일을 너무나 사랑하기 때문에 많으면 많을수록 좋다"라고 풍자한 프랑스인이 있을 정도였다.

독일문제란 무엇인가?

통일 과정 뿐 아니라 냉전 기간 내내 독일 분단의 현상변경이 유럽의 안정과 평화에 재앙을 초래할 수 있다는 관념은 일관되게 유지되고 있었다. 서독의 초대 총리였던 아데나워Konrad Adenauer가 추진했던 통일정책이 좌초하고 공존을 받아들인 브란트Willy Brandt의 동방정책으로 이어진 것도 동서간의 현상 고착화를 원했던 서방동맹국과 소련의 이해와 압력 때문이었다. 그렇다면 주변국들이 독일 통일에 그토록 예민하게 반응하며 반대했던 이유는 무엇일까? 그것은 비단 2차 대전 뿐 아니라 역사적으로 반복되었던 소위 '독일문제'와 관련이 있다.

독일문제란 19세기 이래 유럽에서 발생한 전쟁은 모두 독일이 일으킨 또는 독일과 관련된 사건들이라는 데서 출발한다. 독일지역이 수십

개의 국가와 도시로 분열되어 있을 때는 유럽의 불안에 미치는 영향이 미미했다. 그러나 1871년 독일 역사상 처음으로 통일 국가로 등장한 이래 독일은 항상 유럽에서 '전쟁을 일으킨 방아쇠' 역할을 했다는 점에서 문제가 되었다. 먼저 1870년 독일은 비스마르크를 저지하려는 나폴레옹 3세와의 프로이센-프랑스 전쟁에서 승리하여 베르사유 궁전의 거울의 방에서 프랑스의 항복을 받아냈다. 또한 1차 대전은 급격하게 증가하는 국력을 바탕으로 팽창정책을 펼친 빌헬름 2세와 이를 저지하려는 프랑스, 러시아, 영국과의 충돌이었다. 이어 유럽의 정복을 꿈꾸며 히틀러가 이끌었던 2차 대전에서는 유대인 학살까지 더해지면서 독일은 인류의 존엄성을 해친 씻을 수 없는 전범 국가로 낙인 찍히게 되었다. 독일로 인해 치른 유럽인의 고통과 희생은 막대했다. 1차 대전에서 프랑스는 청년의 3분의 1을 잃었고, 2차 대전에서는 소련에서만 이천만 명의 전사자가 나왔다.

따라서 2차 대전 이후 유럽인들에게 독일의 통일은 악몽과도 같았다. 소련은 독일이 재무장하여 서방과 동맹을 맺고 소련을 넘볼 가능성을 걱정했다. 유럽 국가들은 통일된 독일이 서방과의 연대보다는 동쪽으로 기울면서 유럽의 세력균형을 소련쪽으로 유리하게 만들지 않을까 우려했다. 독일의 지정학적 위치와 전쟁이 발발한 역사적 경험을 보면 그러한 우려가 근거가 없는 것은 아니었다. 프랑스와 러시아 사이에 위치해 있는 독일 역시 인접국들에 대한 두려움이 있었고 프랑스와 러시아로부터의 양면 공격 가능성을 걱정해 왔다. 따라서 전쟁은 항상 단일 시나리오에 의해 전개되어 왔는데 독일이 서쪽의 프랑스를 제압하고 동쪽의 러시아를 굴복시킨다는 것이다. 1차 대전의 슐리펜Schlieffen 계획, 2차 대전의 히틀러의 전격작전 모두 마찬가지였다. 동서 두개의 전선에서의 전쟁이 불가피한 독일로서는 프랑스와 러시아가 원하는 시기 또는 장소에서 전쟁을 시작하도록 내버려둘 수 없었기에 항상 선제공격을 했던 것이다.

유럽통합. 달라진 세상?

독일 통일이 유럽의 세력균형에 급격한 변화를 가져왔고 불안정성을 키운 것은 사실이지만, 탈냉전 이후 유럽에 근본적인 변화가 있었다는 것도 간과해서는 안 된다. 즉, 유럽통합이라는 새로운 지정학적 사건이 있었음을 고려해야 한다. 유럽통합은 세력균형정책과 민족주의적 경쟁에 대한 반성, 경제적 회복에 대한 열망, 소련 위협에 대한 불안감 등을 바탕으로 관세, 통화 등 경제정책부터 대외정책에 이르기까지 유럽공동체를 건설해 나간다는 야심찬 프로젝트였다. 이를 이끌어 간 핵심 국가는 프랑스와 독일이었다. 프랑스는 2차 대전 이후 심화된 유럽의 왜소화와 미국의 압도적 영향력을 타개하는 수단으로서 유럽의 통합을 추진했다. 유럽을 통해 과거 프랑스의 영광을 되찾겠다는 것이다. 반면, 독일은 이웃국가들의 두려움을 촉발하지 않으면서 다시 강대국으로 발돋움하기 위해서는 유럽 안에서 정치적 신뢰회복을 도모할 필요가 있었다.

유럽통합의 추동력이 무엇이든 간에 유럽은 이제 과거와는 다른 세상이 된 듯하다. 유럽국가 간의 전쟁은 상상이 어려울 정도로 유럽내 국제무정부상태는 온건하고 협력적인 모습으로 바뀌었다. 국내정치와 같은 수직적 권위 질서는 없지만 정치, 경제를 규율하는 유럽연합의 거버넌스가 작동하고 있기 때문이다. 따라서 통일독일의 미래에 대해 우려하는 것은 세력균형적 시각과 냉전적 마인드에 매몰된 과거의 시각이란 비판이 있다.

그러나 현실주의자들은 완전히 안심하지 않고 있다. 과거 독일이 초래한 유럽의 불안은 독일이 위치한 지리적 특성과 객관적인 독일의 힘에 원인을 두고 있었는데, 그 두 가지 조건은 지금도 변함이 없다는 것이다. 영국, 프랑스의 경제력GDP은 각각 3조 달러에 미치지 못하는데 독일은 이들보다 약 1조 달러나 더 많다. 독일은 항상 불확실성을 가진 나라이고 이에 대한 주변국의 두려움은 이성적이고 불가피한 측면이 있다는 것이다. 더욱이 유럽의 안정은 미국이 이 지역에 관여하고 있기 때문에 유지되는 것이지 만약 미국이 유럽에서 후퇴할 경우 다시 유럽에서 민족주의와 군비경쟁이 재현되지 말라는 보장이 없다는 것이다. 유럽연합의 미래도 확실치는 않다. 프랑스, 독일, 네덜란드를 위시한 핵심부와 이탈리아, 스페인, 그리스 등 주변부 간의 긴장이 부각되기도 하고 2008년 유럽 금융 위기 이후 독일의 리더십이 문제되기도 했다. 최근에는 유럽연합 회의론까지 번지고 있다. 2010년 구제금융과 긴축정책의 여파로 그리스의 유로존 탈퇴 가능성까지 계속 제기되기도 하였다. 영국도 유럽연합 탈퇴 문제로 내부 논쟁중이며 2017년 전까지 이에 대한 국민투표를 실시할 예정이다. 경제성장 둔화, 난민 유입, 국외 이민자의 일자리 잠식 등이 문제되면서 하나의 유럽이란 꿈에 점차 균열이 생기고 있는 것이다. 변화하는 유럽 정세 속에서 유럽 최강국 독일이 앞으로 어떤 정치군사적 노선을 채택하고 유럽 국가들이 이에 어떻게 반응해 갈지가 주목된다.

02

러시아의 재부상과
신 냉전

냉전의 종식으로 가장 급속하게 축소된 국가가 러시아다. 더욱이 나토의 확장으로 포위되고 잠식된 느낌마저 갖게 되었고 체제의 전환과정에서 깊은 혼란과 후퇴를 경험하였다. 역사의 종언이 선언되고 미국적 헤게모니가 확고해지는 듯 했다. 그러나 푸틴Vladimir Putin의 등장과 함께 러시아는 존재감을 점차 회복하였고 마침내 크림반도 합병사태까지 발발하면서 신 냉전의 조짐마저 보이고 있다. 러시아의 국제적 위상과 성격이 어떠해야 할지에 대한 미국과 러시아 간의 전략적 모색과 경쟁이 결코 끝나지 않았음을 보여주고 있는 것이다.

러시아가 처한 현실과 지정학적 옵션

소련이 해체된 후 러시아는 새로운 지정학적 현실과 마주하게 되었다. 예전 소비에트 연방에 속해 있던 중부 유럽의 위성국가들이 급속하게 서방으로 기울었기 때문이다. 1999년 폴란드와 체코를 필두로 이후 불가리아, 에스토니아, 루마니아 등이 나토로 진영을 옮겨갔다. 냉전

시기 나토 병력과 상트페테르부르크 사이의 거리는 약 1,600km에 달했는데, 라트비아 등 발트해 국가들이 나토에 가입한 이후에는 그 거리가 10분의 1로 줄 정도로 러시아의 지정학적 영향력은 축소되었다. 러시아의 남서쪽 국경을 거의 다 차지하고 있는 광대한 국가인 우크라이나를 서방진영에 빼앗긴 것 역시 큰 타격이었다. 우크라이나를 상실하면 흑해에 대한 러시아의 지배적인 지위도 종식되기 때문이다. 또한 에스토니아, 라트비아, 리투아니아가 독립함으로써 발트해에 대한 접근도 제한을 받게 되었다. 뿐만 아니라 아제르바이잔, 카자흐스탄 등이 독립함에 따라 카스피해와 중앙아시아에 대한 영향력도 심각하게 손상 받았다.

이렇게 포위되고 축소된 지정학적 현실을 맞아 러시아가 취할 수 있는 선택에는 네 가지가 있다고 브레진스키는 진단한 바 있다. 첫째는 미국과 성숙한 전략적 파트너십을 구축하는 것이다. 소련이 붕괴된 직후 옐친 정부가 취했던 친미적 노선을 말한다. 과거 미소간 경쟁을 극복하고 미러간에 전지구적 협력 파트너로서 새로운 관계를 만든다는 개념이다. 그러나 이는 곧 환상에 지나지 않음이 밝혀졌다. 미러 전략적 파트너십에서 러시아가 기대한 것은 중부유럽이 러시아의 영향력 하에 있는 특수지역으로 남겨질 것이라는 가정이었으나, 냉전에서 승리한 미국은 러시아와 세계적 권력을 나누어 가질 의향이 전혀 없었기 때문이다. 한편, 서방도 러시아에 대한 경제적 지원이 러시아의 민주주의와 개혁을 위해 사용될 것이라는 믿음이 환상이었음을 깨달으면서 미러 밀월관계는 서서히 끝이 났다.

러시아가 취할 수 있는 두 번째 대안은 인접국을 우선하는 정책이다. 소련은 해체되었지만 과거 연방을 구성했던 국가들을 독립국가연합^{CIS}으로 묶어서 모스크바가 주도하는 지역경제안보협력을 추진하는 방안을 말한다. 친서방에 매달린 대서양주의자들의 외교가 러시아를 서방에 종속시켰다고 비판하며 등장한 이른바 '유라시아주의 외교'로서 CIS 국가들과 아시아 태평양 국가들과의 관계 강화에 무게를 둔 접근이다. 1996년 1월 외무장관에 기용된 예브게니 프리마코프는 이런 관점에서 러시아가 강대국의 지위를 유지하려면 미국을 추종할 것이 아니라 CIS 및 아시아태평양 이웃국가들과 관계를 강화해야 한다는 믿음을 강조한 바 있다. 다만, 러시아가 주변국을 흡입할 만큼 정치적으로 강력하고 경제적으로 매력적이지 않다는 데 이 정책의 한계가 있다.

세 번째 옵션은 유라시아 중심 외교에서 한 발 더 나아가 러시아가 주도하여 유라시아 반미동맹을 결성하는 방안이다. 미국의 패권에 비판적인 중국과 이란과의 관계가 중심이 될 수 있다. 실제 1996년 러시아와 중국은 미국을 겨냥하여 세계적 패권을 비난하는 선언문을 채택하기도 하였다. 그러나 반미 연합은 전술적 차원에서 구사될 수 있을지는 몰라도 진정한 의미의 반미동맹 구축은 어렵다고 평가된다. 중국과 러시아는 각자의 국익과 전략에 따라 대미관계를 정립해 나갈 것이며, 미국 외교의 대실수가 없는 한 다른 나라들이 러시아와 무조건 운명을 같이 하려 들지는 않을 것이기 때문이다.

마지막으로 브레진스키가 제안한 대안은 범대서양적 유럽이다. 러시아가 새로운 지정학적 현실을 수용하여 나토의 동진으로 확대된 범대서양적 유럽과 건설적 관계를 맺으라는 주문이다. 즉, 러시아는 동유럽 국가들이 서방과 정치, 안보적 연대를 확대하는 것에 대해 어떠한 방해도 해서는 안 된다는 것이다. 브레진스키는 이 방안이 러시아를 제국으로 만들어 주지는 못해도 대내 개혁과 근대화의 기회를 극대화하는 가장 바람직하고 유일한 지정전략적 옵션이라고 강조한다.

푸틴의 등장과 러시아 강대국주의

브레진스키가 러시아에게 제국적 전통으로부터 단절할 것을 권고했지만 푸틴 시대의 러시아는 확실히 이 노선과 다른 길을 걷고 있다. 푸틴은 냉전 종식 이후 러시아가 서구로부터 이등 국가의 대우를 받았다며 분노와 모욕감을 감추지 않아 왔다. 지난 25년간 미국이 마치 1차 대전의 패전국인 독일에게 부과되었던 베르사유 조약과 같은 부담을 강요하고 있다는 인식이다. 2005년 4월 의회 연설에서 그가 "소련의 붕괴는 20세기 지정학적 재앙"이라고 강조한 것은 이러한 맥락이다. 이런 면에서 푸틴은 지정학적 이익 중시의 유라시아주의자이며 냉소적이고 계산적인 국제정치의 현실주의자이다. 그러나 푸틴을 단순히 지정학적 논리로만 이해해서는 안 된다는 지적도 있다. 서구에 대한 그의 반감은 비단 정치경제적 계산 뿐 아니라 정체성과 영혼의 문제와 관련이 있다는 것이다. 옐친 초기 친서방정책의 결과는 러시아를 경제적으로 대혼란에 빠뜨렸을 뿐 아니라 러시아 정교가 부패한 서구 문화에 오염되는 결과를 낳았다는 것이다. 애국주의, 가족 중시, 동성애 금지법 등은 바로 푸틴이 지향하는 제3의 길을 보여주는 사례들로 거론된다.

동기가 어찌 되었든 푸틴의 러시아는 이제 순응적인 친서방 기조에서 벗어나 우크라이나 사태, 시리아 내전, 이란 핵 협상 등에서 존재감을 분명히 하는 강대국으로 다시 복귀했다. 러시아가 이렇게 재부상할 수 있었던 데에는 몇 가지 배경이 있다. 먼저, 푸틴은 권력공고화를 통해 정치를 안정시켰다. 지방정부에 대한 중앙정부의 통제권을 강화하였고, 옐친 시대 부상한 신흥재벌 올리가르히^{Oligarch} 세력을 약화시켰다. 둘째, 에너지 가격 상승으로 인한 러시아 경제의 회복이다. 최근 국제유가가 급락하고는 있지만 2003년부터 세계적 에너지 가격이 상승했는데, 수출에서 에너지가 차지하는 비중이 60%일 정도로 큰 러시아는 푸틴이 집권한 2000년 이후 연 7% 내외의 경제성장을 지속해 왔다. 셋째, 푸틴은 지역강대국을 지향하면서 전방위 정상외교와 실용외교를 적극 추진하였다. CIS 국가들과 다자지역협력을 강화하고 인도, 중국과의 전략적 협력을 통해 다극화된 국제질서를 만들기 위해 노력하였다. 2000년 7월에는 구소련과 러시아 지도자로서는 처음으로 북한을 방문하기도 하였다. 마지막으로 외부적 요인도 있었다. 걸프전 등 미국의 대중동정책이 실패하자 중동의 전통적 친미국가들이 러시아와의 관계 개선에 우호적이었기 때문이었다.

　러시아가 서방과 맞서는 행보를 보이고 있는 것은 비단 푸틴 개인의 리더십 때문만은 아니다. 러시아인들은 수백년간의 역사적 경험 속에서 이미 자신들의 정체성으로서 강대국주의를 내면화하고 있는 민족임을 이해해야 한다. 군사적으로는 18세기 이후 스웨덴과의 북방전쟁, 나폴레옹 전쟁, 2차 대전의 승리를 통해 강대국 지위를 획득했고 애국주의를 내면화했다. 종교적으로는 1453년 비잔틴 제국이 몰락하자 정교의 수호자임을 자임하며 책임감과 자긍심을 가져왔다. 물리적 크기로만 보더라도 러시아는 지구 육지면적의 8분의 1을 차지하는 대국이다. 소련 시절에는 무려 6분의 1에 해당했다. 러시아라는 한 국가안에 11시간이라는 시간대가 존재할 정도이다. 따라서 러시아에게 제국으로서의 정체성을 잊고 축소된 지정학적 영향력을 받아들이라는 브레진스키의 제안은 처음부터 무리였는지도 모른다.

혼히 현재 러시아의 문제를 푸틴 개인과 연결시켜 생각하는 경향이 있다. 반서구적이고 권위주의적인 푸틴의 개인 성향이 러시아의 외교를 좌우한다는 것이다. 그러나 모든 문제를 푸틴 개인으로 돌리는 것은 러시아 강대국주의의 깊은 역사적 뿌리에 대한 이해 없이 내려진 잘못된 진단이다. 푸틴은 문제의 원인이 아니라 결과이며, 푸틴이 사라져도 제2, 제3의 푸틴이 나타날 수 있다는 지적은 이런 차원의 비판이다. "푸틴을 악마화하는 것은 서구가 대러정책이 없음을 변명하는 것에 지나지 않는다"고 비판한 키신저의 지적도 같은 맥락이다.

우크라이나를 둘러싼 지정경쟁: 신 냉전은 도래하는가?

서방과 러시아가 벌이는 유라시아에서의 지정경쟁은 우크라이나에서 정면으로 충돌했다. 그 결과 우크라이나의 크림 공화국은 러시아로 합병되었고 러시아와 서방 간에는 상호 제재와 대립이 지속되고 있다. 사태의 진전은 이렇다. 발단은 2012년 11월 친러 성향의 야누코비치^{Victor Yanukovych} 우크라이나 대통령이 진행중이던 유럽연합^{EU}과의 포괄적인 자유무역협정을 전격적으로 중단하면서 시작되었다. 러시아가 '150억 달러 지원, 가스공급가 30% 할인' 등 강력한 회유책을 제시했기 때문이었다. 그러자 친서방 성향의 야당세력이 반발하여 충돌이 발생하였고 마침내 우크라이나는 이들 야당세력에 의해 장악되었다. 그러자 친러 세력도 움직였다. 크림 자치공화국 내 친러 그룹들이 러시아군의 도움을 받아 주요 정부시설, 공항 등을 장악한 것이다. 이들은 2013년 3월 주민투표를 실시하여 96.7% 찬성률로 러시아로의 합병을 지지했고, 푸틴이 곧 이어 크림 합병조약을 체결함으로써 사태는 종료되었다.

우크라이나에서의 친러 시위

　우크라이나가 지정경쟁의 중심이 된 것은 이곳의 전략적 가치와 역사 문화적 배경 때문이다. 우크라이나는 단순히 예전 소비에트연방 국가의 하나가 아니라 최초 러시아국가인 키에프 공국과 러시아 정교의 탄생지다. 따라서 러시아인들에게 우크라이나는 단순한 외국이 아니라 러시아와 깊은 문화적, 역사적 정체성을 공유한 지역으로 간주된다. 인종적으로도 우크라이나인이 82%, 러시아인이 18%에 해당하지만, 동쪽 지역은 친러 성향이 강하고 종교도 카톨릭이 아닌 러시아 정교가 다수를 이루고 있다. 특히 크림 공화국은 러시아와의 연결이 훨씬 강력하다. 인구분포부터 러시아계가 58%로서 24%인 우크라이나계를 두 배 이상 압도한다. 또한 크림 공화국이 우크라이나에 소속된 것 자체가 얼마 되지 않는다. 1783년부터 러시아 영토였던 것을 1954년 흐루시초프 서기장이 연방 내의 우크라이나에 넘겨주었는데, 냉전이 종식된 이후에도 우크라이나에 그대로 남아 있었던 것이다. 특히, 우크라이나의 전략적 가치는 러시아가 절대 포기할 수 없을 정도로 크다. 우크라이나는 러시아의 정치안보적 이익을 보장하는 완충지대이며 특히 크림 반도는 흑해함대가 위치한 부동항으로써 지중해, 대서양, 인도양으로의 접근을 보장하는 필수 군항지이기 때문이다.

우크라이나와 크림 반도를 둘러싼 충돌은 러시아의 'CIS 통합주의'와 미국의 'CIS 지정학적 다원주의' 간의 대결이 빚어낸 결과이기도 하다. 먼저 러시아는 옛 소련지역의 통합 또는 세력권 유지정책을 추진하고 있다. 푸틴은 2002년 CIS 국가들간 동맹조약을 '집단안보조약기구CSTO'로 개칭하며 군사안보협력을 강화하여 왔고, 2010년에는 러시아, 카자흐스탄, 벨라루스가 참여하는 관세동맹을 출범시켰으며 향후 유라시아경제연합으로 발전시킨다는 구상을 갖고 있다. 당연히 우크라이나의 가입이 관건이다. 반면, 미국은 탈러성향을 갖고 있는 CIS 국가들을 적극 후원하고 있다. 우크라이나, 아제르바이잔, 조지아, 몰도바가 구암GUAM을 창설하는 것을 지원하고 조지아, 우크라이나에서 반러, 친서방 시민혁명을 지원한 것 등이 그 예이다.

우크라이나를 둘러싼 지정경쟁이 크림공화국의 병합으로 이어지자 이제 미러간 신 냉전이 도래하는 것이 아니냐는 우려까지 나오고 있다. 크림반도 병합이라는 국경의 변화는 1991년 소련 붕괴 후 지속되어 온 국제질서의 분명한 균열이기 때문이다. 실제로 미국을 중심으로 한 서방과 중러를 중심으로 한 반대세력간의 진영간 결속과 대립이 강화되는 추세가 나타나고 있다. 러시아와 중국이 30년간 4천억 달러 규모의 러시아 가스를 중국에 공급하는 약정을 체결하고, 푸틴이 2014년 5월 북한 부채의 90%를 탕감하는 협정안에 서명한 것 등이 그 예이다. 유럽이 막히면 아시아로, 아시아가 막히면 유럽으로 방향을 선회하는 러시아 외교의 패턴이기도 하다. 어찌 되었든 이로써 미국과 경쟁하는 중국으로서는 최상의 안보환경을 맞게 되었고, 북한은 중국의 영향력 상쇄차원에서 러시아의 접근을 환영하고 있는 듯 보인다. 반면, 서방의 대러시아 제재조치로 러시아 극동지역에 대한 일본의 투자 등 러일간의 협력은 제동이 걸리고 미일동맹만 강화되는 양상을 보이고 있다. 또한 2015년 6월 미 국방부는 발트 3국과 폴란드, 루마니아 등 동유럽 국가들에게 5천명 병력의 여단을 무장시키기에 충분한 분량의 중화기를 배치하겠다는 계획을 발표하기도 했다. 나토의 동진 이후에도 과거 소련의 영향권이던 지역에는 러시아의 반발을 감안하여 군사장비의 영구배치를 자제해 오던 미국이 정책을 전환하여 푸틴에 대해 분명한 메시지를 보낸 것이다.

미러 진영간의 대립이 그러나 신 냉전의 수준으로 악화될 가능성은 크지 않아 보인다. 냉전이란 원래 한쪽의 대외정책이 상대편의 존재 자체에 직접적 위협을 줄 정도로 긴장이 극화되어 있어야 붙일 수 있는 이름인데, 현재의 대결 구도는 그 정도 수준에는 미치지 않고 있기 때문이다. 또한 본격적인 냉전이 도래하기에는 미국과 러시아 간의 국력 차이가 너무 크다. 러시아는 지역강국이긴 하지만 글로벌 차원에서 미국과 대결하는 것은 불가능할 것이다. 더욱이 대미 대결 전선에 중국, 인도 등 다른 강대국들을 연루시킬 힘도 부족하다. 미국 역시 러시아와 과도하게 대립하는 것은 피하려 할 것이다. 이란 핵문제, 시리아 사태 등 중요한 이슈들에 대해 러시아의 협조가 절대적으로 필요할 뿐 아니라 부상하는 중국을 견제하는 데 차질이 있을 수 있기 때문이다.

우크라이나 사태로 촉발된 미러 간 진영 대결이 앞으로 어떻게 전개될 지는 확실치 않다. 미국의 대러정책은 항상 포섭과 통제가 혼합되어 왔다. 러시아가 가급적 민주화되고 서구화되도록 포섭해 나가면서 너무 강한 국가가 되지 않도록 통제한다는 의미이다. 문제는 냉전 종식 후에 러시아가 국제사회에서 어떠한 위상과 성격을 가진 나라가 될 것인가에 대해 공감대가 이루어진 바가 없다는 것이다. 따라서 러시아와 서방간 이에 대한 합의가 이루어질 때까지 양측 간의 전략적 모색과 경쟁은 계속될 것으로 보인다.

03

나토 확장의 추동력과 위험: 글로벌 나토 논쟁

냉전 종식 후에 유럽에서 진행된 가장 의미 있는 정치군사적 사건 중의 하나가 나토의 확장이다. 1991년 12월 소련제국이 붕괴되었고 공산주의 진영의 다자동맹체인 바르샤바조약기구는 그 이전인 1991년 1월에 해체되었다. 그렇다면 당연히 나토도 소멸되는 것이 자연스럽지 않을까? 소련의 위협에 대비한다는 나토의 애초의 설립 목표가 사라졌기 때문이다. 그러나 나토는 냉전이 끝나고 난 후에도 계속 존속함은 물론 오히려 회원국을 확대하며 동진해 갔다. 1949년 창설 당시 12개국으로 출범해서 이후 냉전시기 그리스, 터키, 서독 등을 포함시키는 세 차례 확대를 거쳤고, 냉전이 끝난 후에는 네 차례에 걸쳐 확대하면서 현재는 28개국까지 확대되었다. 1999년에는 헝가리, 폴란드, 체코가 가입했고, 2004년에는 불가리아, 에스토니아, 라트비아 등 7개국이 참여하였다. 이어 2009년에는 알바니아와 크로아티아까지 편입되었다.

나토의 확장을 어떻게 설명할 것인가?

나토가 오늘날처럼 회원국을 늘리고 동쪽으로 경계를 넓혀간 것은 결코 자연스럽게 이루어진 것은 아니었다. 독일 통일과정에서도 초기에는 독일이 나토 통합군에서 탈퇴한다는 것이 거의 기정사실처럼 받아들여졌다. 서독인 중 58%가 중립을 희망했고, 궁극적으로는 나토와 바르샤바조약기구가 모두 해체되어 유럽안보협력회의CSCE에 흡수될 것이라고 전망하는 사람들이 많았다. 대결하던 군사동맹 한쪽만이 살아남고 심지어 적진을 향해 세력권을 넓힌다는 것은 상상하기 어려웠기 때문이다. 무엇보다 소련의 입장이 강경했다. 소련 정치국의 보수 강경파들은 말할 것도 없고 셰바르드나제 소련 외상도 독일통일 거의 마지막까지 독일의 나토 가입은 절대 안 된다는 입장을 고수했다. 서독 외상 한스 겐셔Hans-Dietrich Genscher도 "나토의 경계가 독일통일을 통해 동쪽으로 300km 이동한다는 것은 하나의 환상에 불과하다. 이성적인 사람이라면 소련이 그러한 결과를 용납하리라고 기대할 수 없을 것이다."라고 말할 정도였다. 부시 행정부 내에서도 독일통일 초기 협상 과정에서 백악관 NSC 팀과 달리 국무부 정책기획국은 미국이 나토문제에 대해 러시아에 양보해야 한다고 생각했다.

그렇다면 이러한 나토의 확장을 어떻게 설명할 수 있을까? 첫째, 나토 확장이 이루어진 데에는 중동부 유럽 국가들의 안보적 두려움이 작용하였다. 특히 냉전 종식 후 제일 처음으로 나토에 가입한 헝가리, 폴란드, 체코는 독일과 러시아 간의 패권경쟁의 희생양이 되어 왔던 역사적 경험 때문에 러시아의 영향력 회복 등 미래 유럽안보의 불확실성에 대한 두려움이 강했다. 이들은 1991년 1월 부다페스트에 모여 바르샤바조약기구의 해체를 주도한 국가들이기도 한데, 소련의 사회주의 진영을 벗어나 민주화 및 유럽으로의 복귀라는 국가적 목적을 공유한 국가들이기도 했다.

나토가 동쪽으로 확대된 두 번째 배경은 유럽 안보에 제기되는 새로운 도전들을 통제하기 위한 목적이었다. 냉전이 끝나자 소련이라는 외부적 위협은 사라진 대신에 유럽은 중유럽 및 동유럽과 발칸지역에서 파생되는 난민, 인권유린 등의 초국가적 안보위협에 직면하게 되었다. 이런 상황에서 나토라는 다자적 국제제도가 이러한 비전통적인 안보위협과 유럽의 불안정성을 효과적으로 통제하고 관리하는 정치안보 기제로 평가받았던 것이다. 특히 서유럽의 안정적이고 선진적인 안보 거버넌스를 나토를 통해 중동부 유럽 및 발칸이라는 유럽의 중간 및 외부지역에 확산시켜 나가겠다는 의도도 있었다.

셋째, 나토 확장은 미국이 냉전의 승전국으로서 자신의 헤게모니를 더욱 공고화하기 위한 유라시아 지정전략의 결과였다. 바르샤바조약기구가 해체되었지만 미국은 나토를 해체할 마음이 없었다. 오히려 러시아의 부상을 방지하고 미국식 이데올로기와 정치경제 질서를 중부 및 동유럽으로 확대하기 위해 나토의 존속과 확장이 필요하다고 생각했다. 미국의 이런 행동은 바로 공격적 현실주의 이론의 전망이기도 하다. 공격적 현실주의는 국가가 강해질수록 국가이익도 확장된다고 보며 헤게모니 국가는 자신의 압도적 우위를 지속시키기 위해 더 팽창을 시도한다는 것이다.

따라서 탈냉전 시대 나토는 외부로부터의 위협 대비라는 동맹의 기본 목적 외에 다양한 기능을 수행하는 정치군사 조직으로 발전해 왔다는 것을 알 수 있다. 첫째, 나토는 유럽에 대한 미국의 관여를 보장해 주는 제도적 장치이며 이를 통해 유럽 내부의 안보 딜레마를 완화시키는 역할을 한다. 유럽 내 핵확산을 방지하고 유럽 국방이 민족주의적 경쟁으로 흐르는 유인을 제거하는 것도 같은 맥락이다. 만약 나토가 없다면 유럽은 다시 내부적으로 정치적 균열을 겪을 수도 있을 것이다. 또한 안정적인 안보기제를 제공함으로써 역내 민주화 및 경제협력을 촉진하는 부수적인 순기능도 있다. 아울러 외부위협 대응이라는 집단방위 collective defense 기능 이외에 나토는 해적, 자연재난 등 유럽 내 또는 역외에서 위기관리 및 평화작전을 수행하기도 한다. 1999년 코소보 전쟁, 2003년 아프간 전쟁, 2005년 카트리나 태풍 및 파키스탄 지진시 인도주의적 작전 등이 그 예이다.

마지막으로 주목할 만한 나토의 기능으로는 '독일문제'의 해결이다. 다시 유럽의 안정을 깨뜨리는 현상변경 국가가 되지 않도록 독일을 나토라는 다자의 틀 안에 묶어 놓는다는 개념이다. 나토가 독일문제를 관리하는 데 유용하다는 것은 소련도 부인하지 않았던 논리이다. 통일독일의 나토 잔류를 반대하던 고르바초프에게 베이커 국무장관이 "통일된 독일이 미군의 주둔 없이 나토 외부에 있는 것과 나토에 연계되어 있는 것 중 어느 것을 택하겠는가?"라고 단도직입적으로 물었던 적이 있다. 고르바초프는 이에 선뜻 대답하지 못하고 생각중이라고 말할 수밖에 없었다고 한다.

나토 확장의 부작용과 한계

확장된 나토가 미국이나 유럽의 관점에서 여러 가지 유용한 기능을 수행한다면 나토의 회원국을 계속 늘리고 역외 군사작전을 확대하는 것이 무조건 바람직할까? 그러나 여기에는 위험성도 따른다는 점을 유넘할 필요가 있다. 첫째, 나토를 지나치게 확대할 경우 동맹의 응집력이 상실될 위험이 있다. 동맹은 외부의 위협에 공동 대처하는 것이 근본 목적이다. 그런데 회원국을 보호하는 임무를 벗어나 역외 지역에서 위기관리나 평화작전을 수행하는 부가적 임무에 몰두할 경우 동맹 자체의 존립 근거가 훼손될 우려가 있다. 특히 역외 군사작전에 대해서는 동맹국 내부 국가들 간의 이해관계가 다르기 때문에 의견의 불일치가 노정될 가능성도 적지 않다. 회원국이 지나치게 많아지는 것도 문제가 될 수 있다. 동맹이란 친구와 적을 나누는 행동이다. 잠재적 적이 있어야 동맹이 필요한 것인데, 과거의 적들을 모두 친구로 만든다면 동맹의 결집력과 존재의의가 희석될 수 있다. 또한 자원과 임무의 불일치가 심화되는 문제도 생겨날 수 있다. 자원과 정치적 의지는 유한하기 때문에 역외 작전을 무한히 확장하는 것은 불가능하다. 만약 나토가 자신의 능력을 벗어나 확장하게 되면 미니 유엔으로 전락할 것이라는 비판도 있다. 동맹은 외부의 위협에 대비한 우방과의 결속, 즉 집단 방위collective defense 메커니즘인데, 친구도 적도 없이 확장할 경우 되는 것도 안 되는 것도 없는 유엔, 즉 집단안보collective security 시스템으로 변질된다는 것이다. 마지막으로 러시아의 분노를 자아냄으로써 대 러시아 관계 악화

커져가는 나토의 위세

를 감수해야 할 수도 있다.

　나토 확장과 관련하여 관심을 끈 주제로 '글로벌 나토^{Global NATO}' 논쟁이라는 것이 있다. 즉, 유럽을 넘어 나토의 새로운 임무 수행에 참여할 의지와 능력을 갖춘 비유럽국가들과의 협력관계를 강화하고자 한 시도를 말한다. 9.11테러 이후 아프간 전쟁이라는 역외 대테러 전쟁을 수행하는 과정에서 나토가 기존의 유럽중심에서 지구적 차원으로 그 임무와 회원국을 확대할 필요성을 느끼게 되면서 제기되었던 과제였다. 2006년 4월 북대서양이사회에서 처음으로 공식 제기된 이후에 그 해 겨울 미국 부시 대통령이 리가^{Riga} 정상회담에 일본, 호주, 한국 등을 초대하기도 했다.

　그러나 여기에는 반대도 만만치 않았다. 프랑스와 독일 같은 국가들이 글로벌 나토가 유럽과 북미간 동맹의 결속력을 희석시킬 것을 우려했기 때문이었다. 동유럽의 신생 회원국들도 나토가 비유럽으로 확장될 경우 미국의 관심과 자원이 분산될 것을 걱정하였다. 나토의 핵심은 대서양으로 남아 있어야 한다는 믿음 하에 글로벌화에 반대한 국가들을 유럽주의자라고 부르기도 한다. 반면, 나토의 지구적 확장을 지지하는 국가들로는 미국, 영국, 스페인 등이 있는데, 이들은 군사적 역량이 있는 세계 모든 민주국가에게 회원자격을 개방하여 유럽과 북미중심의 지역적 제한성을 폐기해야 한다고 주장한다. 소위 대서양주의자들이다. 글로벌 나토는 내부의 의견 불일치로 추진되지는 못했지만 이후 파트너십이라는 이름으로 그 아이디어는 계속 살아 있다. 주요 후보국인 한국의 입장 정리가 필요한 문제이다.

한국-나토 협력의 도전과 고려사항

비유럽국가들에게 회원국을 개방하려는 글로벌 나토 구상은 애초 계획대로 추진되지는 않았다. 그러나 나토는 '글로벌 파트너십'이라는 이름하에 몇몇 타겟 국가들과 안보협력을 심화시켜 나가고 있는데, 한국, 일본, 호주, 뉴질랜드, 이라크, 아프가니스탄, 파키스탄, 몽고 등 8개국이 그 대상 국가이다. 나토는 원래 지역별로 파트너십 프로그램을 운영해 왔다. 즉, 유럽 및 중앙아시아 국가와는 '평화를 위한 동반자', 지중해 국가들과는 '지중해 다이얼로그', 그리고 중동 국가들과는 '이스탄불 협력 이니셔티브'를 운영해 오고 있다. 그러나 이들 프로그램은 유럽과의 지리적 근접성이 있는 국가들을 대상으로 한다는 점에서 비유럽지역 국가와 전지구적 협력관계를 모색하는 글로벌 파트너십과는 다르다. 또한 그 내용도 유럽의 안보위협 예방에 초점이 있는 반면, 글로벌 파트너십은 개별 국가들의 선택에 따라 지휘통제, 군수, 전략, 사이버방위, 테러리즘 등으로 다양하다는 특징이 있다.

한국도 협력 대상국가로서 나토가 제공한 각종 협력 프로그램 중 어떤 내용을 어느 수준에서 추진해야 할지 선택을 요구 받고 있다. 그렇다면 한국과 나토의 안보적 협력을 어떻게 추진하는 것이 바람직할까? 먼저 나토가 민주주의, 인권, 법치주의 등 핵심가치를 공유하는 서방 선진국들의 안보 공동체라는 점에서 미래지향적 관점에서 긍정적으로 발전시킬 필요가 있을 것이다. 특히 우리의 안보개념과 한국군의 안보 역량을 현대화한다는 거시적 관점에서 협력의 실익이 있을 것이다. 북한만 바라보는 한국군이 아니라 아시아태평양 정세, 그리고 유럽 및 대서양 안보에 대한 이해를 넓히고 인적, 물적, 정보 교류 등을 통해 국제적 안보 네트워크에 대한 접근성도 높일 수 있을 것으로 기대된다.

그러나 안보협력이란 추상적 가치와 장기적 효과만으로는 지속되기 어렵다. 구체적인 공통의 안보이익의 정의와 공동 대처에 대한 헌신이 없이는 비용과 희생의 부담이 따르는 군사 분야의 협력을 실질적으로 발전시키기 어렵기 때문이다. 나토가 글로벌 파트너십을 통해 한국, 일본 등에 기대하는 것은 궁극적으로 군사적 기여이다. 따라서 한국이 지정학적 안보위협을 공유하지 않는 나토와 대테러작전 등 글로벌 안보위협에 공동대처 하는 것은 군사력의 해외 파견에 대한 정부 차원의 종합적인 입장 정립을 요하는 문제라고 할 것이다.

일본은 나토와의 안보협력에 대해 한국보다 적극적이다. 이는 정치 군사적 역할을 확대하며 보통국가화를 지향하는 일본이 이와 관련한 정치적, 법적 제한을 우회하는데 나토와의 다자적 협력 틀이 유용하다고 판단하기 때문이다. 또한 아태지역 밖에서의 일본의 위상 강화를 노리는 측면도 있다. 한편, 호주 역시 영연방 국가의 일원으로서 미국, 영국 등 서방의 주요 나토 회원국들과 군사협력을 발전시키는 데 적극적이다. 아프가니스탄 전쟁을 지휘한 다국적군인 국제안보지원군ISAF에 호주는 비非나토 회원국 중 1,100명이라는 최대의 병력을 제공한 바 있다. 특이하게도 호주는 유럽대서양의 평화 및 안정에 기여하는 것을 나토 파트너십의 목표로 설정하고 있다. 서방과의 문화적, 역사적 친밀감이 나토와의 협력 거부감을 줄여주고 있고, 글로벌 안보문제에 대한 기여를 통해 호주의 국제적 존재감을 유지하려는 국가전략의 발현이기도 하다. 따라서 한국도 잠재력이 높은 나토와의 협력분야 발굴에 적극 나서되, 한국의 대외적 역할, 정체성, 부담 등을 종합적으로 고려하여 외교안보 차원의 국가전략과 연계시켜 생각해야 할 것이다.

고재남·엄구호. 2009.『러시아의 미래와 한반도: 러시아의 '강대국으로의 재부상'』파주: 한국학술정보(주).

고재남. 2012. "푸틴 정부의 '강한 러시아' 비전과 현대화 정책."『정책연구과제 1』 2012-1.

김시홍 외. 2006.『유럽연합의 이해』서울: 높이깊이

브레진스키(김명섭 옮김). 2000.『거대한 체스판: 21세기 미국의 세계전략과 유라시아』서울: 삼인.

엄구호. 2015. "최근 미러관계와 신냉전 가능성."『외교』112호.

이수형. 2012.『북대서양조약기구(NATO): 이론, 역사, 쟁점』서울: 서강대학교 출판부.

임문영 외. 2005.『유럽통합과 프랑스: 유럽통합의 쟁점에 대한 프랑스의 인식과 대응』서울: 푸른길

전혜원. 2014. "NATO 글로벌 파터너쉽과 한·NATO 협력."『주요국제문제분석』 2014-37.

조지 프리드먼(김홍래 옮김). 2011.『넥스트 디케이드』서울: 쌤앤파커스.

필립 젤리코, 콘돌리자 라이스(김태현, 유복근 옮김). 2008.『독일통일과 유럽의 변환: 치국경세술 연구』서울: 모음북스.

Asmus, Ronald D. 2007. "The Rewards of a Larger NATO." The *Washington Post*. February 19, 2007.

Brzezinski, Zbigniew. 2008. "Putin's Choice." *The Washington Quarterly*. Vol. 31, No. 2.

Pierre-Henri d'Argenson. 2009. "The Future of European Defense Policy." *Survival*. Vol. 51, No. 5.

Yost, David S. 2000. *NATO Transformed: The Alliance's New Roles in International Security*. Washington, D.C.: United States Institute of Peace Press.

중동 질서의
혼란과 재편

탈냉전 이후 중동만큼 극심한 반전과 혼란을 경험한 지역도 없다. 독재자 후세인은 사라졌지만 이라크 내 종파분쟁이 분출하고 역내 균형도 무너졌다. 이어 '아랍의 봄'이 오는 듯 했으나, 곧 깊은 혼돈의 수렁으로 빠지고 있는 모습이다. 군부의 복귀, 이슬람 극단주의 세력의 발호, 시리아 내전의 장기화, 이란의 부상, 미국과 이스라엘 관계의 균열 등 실로 복잡한 사건과 현상들이 다층적으로 벌어지고 있다. 어떤 맥락과 연관 속에서 이러한 복합적 현상들이 배태되고 전개되는지 살펴본다.

01

이라크 전쟁

이라크 전쟁은 핵확산 방지, 대테러, 중동 민주화, 페르시아만의 자원 통제 등 신보수주의자들의 열망이 복합적으로 작용한 전쟁이었지만, 결과적으로 네오콘neo-conservatives의 몰락을 가져올 정도로 철저하게 실패하였다. 2003년 3월 20일 '충격과 공포'의 작전을 단행한지 불과 40일만에 눈부신 군사적 성공을 거두고 부시 대통령은 임무 완수를 선언하였다. 그러나 초기의 통상적 전투와 이후 사태를 수습하여 안정화시키는 정치군사적 과정은 전혀 다르다는 것이 곧 드러났다. 이후 이어진 불안정은 미국을 긴 게릴라 전쟁의 수렁으로 몰아 넣었고 미국의 대외 전략에 엄청난 유무형의 비용을 초래하였다.

힘의 소진과 리더십 훼손

이라크 전쟁으로 인한 인명 손실은 미군 전사자 4,500여명, 부상자 3만 2천여명에 달하고 이라크 민간인은 수십만 명에 이르는 것으로 추정되고 있다. 전쟁비용은 2014년 미 의회조사국의 전비보고서에 따르면 2011년 12월 철수까지 8,150억 달러에 달한다. 여기에 미군 부상자들에 대한 연금비용 등 간접비용까지 포함하면 2조 달러가 넘을 것으로 추산되었는데, 이는 전쟁 전 백악관 예산관리국에서 예상한 비용의 열배가 넘는 액수다. 이라크에서 소진한 군사력과 경제력은 특히 떠오르는 중국과의 패권경쟁을 눈 앞에 두고 있는 미국으로서는 값비싼 기회비용의 지출이었다.

그러나 이라크 전쟁이 초래한 비용은 눈에 보이는 물리적 손실이 전부가 아니었다. 무엇보다 미국의 연성soft power권력이 심각하게 훼손되었다. 전쟁의 명분이었던 후세인의 핵무기 개발은 사실이 아닌 것으로 드러났다. 부시 대통령은 이라크 침공 전에 심지어 바그다드 함락 후에도 후세인이 대량살상무기를 개발한 증거가 있다고 공언했지만 이는 사실이 아님이 밝혀졌다. 자유민주주의 리더 국가인 미국에 대한 신뢰성에 금이 간 것이다. 더욱이 이라크 아부그레이브 수용소의 포로 학대와 인권 침해 사실이 알려지면서 미국의 도덕성은 더욱 훼손되었다. 또한 테러와의 전쟁에서 체포한 테러 용의자들을 수용하기 위해 설치한 관타나모 수용소에 수감된 인사 중 범죄혐의가 드러난 사람은 극소수라는 것이 드러나기도 했다. 대부분이 '혐의가 없다'고 밝혀졌거나, '기소할 수는 없지만 풀어주기에는 위험한 사람들', '조사가 진행 중이지만 혐의가 포착되지 않은 사람들'이라는 것이다. 쿠바에 위치해 있기 때문에 애초부터 미국의 인권과 법치가 적용되지 않기에 가능한 일들이었다. 테러 위험의 차단이라는 명분에도 불구하고 미국의 윤리적 치부라고 할 만 하다. 당연히 이슬람세계를 중심으로 반미감정의 확산을 가져왔다.

이라크 전쟁은 또한 중동의 세력균형을 무너뜨림으로써 미국의 대중동 전략에 어려움을 초래했다. 미국이 중동을 관리해 온 고전적인 전략은 이란-이라크 상쇄전략이었는데, 이라크가 무너지면서 이란을 견제할 힘이 역내에서 사라진 것이다. 직접적 점령이나 관여보다는 역내 라이벌 국가의 경쟁심을 부추김으로써 힘의 균형을 유지하는 '역외균형offshore balance' 방식이 제국의 고전적인 지정전략인데, 이라크 전쟁으로 이 공식이 무너진 것이다. 만약 애초 미국의 의도대로 신속하게 이라크를 점령하고 친미 국가를 수립하는데 성공했다면, 이란-이라크의 힘의 균형에 큰 변화가 없었겠지만 이라크가 혼돈에 빠짐으로써 이는

불가능해졌다. 이렇게 되자 이란은 수백 년 만에 처음으로 주변의 외적인 위협에서 자유로워졌다. 사우디아라비아가 있지만 인구 2천 7백만의 왕정국가 홀로 인구 8천만의 페르시아 국가인 이란을 견제하기는 역부족이다. 급부상하고 있는 터키도 아직 페르시아만까지 전력을 투사할 능력은 부족하다. 시아파의 맹주로서 주변국을 곤란에 빠뜨리게 할 수 있는 다양한 정치, 경제, 군사적 수단을 보유한 이란에 대해 당연히 주변 아랍국이나 이스라엘은 무력감과 두려움을 느끼지 않을 수 없게 된 것이다.

현재 이슬람 국가건설을 목표로 이라크와 시리아에서 세력을 넓히고 있는 이슬람 극단주의 세력인 '이슬람국가IS, Islamic State'의 발호도 이라크 전쟁의 여파와 관련이 있다. 원래 IS의 모태는 알카에다 간부였던 알-자르카위가 2002년 조직했던 '유일신과 성전'이라는 테러 조직이다. 2004년 김선일씨 참수 사건을 자행한 바로 그 조직이다. 그런데 원래 IS는 규모나 역량 면에서 보잘 것 없는 수니파 무장 단체에 불과했다. 그러다가 이라크 전쟁으로 수니파가 몰락하자 사담 후세인의 잔당 중 불만세력을 규합하면서 세를 키울 수 있었다. 즉, 사담 치하에서 군, 경찰 경험이 있는 수니 세력을 흡수하면서 시아파가 이끄는 이라크 중앙정부에 대항하는 반정부 조직으로 성장한 것이다. 특히, 2011년 말 미군 철수로 이라크 연방정부를 구성했던 종파간에 균열이 발생하면서 수니파 탄압이 이어지자 이에 대항하는 저항세력으로 세력을 넓혀 갔다. 현재 IS는 시리아, 이라크의 정규군과 내전 수준의 전쟁을 벌이면서 중동 전체를 뒤흔드는 근심거리다. 미국이 대테러 전쟁 명분으로 이라크에서 8년 9개월, 아프가니스탄에서 13년을 싸웠는데, 알카에다보다 더 폭력적이고 위험한 이슬람극단주의 세력을 키웠다는 것이 이라크 전쟁의 또 하나의 아이러니이자 비극이다.

전 지구적 지정전략의 상실

테러와의 전쟁에 몰입한 나머지 미국이 관리해야 할 다른 전략적 문제에 소홀했다는 비판도 있다. 먼저 전쟁 수행 과정에서 동맹국들과 균열과 갈등을 초래했다. 전통적 우방인 프랑스와 독일이 미국의 이라크 침공이 정당하지 못하다고 정면으로 비판했다. 반면에 대부분의 중부 및 동유럽 국가들은 미국을 지지했다. 전통적인 우방국은 이탈하고 새로이 '의지의 동맹' 그룹이 출현하면서 유럽내에서는 중심부-주변부 국가 간 갈등이 노정되기도 했다. 이는 나토의 확장, 유럽연합의 통합에 부정적 영향을 미칠 수 있는 악재였다.

이러는 사이 중국과 러시아의 반격이 있었다. 러시아는 2008년 조지아를 공격하였다. 2010년 우크라이나에는 러시아 정보당국의 지원을 받아 친러 정권이 다시 등장함으로써 '오렌지 혁명'의 결과를 거꾸로 되돌렸다. 이라크 전쟁에 묶여 있던 미국이 상황을 방치하는 사이 벌어진 일들이었다. 러시아와 중국간의 전략적 협력관계도 긴밀해 졌다. 냉전시대 중소관계와 같은 본격적인 반미동맹은 아닐지라도 푸틴과 후진타오는 부시 행정부의 일방주의 외교와 패권적 지위에 반대하는 연합전선을 과시했다. 한편 반미정서가 확산되는 중동에서 러시아와 중국의 영향력이 확대되는 조짐도 보였다. 따라서 미국이 이슬람 세계에 너무 깊이 집착하는 가운데 중국의 부상과 러시아의 재등장을 방관했다는 비판이 터져 나왔다. 아울러 이스라엘-팔레스타인 분쟁, 핵 확산 문제, 지구 온난화 등 다른 중요한 문제들도 간과되거나 우선순위에서 밀리게 되었다. 오바마 행정부에 들어 대러시아 정책 리셋^{reset}, 아시아 회귀$^{pivot to Asia}$를 모색한 것도 대테러 전쟁이 초래한 미국 지정전략의 불균형을 바로잡고자 하는 시도였다.

이라크 전쟁은 불필요 했는가?

그렇다면 이라크 전쟁은 애초부터 불필요했던 전쟁이었을까? 아무리 막대한 비용과 부작용을 초래했다 할지라도 네오콘이 강조했듯이 이라크 전쟁으로 세상이 더 안전해졌다고 생각할 여지는 없을까? 핵무기 개발 의혹이 있었던 만큼 후세인이 대량살상무기를 손에 넣거나 테러리스트에게 이전될 위험성은 꼭 막아야 했던 것은 아닐까? 이에 대해 대부분의 중동 전문가와 현실주의 국제정치학자들은 반론을 제기한다. 예컨대 대표적인 현실주의 이론가 스테판 왈트$^{Stephen Walt}$와 존 미어샤이머$^{John Mearsheimer}$는 후세인이 위험하고 맹목적인 침략자이므로 제거해야 한다는 부시 행정부의 주장은 잘못되었다고 비판한다. 후세인이 걸프만의 세력균형을 깨뜨리는 무자비한 침략자가 아니라는 것이다. 후세인은 30년 권좌기간 동안 오직 두 번의 전쟁만을 수행했는데, 바로 1980년 이란-이라크 전쟁과 1990년 쿠웨이트 침공이었다. 둘 다 현실적인 계산에 입각해 기회주의적으로 움직였을 뿐 맹목적인 침략은 아니라는 것이다. 특히 이란 공격은 미국, 사우디아라비아, 프랑스로부터 지원을 받아 자신의 정권을 위협하는 호메이니 정권에 대한 책동이었다고 해석한다.

또한 후세인이 핵무기를 갖게 되면 미국을 위협하거나 미국의 행동의 자유를 구속할 수 있다는 우려도 과장되었다고 비판한다. 후세인이 핵을 개발한다는 정보도 확실치 않지만 설혹 핵무기를 보유하게 되어도 미국을 위협할 수는 없기 때문이다. 미국은 이라크를 압도하는 핵과 재래식 전력을 보유하고 있다. 후세인은 순교자가 아니며 이라크는 생존을 최고 가치로 여기는 정치집단이라는 점을 잊어서는 안 된다고 강조한다. 따라서 미국을 상대로 핵을 사용하거나 위협하는 것은 성립할 수 없다는 것이다. 냉전시기 수천 기의 핵무기를 보유한 소련도 미국의 행동을 강요할 수 없었는데, 후세인이 수십 기의 핵으로 미국을 위협한다는 것은 불가능하다는 비판이다.

마지막으로 핵무기가 테러리스트에 이전될 위험성도 근거 없는 억지라고 비판한다. 테러리스트 손에 대량살상무기가 쥐어지는 것은 미국에게 분명 악몽 같은 시나리오다. 그러나 후세인과 빈 라덴은 아무런 연계성이 없고 오히려 상호 반감을 갖고 있는 관계라는 것은 중동 전문가들이 모두 인정하는 바였다. 빈 라덴은 후세인 같은 세속적 리더를 혐오하였고, 후세인도 이슬람 근본주의자들을 억압해 왔기 때문이다. 따라서 후세인이 힘들여 핵무기를 개발했다면 이를 자신의 통제 범위 밖에 있는 테러조직에 넘길 리가 만무하다는 것이다. 결국 결론은 후세인은 억제될 수 있었기 때문에 이라크 전쟁은 불필요했다는 것이 현실주의자들의 판단이다. 후세인이 아무리 혐오스러운 독재자라 할지라도 이상주의적인 잣대와 과장된 위협인식으로 이를 제거하려 했던 네오콘의 열망은 미국과 전 세계에 상처와 희생만을 남겼다는 것이다.

02

민주평화론의 함정

이라크 전쟁과 관련하여 꼭 살펴보아야 할 이론이 있다. 바로 '민주 평화론democratic peace'이다. 간단히 말하면 '민주주의 국가들간에는 서로 전쟁을 하지 않는다'라는 주장이다. 이는 실로 대담한 명제이다. 만약 이 주장대로 민주주의 국가 간에 전쟁이 발발하지 않는다면 이 지구상 에 민주국가가 많아질수록 전쟁의 가능성은 줄어들게 된다는 의미이 다. 만약 전 세계 모든 국가가 민주화되면 이 세상에 더 이상 전쟁이 없 을 것이라는 함의까지 담고 있다. 실제로 냉전 종식 이후에 동유럽 국 가들이 급속히 민주화되었던 제3의 민주화 물결 시대를 맞으면서 민주 평화론은 현실적으로 매우 중요한 의미를 가지게 되었다.

현상으로서의 민주주의 평화와 그에 대한 해석

민주평화론이 등장한 것은 역사적 사실로서의 현상 때문이었다. 즉 1815년 이후 약 200년간 민주주의 국가 간에는 전쟁이 없었다는 '발견'

이 있었고, 이를 인과관계로 설명하는 시도가 바로 민주평화론이라는 이론이다. 과거 역사를 보면 비민주국가 간에는 전쟁이 많이 있었다. 1956년 소련은 헝가리를 침공했고, 1969년 소련과 중국은 국경분쟁을 겪었으며 1979년에는 중국과 베트남 간의 전쟁이 있었다. 또한 민주주의 국가와 비민주주의 국가 간에도 전쟁이 있었다. 양차 세계대전, 한국전쟁 등이 그 예이다. 2002년 미국의 아프가니스탄 침공, 2003년 이라크 침공도 모두 비민주국가를 상대로 한 것이었다. 그러나 민주주의 국가 간에는 전쟁이 없었다는 것이다.

물론 여기에는 약간의 용어 정의가 필요하다. 예컨대 전쟁이란 천명 이상의 전사자가 발생한 국가 간의 무력충돌이라고 정의한다. 자의적이긴 하지만 작은 충돌을 전쟁으로 분류하는 것을 막기 위한 기준이다. 또한 민주주의란 보통선거권, 선거를 통한 정권교체, 그리고 기본권 보장에 대한 제도적 장치 등이 갖추어진 정치체제를 말한다. 따라서 1차 대전 이전의 독일 제국은 남성 보통선거가 있었지만 수상은 황제에 의해 임명되었으므로 민주주의 국가로 분류되지 않는다. 또한 미국의 남북전쟁도 노예제도를 유지하고 있던 남부로 인해 민주국가와 비민주국가와의 전쟁으로 분류된다.

그렇다면 이런 현상을 어떻게 설명할 수 있을까? 두 가지 질문이 필요하다. 첫째는 '왜 민주주의 국가들은 서로 전쟁을 하지 않는가?', 둘째는 '왜 민주주의 국가들은 비민주주의 국가들과는 전쟁을 하는가?' 이다. 이에 대한 설명은 두 가지 차원에서 이루어져 왔다. 한 가지 해석은 제도적인 설명이다. 민주주의 국가는 제도적으로 견제와 균형이 이루어져 있어 섣불리 전쟁을 하기 어려운 시스템을 갖고 있다는 것이다. 즉, 민주국가의 리더는 의회, 언론, 시민단체 등에 의해 행동의 제약을 받고 있고 이를 상대방 민주국가의 지도자도 인지하고 있어서 국제무 정부 압력인 안보딜레마가 완화된다는 것이다. 지도자 일인의 결심에 의해 언제든지 기습공격이 가능한 독재국가와는 확연히 다르다는 것이다. 민주주수의 국가에서는 또한 의사결정이 공개되므로 비밀결정이 어렵고 상대국가에 대한 의도 판단이 가능하다는 이점이 있다. 여기에는 청중비용audience cost의 차이도 있다. 후세인 같은 독재자는 쿠웨이트 침공에서 불명예스럽게 패배해도 권좌를 유지할 수 있었다. 그러나 이런 경솔한 결정을 하면 반드시 국민들에게 심판받는 민주국가의 리더들은 전쟁에 대해 훨씬 신중할 수밖에 없다는 것이다. 민주주의 평화에 대한 또 다른 해석은 문화적, 규범적 설명이다. 민주국가들이 공유하고 있는 인권, 대화와 타협을 통한 갈등 해소라는 정치문화가 상호간의 전쟁을 방지하는데 도움이 된다는 것이다.

민주평화론에 대한 반론

민주평화론에 대해서는 다양한 비판이 존재한다. 먼저 민주주의 평화 현상 자체에 대한 반론이 있다. 첫째, 민주평화론자들이 주장하는 현상 자체가 통계적으로 무의미한 우연이라는 주장이다. 전쟁이란 현상 자체가 흔한 것이 아니며, 특히 2차 대전 이전에는 민주주의로 분류될 만한 나라가 많지 않았다는 것이다. 둘째, 전쟁 기준에 대한 비판이 있다. 1000명 전사자란 기준이 지나치게 자의적이라는 것이다. 2008년 8월 러시아와 그루지야 간에 발생한 남오세티아 전쟁이 민주평화론을 뒤집지 못하는 것은 전사자가 600여 명에 불과했기 때문이다. 또한 2차 대전 당시 독일과 동맹을 맺은 핀란드는 영국과 미국에 선전포고를

했으나 사상자가 발생하지 않았기 때문에 전쟁으로 분류되지 않는다. 셋째, 민주주의 개념에 대한 비판도 있다. 민주평화론은 1차 대전의 독일 제국이 비민주국가라고 분류하나, 전쟁 이전에는 많은 사람들이 민주국가로 간주했다는 것이다. 즉, 어느 국가가 민주국가인가 아닌가는 빠른 시일내에 그 인식이 바뀔 수 있다는 지적이다.

둘째, 민주평화론의 인관관계 설명에 대한 비판도 존재한다. 특정 국면에서 전쟁이 일어나지 않은 것은 민주주의라는 요소가 아니라 다른 전략적 고려가 작용했다는 것이다. 예컨대 1898년 수단의 파쇼다에서 프랑스와 영국간의 대립이 전쟁 없이 종료된 것은 프랑스가 외부적으로는 독일 위협, 국내적으로는 드레퓌스 사건Dreyfus Affair 등으로 인해 영국과의 대립을 감당할 수 없다는 전략적 고려가 작용했다는 것이다. 또 남북전쟁 당시 북부 링컨이 남부를 지원하던 영국과의 전쟁을 회피한 것은 그럴만한 준비와 역량이 부족했던 사실을 지적한다. 이외에도 민주주의 외에 경제적 풍요, 정치적 안정과 같은 다른 변수의 영향이라는 주장도 있다. 특히 냉전 시기의 평화는 동맹국들 사이의 평화, 즉 미국의 패권에 의해 유지된 평화였다는 비판이 있다. 그러나 이 비판은 같은 시기 소련과 위성국간에는 전쟁이 있었고 오직 민주 진영내에 전쟁이 없었다는 점을 잘 설명하지 못하는 한계가 있다.

민주평화론 자체에 대한 반박은 아니지만 민주평화론의 정책적 함의에 주의해야 한다는 지적도 있다. 즉 민주평화론이 민주주의의 대외 확산정책을 뒷받침하는 이론으로 활용되기 쉬운데 여기에 위험성이 있다고 경고한다. 왜냐하면 민주주의를 확산시키려는 시도, 즉 민주화 과정이 매우 어렵고 부작용을 초래할 가능성이 높기 때문이다. 민주주의를 강제로 이식하는 것이 얼마나 무모하고 예상치 않은 희생이 따르는 것인지는 아프가니스탄, 이라크 전쟁을 통해 충분히 입증된 바 있다. 특히 민주화 과정에서 권력을 상실할 위험에 처한 기존 엘리트들은 민족주의적 선동, 종파적 충돌로 돌파구를 찾기도 한다. 다시 말해 민주평화론은 핵심 명제에 있어서도 의문이 제기되지만 민주화라는 과정에서 많은 부작용이 따르는 위험한 처방이라는 것이다.

민주평화론은 단순히 학문적 가설이 아니라 미국의 현실 대외정책에 실질적인 영향을 미쳤다. 1994년 클린턴 대통령은 의회 연두 연설에서 "궁극적으로 우리의 안보를 보장하고 항구적 평화를 건설하는 최선의 전략은 다른 지역에서 민주주의의 진전을 돕는 것이다. 민주국가들은 서로를 공격하지 않는다."라고 발언한 바 있다. 부시 행정부 시절 네오콘의 중동 민주화 열망도 민주평화론에 토대를 두고 있었다. 즉, 중동에서 민주주의 확산이야말로 테러리즘을 치료하는 최선의 방책이라고 믿었던 것이다. 민주평화론의 옳고 그름을 떠나 이론이 정책에 얼마나 큰 영향을 미칠 수 있는지 보여주는 사례다.

03

제1세대 중동 분쟁:
이스라엘-팔레스타인 문제

중동지역에는 중층적인 갈등구조가 있다. 먼저 이슬람내 시아파와 수니파간의 갈등이다. 이란, 이라크, 시리아, 레바논으로 이어지는 시아파 연합과 터키, 요르단, 이집트, 사우디아라비아의 수니파 지대가 대립하는 구도가 존재한다. 또한 이슬람주의와 세속주의간 경쟁도 존재한다. 이외에도 역내 충돌은 종종 미국, 러시아 등 역외 세력의 대리전 성격을 띨 때도 있다. 중동 분쟁은 이렇게 아랍국가 내부 종파분쟁, 이슬람 국가 간 세력경쟁, 그리고 국경을 넘어서는 이슬람극단주의 IS의 발호 등 복잡한 양상을 보이고 있다. 그러나 중동 분쟁의 근원이자 제 1세대는 단연코 이스라엘과 아랍 간의 충돌이라고 할 수 있다. 네 차례에 걸친 중동전쟁과 두 차례의 팔레스타인의 내부 봉기를 초래했고 현재도 좀처럼 해결의 전망이 보이지 않는 이스라엘-팔레스타인 분쟁을 살펴본다.

분쟁의 배경: 반유대주의와 시오니즘

이스라엘-팔레스타인 분쟁은 1948년 5월 14일 이스라엘이 건국되고 그 땅에 살던 팔레스타인들이 집과 터전을 잃게 되면서 시작되었다. 그러나 그 뿌리에 깊이 다가가기 위해서는 좀 더 먼 역사로 돌아가서 두 가지 키워드를 이해해야 한다. 먼저 반유대주의Anti-Semitism이다. 이는 유대인이 천성적으로 또는 역사적으로 열등하고 악하다고 여기는 태도와 행동이라고 정의할 수 있는데, 실로 긴 역사를 가지고 있다. 로마시대부터 유대인은 '신을 살해한 자'로 비판받았고, 중세에 들어서도 기독교와 사회로부터 열등하고 사악한 존재로 차별받았다. 흑사병이 퍼졌을 때는 '우물에 독을 탄 자'로 의심받았으며 가난한 이들의 돈을 빼앗는 흡혈귀, 고리 대금업자의 이미지도 강했다. 셰익스피어의 희극 '베니스 상인'에 나오는 유대인 고리대금업자 샤일록은 이러한 당대의 인식을 반영한 것이다. 토마스 아퀴나스Thomas Aquinas 같은 성인도 유대인은 '영구적 노예상태'에 있다고 말했고, 종교개혁가 마틴 루터Martin Luther도 "좋은 유대인이란 없다"고 단언했을 정도다. 근대에 들어서도 유대인들의 독특한 종교의식과 배타적 태도는 이기주의, 배금주의, 광신주의로 비판받았다. 그리고 드디어 히틀러에 이르러 반유대주의는 단순한 차별을 넘어 나치에 의한 조직적인 대량학살로 이어졌던 것이다. 홀로코스트는 하루아침에 탄생한 것이 아니라 실로 2,000살

시온주의자 테오도르 헤르츨

도 더 된 늙은 망령이라는 말은 이래서 나온 것이다.

두 번째 키워드인 시온주의^{Zionism}는 이러한 반유대주의의 열매이다. 유대인은 원래 흩어짐과 모임, 심판과 은총이라는 믿음을 가지고 있다. 하나님께 죄를 범했을 때는 흩어지는 심판을 받지만, 결국 하나님은 유대민족을 버리지 않으시고 본토로의 귀향을 허락하는 은총을 베푸신다는 것이다. 대표적인 시온주의자 테오도르 헤르츨^{Theodor Herzl}은 이러한 유대인의 믿음을 유대국가 건설이란 정치적 운동으로 발전시켰다. 유대인으로서 겪는 비참함과 차별은 유대인들만의 공동체 건설 없이는 해결이 불가능하다는 신념 때문이었다. 1897년 제1차 시온주의 총회에서 "여기 나는 유대국가를 세웠노라"라고 선언하면서 "빠르면 5년, 늦어도 50년 안에는 모든 사람들이 그것을 확인하게 될 것이다"라고 예언했다. 그런데 그로부터 정확히 51년 후에 기적같이 이스라엘이라는 국가가 세계 지도에 만들어진 것이다. 그러나 시온주의의 실현은 유대민족에게는 축복이자 은총이지만, 그곳에 살고 있던 아랍인들에게는 힘에 의한 침입이자 불의한 제국주의의 산물이었다. 현대 이스라엘-팔레스타인 분쟁의 역사적 근원은 이렇게 시작되었다.

아랍인들이 이스라엘 건국을 제국주의의 산물이라고 보는 것은 1차 대전 이래 영국 등 강대국이 보여 온 이중적이고 자기 모순적인 대아랍 정책 때문이다. 시온주의 운동은 1차 대전 와중인 1917년에 이루어진 '밸푸어 선언^{The Balfour Declaration}'에 고무 받은 바가 있다. 영국의 외무장관이던 아서 밸푸어^{Arther Balfour}가 팔레스타인 지역에 유대인 독립국가 건설을 인정한다고 영국의 유대인 금융가문이었던 로스차일드^{Rothschild}에게 서신으로한 약속을 말한다. 그러나 2년 전인 1915년에는 이미 '맥마흔 선언^{The McMahon-Hussein Correspondence}'이 이루어졌는데, 이는 이집트

주재 영국 고등판무관인 맥마흔이 후세인 왕자 등 아랍 지도자들에게 서신을 통해 전후 아랍인의 독립 국가 건설을 지지하겠다는 약속이었다. 오스만 투르크와 전쟁 중이던 영국이 아랍 민족주의를 활용하기 위한 방편이었던 것이다.

그런데 1차 대전이 끝나고 실제로 전후 질서를 규율했던 것은 1916년에 영국, 프랑스, 러시아간에 체결된 비밀조약인 '사이크스-피코 협정Sykes-Picot Agreement'이었다. 그 내용은 이라크와 요르단은 영국에, 시리아는 프랑스에 귀속되며, 터키의 동부지역은 러시아가 관할한다는 것이었고, 팔레스타인은 공동관리 지역으로 지정되었다. 다른 약속이나 조약들은 무시되었고 철저하게 강대국의 입장과 이권을 반영한 이 협정만이 현실화되었다. 즉, 강대국들은 그때 그때의 편의에 따라 자기 모순적인 약속을 남발하였고, 그나마도 자신들의 이해관계만을 반영하여 전후 중동질서를 만들고자 했던 것이다.

이스라엘-팔레스타인 문제뿐 아니라 현재 중동의 많은 분쟁과 혼란이 사실 1차 대전의 부산물이라고 할 수 있다. 승전국인 영국, 프랑스 등이 오스만제국을 해체하면서 빈 지도에 선을 긋듯이 국경을 획정하고 만들어낸 나라들이 바로 오늘의 이라크, 시리아, 사우디아라비아 등이며, 이로 인해 그 당시부터 지금까지 엄연히 실재하는 인종적, 종교적, 역사적 정체성과 지속적으로 긴장을 빚고 있기 때문이다. 한 공동체가 타의로 두 개의 국가로 나뉘는가 하면, 반목하는 종파가 억지로 한 국가 안에서 공존을 강요받는 상황이 생기게 된 것이다. 현재 이라크와 시리아 내의 종파 갈등이 이에 해당한다. 현대 중동을 알려면 최소 백 년 전 1차 대전의 전후 처리 역사를 이해해야 하는 이유다.

중동 평화협상의 험로

이스라엘-팔레스타인 분쟁은 그동안 수많은 충돌과 희생을 낳았다. 특히, 두 차례에 걸친 '인티파다Intifada'로 팔레스타인이 매번 사천 명 이상의 목숨을 잃었다. 돌들의 혁명, 봉기, 반란이라는 뜻을 가진 인티파다는 이스라엘 점령지구인 가자지구, 웨스트 뱅크에서 일어난 일종의 시민 불복종 저항 운동을 말한다. 물론 이스라엘과 팔레스타인간 평화를 모색하기 위한 노력이 없었던 것은 아니다. 1991년 최초의 다자회담인 마드리드 중동 평화회담을 시작으로 1993년의 오슬로 평화협정, 2000년 캠프 데이비드 평화협정 등 몇 차례 화해의 시도가 있어 왔다.

특히 주목할 만한 것은 오슬로 평화협정이다. 1차 인티파다로 강압적 군사통치의 한계가 부각된 이후 진행된 협상에서 온건파인 이스라엘의 이츠하크 라빈Yitzhak Rabin 수상이 야세르 아라파트Yasser Arafat 팔레스타인 대표와 역사적인 타협안을 도출했기 때문이다. 이스라엘이 점차 점령지역에서 철수하고 팔레스타인의 자치를 허용한다는 소위 '땅과 평화의 교환land for peace' 원칙하에 유대국가와 팔레스타인 국가가 공존하는 '두 개 국가 해법two state solution'을 내놓았던 것이다. 현재까지도 이스라엘-팔레스타인 문제 해결의 골격으로 여겨지고 있는 오슬로 협정은 중동평화 노력의 기념비적 초석이라 할 만 하다. 이 협상의 공으로 라빈 총리와 아라파트 의장은 1993년 노벨평화상을 공동 수상하기도 하였다.

그러나 "모든 평화는 그 안에 적을 두고 있다"고 오슬로 평화협정 조인식에서 클린턴 대통령이 했던 불길한 경고는 결국 현실이 되고 만다. 1995년 라빈 총리가 이스라엘 극우 청년이 쏜 총탄에 암살 당한 것이다. 라빈 총리는 군인 출신이지만 이스라엘-팔레스타인 문제는 결코 무력으로 해결할 수 없음을 깨달았던 정치인이었다. 그러나 극우파 눈에는 하나님이 약속한 땅을 이민족에게 내어주는 배반자였던 것이다. 라빈 총리의 죽음은 개인적 비극일 뿐 아니라 중동 평화의 침몰이기도 하였다. 암살 사건 이후 실시된 이스라엘 총선에서 오슬로 평화회담을 맹렬히 비판했던 리쿠르당의 베냐민 네탄야후Benjamin Netanyahu가 당선되었고 이후 중동 평화는 오늘날까지 동력을 되찾지 못하고 있다.

이스라엘-팔레스타인 평화협상의 쟁점과 도전 요인

이스라엘-팔레스타인 평화협상의 쟁점은 크게 세 가지이다. 첫째는 정착촌 및 분리장벽 문제이다. 1967년 제3차 중동전쟁 이후 팔레스타인 거주 지역에 유대인들이 물리적으로 거주공간을 잠식해 들어간 정착촌 문제는 유대인 정착민들과 팔레스타인 주민들간 반목과 대립을 낳고 유혈충돌의 소지를 제공하고 있다. 이스라엘 보수파 입장에선 '에레츠 이스라엘(이스라엘 땅)'에 정착하라는 성서적 명령을 따르는 문제일지 모르나, 현실적으로 이는 영토의 실효적 지배를 둘러싼 충돌을 낳을 수밖에 없다. 여기에 이스라엘이 보안을 이유로 웨스트 뱅크 지역에 거대한 분리장벽을 쌓은 것도 계속해서 문제가 되고 있다. 높이 8m, 총 길이 700km의 분리장벽이 세워지자 기존 팔레스타인 공동체가 자의적으로 분할되고 주민들이 병원, 학교 등을 먼 길로 우회해야 하는 등의 인도주의적인 폐해가 계속되고 있는 것이다. 정착촌과 분리장벽은 향후 팔레스타인 국가 창설시에 국경 및 영토 문제와 직결되기 때문에 평화협상 타결의 주요 관건이 될 수밖에 없다.

두 번째 쟁점은 팔레스타인 난민 귀환 문제이다. 여기서 팔레스타인

웨스트 뱅크 지역에 이스라엘이 세운 분리장벽

난민이란 1948년 이스라엘 독립과 직후에 벌어진 1차 중동전쟁으로 집과 생계를 잃은 500여만 명을 지칭한다. 유엔 총회는 결의를 통해 팔레스타인 난민들이 고향으로 돌아갈 권리가 보장되어야 한다고 거듭 밝히고 있지만, 실제적인 난민 귀환은 이루어지지 않고 있다. 이스라엘 입장에서는 난민이 귀환될 경우 이스라엘 내 아랍인 수 170만 명과 합쳐지면 유대인 인구 618만 명을 초과하는 문제가 생기기 때문이다. 즉 유대국가 이스라엘의 정체성이 위협받는 문제가 있다.

셋째, 동예루살렘의 영유권 문제도 어렵다. 기독교, 유대교, 이슬람교 모두에게 정치적, 종교적 상징성이 각별한 성지인 동예루살렘을 누가 차지해야 하는가의 문제이다. 기독교로서는 솔로몬 성전과 십자가의 길이 있는 땅이고, 유대교에는 통곡의 벽이 있는 지역이다. 한편 동예루살렘은 알 아크사 사원과 돔 사원이 있는 이슬람 3대 성지이기도 하다.

이스라엘-팔레스타인 문제는 평화협정 내외의 도전을 극복해야 하기 때문에 쉽지 않다. 먼저 세 가지 쟁점 자체가 상호 양보와 타협이 어렵다. 쟁점들이 모두 양쪽의 민족적, 역사적, 종교적 정체성과 분리될 수 없고 국가로서의 존립에 영향을 미치는 사안이기 때문이다. 그러나 이보다 더 큰 문제는 당사자의 평화적 해결에 대한 의지와 일관성의 결여인지도 모른다. 이스라엘과 팔레스타인 양측 모두 내부적 정치 지형에 의해 영향 받기 때문에 협상을 관철하려는 진정성 있고 일관된 모습을 찾아보기 어렵다. 이스라엘의 경우 리쿠르당과 노동당간 정권이 교체될 때마다 대팔레스타인정책이 강경노선과 평화협상 사이를 반복해 왔고, 팔레스타인 또한 온건한 웨스트 뱅크 정부와 가자지역의 강경 하마스 정부로 분열되어 있는 형국이다. 또 다른 도전 요인은 신뢰할 수 있는 중재자가 없다는 점이다. 쟁점이 첨예할수록 공정한 중재자의 역할이 필요한 법인데, 중동문제에 대해서는 미국이 친이스라엘정책으로 인해 신뢰받는 중재자로 역할을 하기 어려웠다. 미국뿐 아니라 시오니즘 발원에 계기를 제공한 러시아와 독일, 그리고 이스라엘 건국을 묵인한 영국 등 서구 열강들이 책임감 있는 역할을 못한 점도 지적된다.

평화를 위한 노래

이스라엘-팔레스타인 분쟁은 그 질곡의 역사만큼이나 해결의 희망을 찾기가 쉽지 않다. 그러나 아무리 비관적이라 할지라도 문제의 해결은 결국 상호 양보를 통한 타협밖에는 없을 것이다. '상대를 지중해 바다 속으로 밀어 넣겠다' 는 극단적 주장만큼 무모한 것은 없다. 현재까

라빈 총리 양복에서 발견된 메모

지의 평화협상을 통해 국제사회의 공감대를 얻고 있는 '두 개 국가 해법'이 결국 큰 골격이 되어야 할 것이다. 가자지구와 웨스트 뱅크간의 입장 차이가 부각되면서 혹자는 '세 개 국가 해법 three state solution'을 거론하기도 하지만, 어떤 안이 되었든 이스라엘과 팔레스타인은 새로운 울타리를 치고 각자의 국가공동체를 꾸려 나가는 수밖에 없을 것이다. 문제는 분쟁의 당사자인 이스라엘과 팔레스타인이 이러한 타협안을 수용할 준비가 되어 있는가이다.

역사에서 평화의 진전은 종종 많은 피를 요구한다. 수천만 명이 희생된 양차 세계대전을 겪고 나서야 유럽인들은 민족주의적 경쟁과 무력을 통한 문제해결을 포기하고 유럽통합이라는 새로운 비전을 찾아 노력하게 되었다. "그동안 많은 피와 눈물을 흘릴 만큼 흘렸다Enough of blood and tears, enough"라고 이스라엘 라빈 총리는 오슬로 협정을 체결하면서 말한 바 있다. 얼마나 더 많은 희생이 있어야 이스라엘과 팔레스타인간의 화해가 가능할까? 아니면 그 희생이 평화협상으로 이어지기는커녕 오히려 더 깊은 원한과 적대감만 낳게 될까? 불행히도 현재까지는 양측 모두 원칙과 명분을 지키기 위해 더 많은 피와 눈물을 흘릴 각오가 있는 것처럼 보인다.

라빈 총리가 총탄에 맞아 쓰러질 때 그의 양복 안주머니에서 피로 얼룩진 채 발견된 메모가 있었다. 그것은 이스라엘 어린이들이 즐겨 부르는 '평화의 노래A Song for Peace'였다. 몇 구절만 소개해 본다.

태양이 다시 떠올라 아침 햇빛을 내리도록 하지
세상에서 가장 순수한 기도자라도 우리의 참혹함을 바꿀 수 없나니
오직 우리가 해야 할 일은 평화의 노래를 부르는 것
우리에게 기도하라고 속삭이지 마라
햇빛이 다시 비처 꽃이 자라도록 하자
과거를 다시 돌아보지 말자
당신을 떠난 자를 가도록 내버려 두자
당신의 눈을 총에서 떼고 희망을 보도록 하자
노래를 부르자, 사랑의 노래를
또 다른 싸움이 아닌

혼란의 중동과 정체성 경쟁: 이슬람 극단주의의 발호 및 역내 역학의 변화

2010년 겨울 튀니지에서 발생한 봉기를 시발로 아랍 전역에서 권위주의 독재정권이 무너지기 시작했다. 소위 '아랍의 봄'이 도래하는 듯했다. 시민혁명의 여파로 이슬람 정치세력의 약진이 눈에 띄었고 중동 민주주의가 오는 것처럼 보였다. 그러나 당초의 기대와는 달리 군부의 복귀, 종파 분쟁의 지속, 실패 국가화, 내전 등의 후퇴와 혼란 상황이 이어지고 있다. 여기에 이슬람국가IS와 같은 이슬람 극단주의 세력이 발호하면서 중동 전역을 뒤흔들고 있다. 이런 가운데 이란의 부상, 이스라엘과 사우디아라비아의 대미 소외감이 나타나는 등 역내 역학에도 변화의 조짐이 나타나고 있다.

이집트 군부의 재등장과 시리아 내전

2010년 12월 17일 튀니지에서 아랍 전역에 엄청난 정치적 변혁을 몰고 온 사건이 발생한다. 과일행상으로 어렵게 생계를 이어가던 모하메

무바라크의 사임 후, 타흐리르 광장의 축제

드 보아지지라는 이름의 26세 청년이 경찰의 단속에 항의하며 분신 자살을 한 것이다. 어찌 보면 그냥 묻혀 버릴 수 있는 사건이었다. 그러나 곧 전국적인 반정부 시위로 확산되었고 결국 한 달도 못 되어 벤 알리Ben Ali 튀니지 대통령이 집권 24년 만에 국외로 축출되었다. 튀니지에서 성공한 시민들의 정권퇴진 봉기는 여기서 그치지 않고 불길처럼 인근 아랍 국가들로 번져 나갔다. 2011년 2월 이집트 호스니 무바라크Hosni Mubarak 대통령이 사임했고, 8월에는 리비아 카다피Muammar Gaddafi 정권이 붕괴됐다. 2012년 2월엔 예멘의 살레Saleh 대통령이 하야했다. 모두 30년 이상 장기 집권한 독재 정권들이었다. 만성화된 불평등 구조, 30%가 넘는 청년 실업률, 그리고 경제문제를 급속히 악화시킨 국제 금융위기와 곡물가격 상승이 그 배경이었다.

원래 중동은 문화적 맥락상 독재 친화적인 성격이 있다는 말이 있을 정도로 민주주의가 어려울 것으로 여겨지던 지역이었다. 소위 '중동 에

외주의^{Middle East Exceptionalism}'다. 그러나 튀니지에서 촉발된 시민혁명은 중동에도 민주화의 물결, 아랍의 봄을 몰고 왔다. 이러한 권위주의 정권의 붕괴는 이슬람 세력이 정치에 전면 부상하는 공간을 만들어 주었다. 이집트에서는 무슬림 형제단 출신의 모하메드 무르시^{Mohamed Morsey} 대통령, 튀니지에선 엔 나흐다^{Ennahda} 등 이슬람 계열 정파가 선거를 통해 제도권에 진입하게 되었다. 이외에도 리비아, 쿠웨이트, 레바논 등에서 이슬람 세력의 약진이 이어졌다.

그러나 초기의 기대와 흥분과는 달리 아랍의 정치변동은 민주주의로 이어지지 못하고 혼란이 심화되고 있다. 이집트에서는 군부가 복귀했다. 2013년 7월 3일 엘시시^{Abdul Fatah al-Sisi} 국방장관은 선거로 당선된

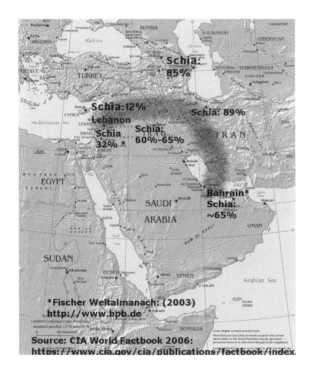

시아파 초승달 지대
(레바논-시리아-이라
크-이란)

무르시 대통령의 권한을 전격 박탈하고 군사정변을 단행했다. 지난 60여년간 정치, 경제 전 분야에서 권력기반을 유지하고 있던 막강한 군부가 이슬람 정치세력의 무능과 독선, 그리고 이집트 국민의 안정화 희구 심리를 이용하여 재등장한 것이다. 리비아는 동서 종족간의 분쟁으로 거의 나라가 갈라지다시피 하면서 실패국가가 되어가고 있다. 카다피의 철권 통치하에서 억눌려 왔던 알카에다 세력이 활개를 침에 따라 테러의 낙원이 되었다고 할 정도가 되었다. 아프리카에서 출발하여 리비아를 거쳐 이태리로 향하는 보트 피플의 문제가 심각하게 부각된 것도 일체의 거버넌스가 사라진 무정부 상태의 부산물이다.

　무엇보다 심각한 것은 10만 명이 넘는 사망자, 200만 명 이상의 난민을 낳고 있는 시리아 내전 상황이다. 시리아 사태는 처음에는 알-아사드Bashar al-Assad 대통령의 30년 장기독재에 대한 저항에서 비롯된 시민혁명 성격으로 시작했다. 그러나 점차 부족간 갈등양상으로 번지고 나중에는 종파분쟁의 성격으로 변질됨으로써 복합적인 갈등구조를 보이고 있다. 즉 국내적으로는 부족단위 내전 성격이 있는데, 이는 아사드 현 대통령이 부족 간 견제와 균형을 통해 정권을 유지해 왔기 때문이다. 이런 부족주의 문화 때문에 반정부 투쟁이 산발적이고 분열적인 양상을 보임으로써 시민 대 독재 구도가 만들어지지 못했던 것이다. 여기에 지역 차원에서는 종파분쟁 성격을 띠고 있다. 시아파 분파에 속하는 알라위파의 아사드 정부는 시아파 종주국인 이란과 레바논 시아파 정당인 헤즈볼라의 군사적 지원을 받고 있고, 수니 반군은 카타르, 사우디아라비아 등의 무기 및 보급 지원을 받고 있다. 시리아에서 수니-시아간 정면 충돌이 벌어지고 있는 것은 중동 전체의 역학 구도를 보면 알 수 있다. 즉, 시리아가 이란-이라크-시리아-레바논으로 이어지는 횡축 시아파 초승달 지대와 터키-시리아-요르단-이집트로 연결되는 종축 수니파 초승달 지대 세력이 맞부딪히는 교차 지역에 위치해 있기 때문이다.

이렇게 전개된 시리아 내전은 결과적으로 전 세계 지하디스트 세력에게 무장 투쟁의 공간을 제공해 주었고, 이 혼란상태를 파고들고 있는 것이 바로 IS 세력이다. 즉, 시리아 아사드 정권은 시아파 장기 독재정권이지만 과거 이라크의 후세인 정권을 견제하고 이슬람 극단세력의 발호를 막는 방파제 역할을 해왔는데, 내전을 맞아 이러한 세력균형의 축가 붕괴하고 있는 것이다.

아랍의 혼돈이 앞으로 어떤 방향으로 전개될지 예단하긴 어렵다. 아랍의 봄으로 약진했던 이슬람 정치세력은 군부의 복귀와 내전 등으로 다시 지하화하고 있다. IS의 등장도 이슬람세력이 제도권 참여보다는 무력에 의한 극단주의를 선택함으로써 발생한 현상이기도 하다. 시리아 내전은 따라서 이제 권위주의에 대한 항거가 아니라 테러와의 전쟁 구도로 변화하고 있다. 아사드 정부의 생존 가능성이 높아졌다는 평가가 나오고 있는 배경이다. 아랍의 봄은 이제 실종되었고 극단주의의 봄이 왔다는 말까지 나오고 있다. 그러나 꼭 비관적으로 볼 일이 아닐 수도 있다. 모든 정치적 봄은 민주화의 결실을 바로 가져다주지 않는다. 오히려 정치적 반동에 직면하여 얼어붙는 시기를 거치는 것이 보통이다. 1968년 프라하의 봄이 그랬고 1980년 서울의 봄이 그랬다. 중동의 봄도 정치적 겨울을 거치고 난 후 결국 민주주의를 성취해 낼 수 있을지 아직 알 수 없다. 관건은 권위주의 정권이 붕괴하고 남은 힘의 공백을 대신할 유능한 정치세력과 효과적인 거버넌스의 정립이다. "힘의 공백뿐 아니라 가치의 공백이 큰 문제"라고 지적한 토마스 프리드먼의 지적처럼 종파, 부족 등 다양한 정체성을 가진 세력을 통합해낼 수 있는 새로운 정체성과 가치를 창출해낼 수 있는 리더십이 중요할 것이다.

이슬람 극단주의(IS)의 발호

현재 중동정세에서 무섭게 세력을 확장하며 중동정세를 뒤흔들고 있는 집단이 '이슬람국가IS: Islamic State[1]'이다. IS는 원래 알카에다의 하부조직으로 출발하였는데 이라크 전쟁 여파로 후세인 정권하의 바트당 수니 잔당을 흡수하여 역량이 강화되었고 이후 시리아와 이라크에서 양면 투쟁을 전개하고 있다는 점은 이미 살펴본 바와 같다. IS도 알카에다와 같은 수니 극단주의 세력이지만 몇 가지 점에서 다른 무장단체나 테러조직과 구별되는 특징을 갖고 있다. 먼저 IS는 영토를 갖고 있고 국가건설을 목표로 하고 있다. 알카에다 역시 이슬람 신정神政국가를 추구하지만 먼저 이교도를 척결한다는 목표를 갖고 있는 반면에, IS는 '선先 국가 건설 후後 이교도 타도'라는 훨씬 급진적인 노선을 채택하고 있다. 이란, 이라크, 레바논 지중해 연안을 잇는 거대한 지역이 IS가 천명한 영토의 범위에 포함되는데, 2015년 현재 이라크, 시리아 양국 국토의 3분의 1을 장악할 정도로 세를 얻고 있다. IS는 조직 동원력 및 자금력 측면에서도 위협적인 면모를 보이고 있다. IS의 군사력

1 　IS는 이라크·레반트 이슬람 국가(ISIL) 또는 이라크·시리아 이슬람 국가(ISIS) 등으로 불리기도 한다. 특히, IS가 진정한 이슬람이 아니며 더욱이 국가로 인정해 줄 수 없다는 비판적 의미에서 일부 유럽국가와 아랍권에서는 ISIS의 아랍어식 줄임말인 다에쉬(daesh)라고 칭하기도 한다. IS를 어떻게 부를 것인가에 대해서는 논란이 있으나, 여기서는 편의상 일반인들에게 널리 알려진 대로 IS라는 호칭을 그대로 사용한다.

IS 깃발

은 당초 1만여 명 수준에서 2014년 말 5만 명까지 증가한 것으로 추산되고 있는데, 여기에는 50여 개국에서 충원한 1만 2천여 명의 지하디스트jihadist, 즉 이슬람 전사가 포함되어 있다고 알려져 있다. 외국 출신의 자생적 지하디스트들은 튀니지 3천 명, 사우디아라비아 2천 5백 명, 요르단 2천 명, 레바논 1천 명 등으로 구성되어 있는데, 심지어 이중 3천여 명은 서방 출신인 것으로 추산되고 있다. 여기에는 미국 국적자 백여 명, 영국인 오백여 명이 포함되어 있다고 알려져 있다. 당연히 서방국가들은 이들이 '성전聖戰' 이후에 귀국하여 국내 테러리스트 세력으로 커갈 가능성에 긴장하고 있다.

그렇다면 IS가 이렇게 급속하게 세력을 넓히고 자발적인 전사들을 끌어 모을 수 있는 힘은 어디서 나오는 것일까? 먼저 IS는 다른 테러조직과 달리 자금력이 막강한 것으로 알려져 있다. 주 수입원은 이라크와 시리아의 유전 지역을 장악함에 따른 석유 판매 수입이다. 하루에만 7만 배럴의 석유 생산을 통해 연간 3억 달러 이상의 현금을 확보한다고 한다. 또한 이라크 모술 중앙은행이 보유한 외환 4억 2천만 달러를 포획한 바가 있고, 서방국들이 제공하는 인질 보상금, 약탈한 유물 및 골동품 판매 수익까지 얻고 있다. 또한 점령지역에서 세금까지 징수하면서 단순한 테러집단이 아니라 국가 운영의 수준으로 진화하고 있다.

그러나 IS의 흡입력은 무엇보다 내러티브의 전염성에 있다. IS는 과거 영화로운 칼리프의 시대를 재현하겠다고 공언한다. 칼리프caliph란 이슬람 창시자 무하마드가 사망한 632년 이후 이슬람 공동체를 다스렸던 통치권자를 말한다. 중세까지는 지중해를 장악하며 영화를 구가한 선진문명인 이슬람이 이후 서구의 식민지로 전락했다고 선전하는 효과를 노리고 있다. 즉, 불만과 울분을 가지고 있는 이랍의 젊은이들에게 가장 순수했고 영화로웠던 그 시절을 재현하겠다는 선전 전략을 펼치고 있는 것이다. 현재 IS의 지도자 아부 바르크 알-바그다디는 통치, 입법, 군사, 치안을 담당하는 네개의 위원회를 통해 통치하며 자신이 칼리프임을 자임하고 있다. IS가 내세우는 것은 복잡한 교리나 이념이 아니라 단순하고 손에 잡히는 약속이다. 시리아내 정부 통치와 유사한 해방구 도시들에서 IS는 의사의 왕진, 반부패 척결 선전 등 민심을 얻기 위한 여러 조치에 적극적이다. 조직 가입을 독려하기 위해 고액의 연봉, 집과 식료품 제공 등의 조건을 제시한다고 한다. 특히, 과거 알카에다와는 달리 IS는 팔루자, 모술 등 주요 도시 점령 후 부족장 등 그 지역의 대표에게 지방권력을 위임하는 방식을 취함으로써 해당 지역의 충성을 확보하는 노련한 전략을 구사하고 있다.

조직 충원과 선전 방식도 기존 테러단체와는 다른 진화된 모습을 보여주고 있다. IS는 페이스북, 유튜브, 스카이프 등 소셜 네트워크SNS를 적극 활용하여 잠재적 지하디스트, '외로운 늑대'들을 포섭하고 있다. "게임에서 하던 일을 현실의 전장에서 하라"며 유혹하고, 매년 자신들의 활동사항을 담은 연례보고서를 발행하고 있다. 여기에 IS가 발행하는 〈다비크Dabiq〉라는 호화잡지는 영어권 출신의 편집자와 전문 디자이너를 활용할 정도로 과거 테러단체들이 보인 조악한 수준의 선전물과는 차별성을 보이고 있다. 또한 서방 인질들을 잔혹하게 참수하는 동영상을 SNS에 올려 선전하는데, 이때 복면을 쓴 테러리스트가 구사하는 유창한 영국식 영어는 이를 보는 영미권 사람들의 공포감을 배가시킨다. 참수의 잔인성을 비판하는 서방에 대해서는 '너희들은 버튼 하나로 수백 명을 살인하고 있지 않느냐?'고 강변하기도 한다. 요르단 출신 조종사를 산채로 화형 시킨 것에 대해서도 공습으로 불타 죽은 아랍의 열두 명 소년의 사진을 보여줌으로써 눈에는 눈, 이에는 이로 복수할 뿐이라고 항변한다. 자신들의 존재감을 과시하는 한편 울분에 찬 아랍 젊은이들을 포섭하기 위한 고도의 선전 논리라고 할 수 있다.

사상최악의 미-이스라엘 관계 및 사우디의 배신감

IS의 등장으로 미국은 딜레마에 빠졌다. 십만 명이 넘는 희생을 불러오고 화학무기까지 사용된 시리아 내전을 비판해 왔으나 이제 IS 격퇴를 위해 알 아사드 시리아 정부와 힘을 합쳐야 하는 역설적인 상황을 맞게 된 것이다. 그 밖의 중동정세도 어렵다. 이라크가 혼란에 빠졌고 견제세력이 없는 이란은 핵개발 의혹을 보이며 역내 영향력을 확장하고 있다. 이스라엘-팔레스타인 문제는 진전이 없으며, 시리아 내전은 출구가 보이지 않고, 리비아는 무정부상태에 빠졌다. 즉, 총체적인 혼돈과 변혁을 겪고 있는 것이다.

이런 상황에서 오바마 행정부는 전임 부시 행정부와는 다른 대중동 외교를 구사하고 있다. 먼저 비폭력 다원주의non-violent pluralism다. 부시 행정부가 도덕적 절대주의에 입각하여 국제문제를 선과 악의 이분법으로 접근했다면, 오바마 행정부는 중동에서 정치체제의 다원주의를 용인한다는 입장이다. 즉, 대량살상무기를 포기하고 테러리즘과 절연한다는 두 가지 조건만 충족되면 권위주의나 신정주의神政主義 등 정치체제의 형태는 문제 삼지 않겠다는 태도를 말한다. 이것은 민주평화론에 입각한 중동 민주화 구상의 폐기를 의미한다. 또한 부시 행정부가 패권적 일방주의적 행태를 보이며 군사적으로 중동 문제에 개입했던 반면, 오바마 행정부는 최소 개입과 다자접근 기조를 견지하고 있다. 따라서 IS 문제에 대해서도 거점 공습과 이라크 보안군 및 시리아 온건 반군에 대한 지원은 실시하지만 지상군 투입은 배제하고 있다.

한편, 오바마 행정부는 이란을 봉쇄하기 보다는 포용하는 노선을 시도하고 있다. 특히 이란 핵문제와 관련하여 핵 개발을 제한하는 대신 경제 제재를 해제하는 방향의 타협을 진행하고 있다. 미국 입장에서는 이란의 부상을 억제하는 수단이 어차피 마땅하지 않은데, 이란 위협보다 위험한 이슬람 극단주의 IS 문제가 더 시급해졌기 때문이다. 또한 시아파 종주국인 이란은 시리아의 알 아사드 정부, 이라크의 시아파 정부, 레바논 헤즈볼라에 대한 영향력을 통해 중동의 난제들을 푸는데 도움을 줄 수 있는 유일한 국가라는 점도 고려하지 않을 수 없다. 이란 역시 오랜 서방의 경제제재로 인해 민생경제가 임계점에 도달하자 중도파인 하산 로하니 대통령이 대미 실용외교를 선택한 것으로 보인다.

그러나 이러한 미국의 이란 포용은 전통적 우방국인 이스라엘과 사우디아라비아의 반발을 낳고 있다. 네탄야후 이스라엘 총리는 미국의 이란 핵협상이 이스라엘의 안보를 위협하는 '역사적 실수'라며 강력하게 비판하고 있다. 오바마 행정부 들어 양국 관계는 역대 최악이라는 평가가 나올 정도이다. 본래 이스라엘과 미국의 관계는 매우 독특하다. 다른 어떤 동맹관계보다 미국-이스라엘 관계는 공고한데도 양국간에는 동맹 조약 한 줄 없다. 따라서 양국관계는 흔히 '인지적 동맹cognitive alliance'으로 불린다. 통상의 동맹조약이 아니라 이민국가로서의 정서적 공감대, 디아스포라 유대인의 로비력 등이 미국과 이스라엘간의 끈끈한 유대를 설명한다는 것이다. 그런데 오바마 행정부 들어 양국간의 관계에 변화의 조짐이 벌어지고 있다. 특히 미국의 전통적인 이스라엘 편향 외교를 비판하는 견해가 제기되는 것이 새로운 현상이다. 그동안 대이스라엘 외교는 일종의 금기처럼 여겨진 면이 없지 않았는데, 미국의 일급 정치학자들로부터 미국의 대중동정책이 이스라엘 로비 때문에 실패했다는 대담한 주장이 나오기 시작한 것이다. 예컨대 스테판 왈트와 존 미어샤이머 교수는 미국이 보여준 이스라엘 편향 외교와 이중기준이 아랍권에서 미국의 소프트파워를 추락시켰다고 주장하며, 이스라엘과 관계를 정상화하고 이란에 대한 심리적 거부감도 떨쳐 버릴 것을 제안하고 있다. 오바마 행정부의 행보도 미국내에서 벌어지고 있는 이러한 인식의 변화와 무관하지 않은 것으로 보인다.

한편, 이스라엘에 대한 미국의 접근을 불편해하는 또 다른 미국의 동맹국은 사우디아라비아이다. 사우디아라비아는 아랍의 정치변동, 시리아 사태, 이란의 부상이라는 삼중의 위기 인식을 갖고 있는데, 미국이 자신의 적대국인 이란에 접근하는 것에 대해 배신감을 느끼고 있는 것이다. 아랍 왕정국가의 대표를 자임하는 사우디아라비아는 튀니지에서 촉발되어 아랍전체로 퍼져 나간 정치변동에 대해 극도의 예민함을 가지고 있다. 거기에 석유, 인적자원, 문화역량에서 막강한 잠재력을 지닌 이란이 미국의 제재에서 벗어나 정상국가로 등장하여 역내 패권을 추구하는 상황을 우려하고 있다. 특히 시아파 밀집 지역인 사우디 동부 지역과 저발전 지역인 남부 예멘 접경지역은 이란이 책동할 경우 정정이 불안해 질 위험이 있다. 사우디아라비아가 2015년 3월 걸프 지역 10개국으로 구성된 아랍연합군을 창설하여 예멘을 공습하며 내전에 개입하는 것도 시아파 후티 반군을 배후 지원하는 이란에 대한 견제의 성격이다. 특히, 2016년 1월 상호 외교관계 단절까지 벌어지는 등 중동의 전통적 맹주인 이란과 사우디아라비아 간의 관계는 위험한 수준까지 악화되고 있다.

다시 강조하지만 중동 정세의 본질은 세력 경쟁이면서 다른 한편 정체성과 통치 모델을 둘러싼 싸움이기도 한다. 현재는 사우디아라비아의 왕정, 이란의 이슬람법학자 통치, 이집트의 세속주의 군부정치, IS의 이슬람 근본주의 등이 경합하고 있다. 누가 더 설득력 있는 정체성을 제시하고 효과적인 거버넌스를 제공하느냐에 따라 중동의 안정과 세력판도가 달라질 것이다.

참고문헌

김광진. 2014.『민주국가의 전쟁: 이라크 전쟁과 코소보 전쟁 그리고 한미동맹』서울: 서강대학교 출판부.

데이비드 프롬킨(이순호 옮김). 2015.『현대 중동의 탄생』서울: 갈라파고스.

이근욱. 2011.『이라크 전쟁: 부시의 침공에서 오바마의 철군까지』서울: 한울아카데미.

인남식. 2012. "아랍 정치 변동과 중동 지역 역학관계의 변화."『정책연구과제 2』2012-2.

인남식. 2014a. "시리아 사태의 최근 현황과 전망."『주요국제문제분석』2014-04.

인남식. 2014b. "이라크 '이슬람 국가(IS, Islamic State)' 등장의 함의와 전망."『주요국제문제분석』2014-30.

정의길. 2015.『이슬람 전사의 탄생: 분쟁으로 보는 중동 현대사』서울: 한겨레출판사.

조지 프리드먼(김홍래 옮김). 2011.『넥스트 디케이드』서울: 쌤앤파커스.

최창모. 2015.『중동의 미래, 이스라엘과 팔레스타인』서울: 푸른사상.

최창모. 2015. "이스라엘-팔레스타인의 분쟁과 평화: 역사적 배경을 중심으로." 국립외교원 글로벌 리더십 강의 자료(2015.4.27).

피에르-장 뤼자르(박상은 옮김). 2015.『왜 IS는 성공했는가』서울: 현실문화.

Mansfield, Edward D. and Jack Snyder. 1995. "Democratization and the Danger of War." *International Security*, Vol. 20, No. 1.

Mearsheimer, John and Stephen M. Walt. 2003. "An Unnecessary War." *Foreign Policy*. Jan/Feb 2003.

Mearsheimer, John and Stephen M. Walt. 2007. *The Israel Lobby and U.S. Foreign Policy*. New York: Farrar, Straus and Giroux.

Russett, Bruce. 1994. *Grasping the Democratic Peace*. Princeton, NJ: Princeton University Press.

CHAPTER

07

중국의 부상과
미중 패권경쟁

현재 국제정치에서 가장 중심적인 문제는 중국의 부상이다. 러시아의 재등장, 중동의 혼란, 유럽의 변환 등도 의미 있는 현상이지만 현 국제 시스템을 뒤흔드는 변수들은 아니다. 그러나 중국의 부상은 미국 중심의 국제질서에 대한 도전이란 점에서 특별한 주제다. 생각해 보아야 할 질문들은 이런 것들이다. '중국으로 헤게모니가 이동한다는 것이 과장인가, 사실인가? 그리고 중국의 힘이 커진다는 것은 무엇을 의미하는가?' '중국은 무엇을 생각하고 있는가? 그리고 미국은 이에 어떻게 대응할 것인가?' 미중간 세력 경합의 최전선에 위치하고 있는 우리로서는 한국의 대외전략을 모색하기에 앞서 반드시 답해야 할 질문들이다.

01

헤게모니의 이동:
과장인가, 사실인가?

중국의 부상은 더 이상 새로운 이야기가 아니지만 과연 미국에서 중
국으로 헤게모니가 이동할 정도로 중국이 부강해지고 있는지에 대해
서는 논란의 여지가 있다. 혹자는 거스를 수 없는 흐름이라고 하고 혹
자는 과장되었다고 한다. 중국 경제 성장의 성과와 향후 도전을 미중간
패권경쟁의 측면에서 살펴본다.

중국의 경제적 굴기(屈起)

중국 경제의 기록적 성장은 이미 뉴스가 아니지만 중국 부상의 의미
를 실감하기 위해 다시 한번 짚어 본다. 중국은 현재 GDP 기준 미국에
이어 세계 제2위의 경제 대국이다. 2005년에는 프랑스를 추월하였고,
2006년에는 영국을 따돌렸다. 2008년에는 독일을 추월하여 3위의 경
제대국이 되었고, 2010년에는 2위였던 일본마저 앞질렀다. 2015년 중
국의 GDP는 일본의 세 배 가까이에 이른다. 외환보유고는 세계 1위이

다. 2012년 기준 3조 3천억 달러로서 미국, 일본, 독일 등 3개국을 제외하곤 다른 국가의 한해 GDP보다도 많은 금액이다. 수출 규모에서도 2009년 세계 1위국이 되었고 2012년에는 전체 교역에서도 1위 국가로 등극하였다. 이제 중국은 세계의 공장이자 시장이 되었다는 점에 이론이 없다. 1978년 백 달러에 불과하던 1인당 GDP도 2010년에는 4천 달러, 2015년에는 그 두 배가 넘는 8,150달러를 기록하고 있다. 서울 올림픽 개최 직후였던 1989년 한국의 1인당 GDP가 5천 달러였다는 점을 감안하면 13억 5천만 중국인들의 평균적인 삶의 수준이 얼마나 향상되었는지 짐작할 수 있을 것이다.

이런 인상적인 결과는 덩샤오핑의 개혁개방정책 이후 중국이 성취한 기록적인 경제성장 덕분이다. 1978년부터 2007년까지는 연평균 9.8%의 성장률을 기록했고 2001년 WTO에 가입한 이후에는 10.3%의 고성장을 달성하기도 했다. 중국 경제 성장의 속도감을 서방의 한 인사는 이렇게 묘사했다. 1993년 광둥성을 방문했는데 마치 눈앞에 두 시대를 포개어 놓은 것 같은 광경이 펼쳐지고 있었다는 것이다. 한쪽에서는 농산물을 가축이 끄는 수레가 지나가고 바로 옆에서는 검은 유리창을 한 메르세데스 벤츠 자동차가 지나가고 있는데, 200년에 달하는 역사가 한순간 한곳에 존재하는 느낌이 들었다는 것이다. 엄청난 에너지와 활력이 느껴지는 광둥성의 모습은 바로 산업혁명 당시의 영국의 모습이었을 것이다.

많은 전문가들과 경제 기관들은 중국이 미국을 추월하여 세계 1위의 경제대국이 될 날도 멀지 않다고 전망하고 있다. 지금까지의 초고속성장은 불가능하겠지만 당분간 연평균 6% 내외의 중성장은 유지할 것으로 예측되고 있다. 이런 추세대로라면 2020년 대에는 명목 GDP 기준

으로 미국을 제칠 것으로 예상된다. 2030년이 되면 심지어 중국 GDP
가 미국의 두 배에 이를 것이라는 전망도 있다. 이런 중국의 경제적 굴
기는 그러나 새로운 현상이라기보다는 과거의 정상적 지위를 되찾는
과정으로 보아야 한다는 지적이 있다. 즉, 중국의 GDP는 과거 2천 년
동안 세계 경제의 22~33%를 차지했었는데, 19세기 후반에 들어서 그
비중이 급감하기 시작하여 1950년에는 4.5%를 기록했다는 것이다. 이
제 다시 회복기가 진행되고 있는 것으로서 1990년에는 5.61%, 2005년
엔 14.4%을 기록했고, 앞으로도 꾸준히 상승할 것으로 전망된다.

미국의 패권은 저물고 있는가?

중국의 눈부신 성장과 대비되는 것이 미국의 쇠퇴이다. 특히 2000
년 이후 미국의 군사 외교적 실책과 재정적 위기가 부각되면서 패권의
이동이 정말 진행되고 있는 것이 아니냐는 질문이 제기되었다. 먼저 일
방주의에 입각한 부시 행정부의 이라크 침공은 동맹국의 분열, 이어진
안정화 작전의 혼란, 그리고 아부 그라이브 수용소의 인권 침해 논란
등으로 미국의 세계적 지도력과 소프트 파워의 훼손을 가져왔다. 여기
에 2008년 서브 프라임 사태로 미국발 금융위기가 발생하자 미국식 자
본주의, 신자유주의에 대한 신뢰성도 타격을 입었다. 영미식 모델이 가
진 한계와 문제점들이 곳곳에서 지적되었고 미국적 시스템이 생각만큼
완벽한 것이 아니라는 인식이 퍼지기 시작한 것이다.

특히 극심한 재정적자 문제가 부각되면서 미국이 그동안 중국의 신
용에 의해 살아오면서 분에 넘치는 소비를 해왔다는 인식까지 생기기
시작했다. 미국 공공부채의 약 절반이 외국 채권으로 구성되어 있는데

이 중 중국이 최대 채권국임을 지적하는 것이다. 미국의 재정적자는 심각한 수준이다. 미국의 국가부채는 18조 달러, 공공부채는 13조 달러에 이르고 있는데 이는 미국 GDP의 74%에 해당하는 규모다. 2013년 이자 비용만으로 3천억 달러를 지출했는데 2020년에 이르면 정부 지출 중 이자 지출이 차지하는 비중이 세배 이상 늘어날 것으로 추정되고 있다. 현 추세대로 간다면 2017년 이자 지출이 국방비 규모를 추월할 것으로 우려되고 있다. 1차 대전 이후 극심한 재정적자에 시달리던 영국 정부는 '향후 10년간 어떠한 전쟁에도 개입하지 않는다'는 '10년 규정Ten Year Rule'을 채택한 적이 있었다. 이렇게 가다가는 미국식 10년 규정, 즉 세계 무대에서 미국의 군사적 존재의 축소가 발생하지 않는다는 보장도 없을 것이다.

한편 미국 패권 종말론은 과장된 것이라는 지적도 있다. 비록 GDP에서 중국에 추격당하고 있지만 종합국력 차원에서 보면 미국의 지위는 당분간 흔들리지 않을 것이기 때문이다. 민주주의와 인권 등 규범력, 과학기술력, 고등교육, 문화 등의 소프트파워는 중국이 당분간 따라오기 힘든 미국의 힘이다. 경제, 군사와 같은 강제력이 아니라 매력을 통해 국제사회에서 자발적 동의를 이끌어내는 이러한 연성 권력이야말로 하루아침에 만들어지는 것이 아니기 때문이다. 경제력에 있어서도 1인당 GDP가 5만 5천 달러인 미국에 비해 중국은 아직 8천 2백 달러로 7분의 1 수준에 불과하다. 13억 인구의 중국은 이렇게 전체로 보면 크고 강하지만, 나누면 미국에 비해 훨씬 약하고 가난해 보인다. 군사비 지출은 미국의 우위가 확연하다. 2015년 미국의 국방비는 5,770억 달러로 1,450억 달러인 중국의 4.3배에 이른다. 미 국방비는 전세계 군비 지출의 40%가 넘고, 중국, 러시아, 일본, 영국 등 나머지 10개 군사대국의 국방비를 모두 합한 것보다 많다. 재해권의 척도인 해군 함정의 배수량을 기준으로 볼 때 총 312만 톤에 이르는 미 해군은 2위부터 14위까지 국가의 해군 함정 총톤수 합계보다도 많다. 독일의 한 언론인은 이 같은 근거를 바탕으로 미국 패권 쇠퇴설이란 10년마다 되풀이 되는 근거 없는 유행이라는 주장까지 한 바 있다.

그러나 미 중간 벌어지는 상대적 힘의 이동을 이렇게 간단히 부인할 수 있을까? 제국의 흥망성쇠를 연구한 폴 케네디Paul Kennedy는 그렇지 않다고 답변한다. 미국의 압도적인 군사력은 도저히 넘볼 수 없을 것 같지만 강대국의 흥망은 결국 경제력에 달려 있다는 것이다. 1945년 이후 미국이 세계 정치를 주도하고 강력한 군사력을 유지할 수 있었던 것은 경제력이 뒷받침되었기 때문이다. 미국 경제력의 부침은 데이터로 확인된다. 미국이 세계 GDP에서 차지하는 비중은 1870년 8.8%였다가 1913년에는 19%, 그리고 1950년에는 27%로 늘었다. 그런데 이후 비중이 감소하여 1973년에는 22%, 지금은 20%를 밑돌고 있다. 영국이 대영제국의 면모를 유지하던 1899년에는 세계 경제에서 9% 비중을 차지했지만 세계 무대에서 존재감이 약화된 1950년 이후에는 3.3%로 급격히 축소되었다는 것은 시사하는 바가 크다.

경제력이 축소되면 군사력을 유지하기가 점점 힘들어진다는 것은 자명한 사실이다. 세계 각지의 800여 미군 기지 유지비는 GDP의 6.5%에 달하는데, 미국은 모든 과거의 패권국이 그랬듯이 딜레마에 처할 가능성이 크다. 경제적 부담으로 인해 정치군사적 역할을 축소하면 미국이 쇠퇴한다는 시그널을 보냄으로써 패권의 이동을 가속화시킬 수 있다. 그렇다고 군사적 패권을 고집하는 것도 지속가능하지 않다. 로마 시대부터 모든 제국은 과잉확장overstretch의 결과로 무너졌다는 것을 상기하면 알 수 있다. 결국 미중간의 패권 이동 문제에 있어서도 양국의 경제력이 어떻게 될 것인가가 냉혹한 척도가 될 수밖에 없을 것이다.

중국의 대내외 도전: 중국의 성장은 계속될 것인가?

중국의 굴기, 미중 패권 경쟁, 헤게모니의 이동, 이 모든 전망들은 한 가지 가정을 기초로 하고 있다. 즉, 중국의 성장이 계속된다는 조건이다. 중국이 과연 현재와 같은 성장세를 유지할 수 있을까? 중국이 당면하고 있는 많은 대내외적인 도전들은 어떻게 평가해야 할까? 중국 강대국화를 논하기 전에 한번 살펴볼 필요가 있는 문제들이다. 실제 중국의 성장세는 많이 꺾였다. 10% 내외의 고속성장에서 2011년부터 성장세가 위축되기 시작해 2010년 10.6%였던 GDP 성장률이 2014년 7.3%까지 떨어졌고, 2015년에는 7% 전후로 낮아진 것으로 평가되고 있다. 중국의 미래는 어느 정도의 성장률을 유지할 수 있느냐에 달려 있다. 급격하게 팽창한 도시 인구를 부양하려면 매년 천만 개의 일자리 창출이 필요한데, 만약 성장률이 5% 미만으로 떨어지면 심각한 정치사회적 불안정을 야기할 수도 있다.

중국이 극복해야 할 첫 번째 도전은 중국 경제가 중진국 함정에 빠지는 것을 방지하면서 7% 내외의 중고속 성장을 지속하는 일이다. 지금까지는 농촌 비숙련 노동자들의 대거 유입에 따른 투입 위주의 성장이었지만 앞으로 이런 저임금 모델을 유지하기는 어려울 것이다. 값싼 노동력을 갖춘 태국, 필리핀, 베트남 등 동남아 국가들과 가격 경쟁력 면에서 불리하기 때문이다. 중국 정부도 이런 문제를 인지하고 있다. 따라서 자원 의존의 양적 성장에서 과학기술 위주의 질적 성장으로 전환하고, 산업구조도 2차 산업 의존에서 탈피하여 금융산업 선진화 등 3차 서비스 산업을 강조하는 경제성장 방식의 질적 전환을 꾀하고 있다.

두 번째 어려움은 인구와 실업문제다. 중국 인구는 지난 반세기 동안 7억 6천만 명이 늘어났다. 매년 1,200만 명이 증가한 셈이다. 인구 증가는 토지자원, 의료, 교육, 치안 등 다방면의 문제를 야기하는데, 특히 실업문제가 심각해 질 수 있다. 매년 신규 노동시장에 쏟아지는 800만에서 1,000만 명에 이르는 노동력을 중국 경제가 흡수해 주지 못 한다면 불완전한 중국의 사회보장제도를 고려할 때 심각한 사회불안을 야기할 수 있기 때문이다.

소득 불평등과 지역적 불균형 문제도 어려운 과제이다. 중국은 해안지역과 내륙간에 빈부 격차가 크다. 가장 부유한 지역과 빈곤한 지역의 소득격차가 열 배 이상에 이르는 것으로 알려져 있다. 중국 시장화에 따른 소득 불평등의 심화는 지니계수를 보면 알 수 있다. 0.4 이상이면 사회적 불안정 위험이 있는 경계 상태인데 중국은 이미 0.5를 넘었다는 평가이다. 심지어 위험상태인 0.6을 지났다는 분석도 있다. 1980년대 양호 수준인 0.29에 불과했던 지니 계수가 1990년대 정상 수준인 0.38을 보이다가 1994년 이후 0.4를 넘기는 등 소득 불평등이 빠르게 확대되고 있는 것이다. 참고로 스웨덴은 0.20, 일본은 0.27, 한국은 0.33이다. 멕시코와 아르헨티나도 0.47로서 중국보다는 양호하다. 중국의 지역적 불균등을 강조하기 위해 혹자는 중국이 네 개의 세계로 구성되어 있다고 말하기도 한다. 인구 2.2%를 차지하는 상해, 북경, 선전 같은 고소득 선진 지역은 지식사회이고, 인구 22%를 점하는 해안도시인 텐진, 광동, 저장 등은 서비스업 사회, 인구 26%의 중서부 지역은 공업사회, 그리고 인구 절반을 차지하는 나머지 중서부 빈곤지역은 농업사회라는 것이다. 시진핑 정부가 강조하는 도시와 농촌의 동시발전, 서부 대개발과 동북진흥 등을 통한 지역 균형발전은 이런 문제를 해결하기 위한 것이다.

네 번째 중국이 직면한 도전은 자원의 부족 문제다. 중국은 산림, 물, 석유, 철강 등 자원을 많이 소비하는 자원집약적인 경제성장을 하고 있는 나라다. 경작지는 세계 전체의 8%에 지나지 않지만 인구는 세계 전체의 22%를 차지한다. 석유 수요의 절반을 수입에 의존하고 있고 다른 원자재의 상당 부분도 외국에 의존하고 있다. 세계의 석탄, 철강, 면화 소비량의 3분의 1이 중국 몫이다. 시멘트 소비량은 세계 전체의 절반을 차지한다. 중국이 8%의 경제성장을 유지하며 현재와 같은 자원소비를 계속할 경우 세계 곡물 수확량의 3분의 2를 중국이 소비할 것이라는 추산까지 제기될 정도이다. 지속가능한 성장을 위해서 중국 정부가 수력, 풍력, 원자력, 태양광 등의 청정 대체에너지를 확대하고 있는 이유다. 이외에도 전 국토의 4분의 1이 사막화되었을 정도로 심각한 물 부족 문제, 세계에서 가장 오염이 심한 20개 도시 중 중국 도시 16개가 포함될 정도로 악명 높은 환경 후진국 오명도 극복해야 할 과제다. 마지막으로 중국 공산당 일당독재의 정당성 문제를 해결하며 중국 체제의 안정성을 유지할 수 있느냐가 매우 중요하다. 현재까지는 5세대로의 권력교체를 순조롭게 마치고 시진핑의 권력기반이 공고화되고 있으나 부정부패, 사회 불안정, 소수민족 문제 등의 어려움 속에서 중국 공산당의 내부 결속과 대외적 정당성을 확보하는 문제는 계속 어려운 도전이 될 것이다.

02

중국 강대국화의 의미:
중국이 세계를 지배하면

적지 않은 국내외적인 도전에도 불구하고 중국이 강대국으로 부상하고 있음은 분명하다. 문제는 이렇게 커져가는 중국의 힘이 어떤 의미를 가지는가에 있다. 다시 말해 중국의 부상은 세계에 기회일까 아니면 위협일까? 특히 미국 주도의 질서에 미치는 중국의 영향이란 무엇이며 만약 중국이 주도하는 세상이 온다면 그 모습은 어떤 모양일까?

세계 경제 지형의 변화

먼저 경제적으로 보면 중국은 세계 경제성장을 견인하는 엔진 역할을 하고 있다. 2000년대 초중반 세계 경제 증가의 30%는 중국이 기여한 몫이었다. 특히, 중국은 과거 세계의 공장이었으나 이제는 세계의 시장으로 역할하고 있다. 2012년 세계 1위의 교역국으로 올라선 중국은 세계 많은 국가들에게 넓은 수출 시장을 제공해 주고 있는 것이다. 동아시아 국가들 가운데 11개 국가에게 중국은 1위 내지 2위의 수출 대상국이다. 한국에게도 중국은 2003년부터 미국을 제치고 최대 수출시장이 되었다. 이는 그만큼 중국에 대한 세계 경제의 의존도가 심화되었음을 의미한다. 2차 대전 이후 세계의 거대시장 역할을 하며 각국의 경제적 부흥과 발전에 기여한 미국의 역할을 연상시킨다. 또한 중국은 세계의 투자자이기도 하다. 세계 1위의 막대한 외환보유고를 바탕으로 한 투자여력 역시 중국에 대한 투자 의존도를 증가시킨다.

중국 경제의 부상은 그러나 국가들마다 다른 의미로 다가왔다. 혜택을 본 국가도 있고 피해를 본 국가도 있었다. 일반적으로 선진국 소비자들은 혜택을 보았는데, 이는 중국 덕분에 전 세계 소비재 상품 가격이 크게 하락했기 때문이다. 또한 원자재 가격 상승으로 인해 개발도상국들이 혜택을 보았고, 석유와 가스 부국인 러시아나 호주도 이득을 보았다. 반면, 비슷한 경제구조나 전략을 가진 국가들은 손해를 보았는데 중국과 해외 직접 투자 유치를 놓고 경쟁해야 했던 멕시코 등이 그랬다. 동북아에서는 한국, 일본, 대만 등이 혜택을 보았다. 중국으로부터 저렴한 소비재 상품을 수입하고 대신 자본집약적인 상품을 수출할 수 있었기 때문이었다. 물론 이는 중국의 경제구조가 선진화되면서 점차 변화하고 있다. 한편, 중국은 넉넉한 외환보유고를 바탕으로 금융 위기시에 리더십을 발휘하기도 했다. 특히, 1997년 금융 위기시에 위완화 평가 절하를 자제하며 역내 안정에 기여하였고, 2008년 금융 위기시에는 세계 각국과 1,000억 달러 규모의 통화 스와프를 체결하기도 하였다.

중국의 경제성장은 특히 아프리카와의 관계에 영향을 끼쳤다. 앞서 살펴 본대로 중국은 세계의 자원을 빨아들이며 성장을 하고 있는 국가이다. 세계 원유 소비량의 7%를 중국이 소비하고 있고, 알루미늄은

25%, 철광석은 30%를 소비하고 있다. 당연히 중국은 에너지 외교에 공을 들일 수밖에 없다. 아프리카에 대한 중국의 공세적 외교가 이루어 지고 있는 배경이다. 아프리카에 발전기금을 조성하고 우대차관을 제 공해 주기도 하며, 개발 수준이 낮은 국가들에 대해서는 부채 탕감까 지 실시해 주고, 병원, 학교 등 인프라 건설에도 적극적이다. PKO 파 병도 약 80%를 아프리카에 집중하고 있다. 이에 따라 2001년 14만 명 에 불과하던 화교인구가 현재는 40만 명이 넘게 성장했다. 아프리카에 공을 들인 중국은 앙골라, 수단, 나이지리아 등에서 석유 탐사권을 확 보했고 이제 중국 석유 수입량의 30% 가량을 아프리카로부터 충당하 고 있다. 중국과 아프리카가 자원 확보와 경제개발이라는 각자의 국가 적 목표를 위해 협력을 심화시키고 있는 것이다. 다만, 중국의 경제적 진출이 확대되면서 아프리카내에서 중국을 수탈자 또는 신제국주의로 인식하는 반중反中 정서 현상도 나타나고 있다.

워싱턴 컨센서스와 베이징 컨센서스

중국 경제의 지속적인 성장은 중국 모델에 대한 관심을 증폭시켰다. 한편, 공교롭게도 비슷한 시기에 발생한 세계적 금융위기는 미국식 신 자유주의 모델에 대한 의구심을 증폭시켰다. '워싱턴 컨센서스Washington Consensus'라는 용어가 있다. 이는 미국식 시장 경제체제의 대외 확산 전 략을 뜻하는 말로서 1990년대 미 행정부와 IMF, 세계은행이 모여 있 는 워싱턴에서 정책결정자들 사이에서 정립된 합의를 의미한다. 1990 년 남미 국가들의 경제위기시 그 해법으로 제시된 조치들이 주요 내용 인데, 무역투자 자유화, 외환시장 개방, 민영화, 정부 규제 축소 등이 포함된다. 이후 동구 사회주의 국가체제 전환과 1990년대 후반 동아시아 경제위기 극복과정에서도 적용되었다. 우리나라도 1997년 IMF 구제금융을 통해 익히 경험한 내용이다. 그러나 워싱턴 컨센서스는 미국 기업의 진출을 쉽게 하려는 금융 자본주의의 음모 내지는 술수로 비난받기도 하였다. 조지 소로스는 이를 시장 근본주의라고 비난한 바 있으며, 영국의 이코노미스트 등 언론들도 '워싱턴 혼란confusion', '워싱턴 불화dissensus'라고까지 조롱하기도 하였다.

신자유주의의 대명사인 워싱턴 컨센서스에 대한 비판 속에서 대안으로 주목받고 있는 것이 '베이징 컨센서스Beijing Consensus'다. 2004년 골드만삭스의 고문이자 중국 칭화대 겸직 교수인 레이모Ramo가 처음으로 사용한 것으로서 권위주의 체제하 시장경제 발전 모델을 지칭한다. 즉, 정치적 자유를 강조하지 않고 시장 경제적 요소를 도입하는 중국식 발전 모델로서 점진적이고 단계적인 경제개혁, 타국의 주권 존중, 내정불간섭 등을 강조한다. 개발 도상국 입장에서는 매력적인 대안이 아닐 수 없다. 중국이 무역, 원조, 투자를 통해 자국의 경제발전에 기여함에 있어 서구처럼 부대조건을 까다롭게 요구하지 않기 때문이다. 무역자유화, 민영화, 정부축소와 같은 긴축정책과 급속한 경제체질 개선을 요구하지 않고 민주주의, 인권과 같은 정치적 조건도 부과하지 않는다. 개발도상국 입장에선 IMF나 세계은행에 의존할 필요 없이 중국이 그 대안으로 떠오른 것이다.

미국의 경제패권과 중국의 도전

국제질서는 기존 강대국의 이해관계를 반영하는 법이다. 현재 IMF,

세계은행으로 대표되는 브레튼우즈 체제가 미국과 유럽의 이익을 반영하여 설계되어 있다는 점은 이미 살펴보았다. 세계은행 총재는 미국인이, IMF 총재는 유럽인이 각각 독점해 오고 있고, 16.5%의 최대 지분을 갖고 있는 미국이 IMF의 주요 의사결정에서 사실상 거부권을 갖고 있음은 단적인 예다. 특히, 세계 GDP의 15.4%를 차지하는 중국은 아직도 IMF에서 고작 3.8%의 지분만을 갖고 있는 상황이다. 중국은 당연히 불만을 제기하고 있다. 후진타오는 2002년 16차 당대회 보고에서 "불공정하고 불합리한 국제정치질서는 근본적인 개혁이 이루어지지 않았다"고 비판한 바 있다. 2008년 세계 금융위기 이후에는 좀 더 구체적인 언행으로 표출되기 시작했다. 원자바오 총리가 미국 금융시스템의 안전에 대해 문제를 지적하고 2009년 G20 런던 정상회의에서는 달러 기축통화 체제에 대한 문제를 제기하기도 하였다. 중국이 기존 국제질서를 전면 부정한다는 뜻은 아니다. 오히려 중국의 부상이 국제체제의 참여를 통해 이루어진 만큼 중국은 현존 국제체제의 수혜자이기도 하다. 다만, 자신의 증대된 위상과 미약한 발언권 간의 괴리에 대해서는 점차 적극적으로 문제를 제기할 것이며 기존 국제체제를 최소한 그대로 수용하지는 않을 것이다. 즉, 더 이상 서구의 규칙을 받아들이는 수용자rule taker가 아니라 새로운 규범과 제도를 만드는 규칙 제정자rule maker가 되고자 할 것이다.

아시아인프라투자은행AIIB이 창립되는 과정은 이런 면에서 매우 흥미롭다. 세계은행, 아시아개발은행으로 대표되는 미국, 일본 주도의 금융질서에 대응하는 성격을 지닌 AIIB 창립에 대해 미국은 처음부터 부정적이었다. 그러나 미국의 견제에도 불구하고 중국은 영국, 프랑스, 독일, 호주 등 미국의 우방국들까지 대거 끌어들이며 57개국이 참여하는 중국판 국제은행을 탄생시켰다. 이라크 전쟁에 대한 무조건적인 지지로 '미국의 푸들'이라 불렸던 영국은 이번 AIIB 참여로 미국을 당혹케 했다는 후문이다. 일부 언론은 중국의 애완견으로 변심했다고 묘사하기까지 하였다. 한국은 마지막에 참여를 결정하였다. 동맹국 미국과 최대 경제협력국 중국 사이에서 고심하지 않을 수 없었던 것이다. 어쨌든 미중간 금융패권을 둘러싼 경쟁 속에서 기타 국가들은 국익 관점에서 선택했고 위안화의 위력을 거부하지 못했다. IMF에서 미국의 독점적 지분율을 비판하던 중국이었지만 자신이 주도한 AIIB에서는 지분율 25%를 넘김으로써 사실상 거부권을 확보했음은 물론이다.

한편 시진핑 정부가 야심차게 추진하고 있는 '일대일로一帶一路 전략'도 대중화 경제권을 건설하겠다는 중국판 국제정치경제 질서 구축 전략의 일환이다. 아시아에서 중동, 유럽까지 이어지는 교통통신 인프라 구축을 통해 무역통상을 확대하고, 점차 경제권 내 위안화 유통을 활성화하며 이후 사회문화 교류를 통해 문화권을 형성한다는 구상이다. 즉, 경제적인 이익공동체를 건설하여 대중화 경제권을 구축하고 향후 정치적으로도 중국 중심의 지역질서를 구축하겠다는 것이다. 야심찬 의도대로 정책의 효과가 날 수 있을지는 알 수 없지만 신성장 동력을 창출하여 중국의 경제적 활력을 도모하려는 대내적 동기와 함께 중국몽中國夢을 대외적으로 투사하여 국제질서를 재편해 나가고자 하는 시진핑 정부의 대외전략을 읽을 수 있다.

중국이 세계를 지배하면

중국의 부상이 계속되면 세상은 어떻게 변할까? 중국 중심의 세계질서라는 것은 무엇을 의미할까? 미국의 패권적 지위는 경제력과 군사력을 바탕으로 유지되지만 그로부터 문화적 헤게모니 역시 파생된다. 헐리우드 영화는 전 세계에서 방영되고 있고, 코카콜라, 월마트 같은 미국 기업의 브랜드는 전 세계로 진출한다. 역사적으로 수많은 독립전쟁이 있었지만 미국의 독립전쟁만큼 세계인이 공유하는 역사적 사건은 없다. 게티스버그 연설 등 우리가 자세히 배운 미국의 남북전쟁도 실은 신생국이 흔히 겪는 내전의 하나일 뿐이다. 추수감사절과 할로윈 풍습도 널리 알려져 있다. 민주주의, 인권, 신자유주의 등은 전지구적인 보편적 규범이 되었다.

그런데 중국으로 헤게모니가 이동하면 이 모든 것에는 어떤 변화가 일어날까?『중국이 세계를 지배하면』이라는 책에서 마틴 자크 칭화대 교수는 이와 관련한 흥미 있는 상상을 보여준다. 먼저 중국 중심의 세계사가 등장할 것으로 예상했다. 우리가 익숙한 세계사는 대부분 서구의 역사다. 학교에서 우리는 미국 독립선언, 프랑스 혁명, 계몽사상, 산업혁명 등에 대해 배웠다. 그러나 앞으로는 진秦이 전국시대를 종식하며 중국 대륙을 통일한 기원전 221년이 프랑스혁명이 발발한 1789년 만큼이나 중요한 연도로 기억될 것이라는 것이다. 또한 15세기 초반 명나라 시절 인도네시아, 인도양, 아프리카를 일곱 차례에 걸쳐 항해한 정화鄭和의 대원정이 콜롬버스의 신대륙 발견에 버금가게 중요하게 취급될지도 모른다. 역사는 누군가가 해석하고 관점을 부여한 결과다. 힘이 커진 중국은 자신의 위대한 역사를 기억해내고 상기시킬 것이며 세상은 이를 받아들일 것이라는 예측이다.

둘째, 세계의 수도가 천도한다고 한다. 세계에 수도가 있냐고 반문할 수 있다. 그러나 지구상에는 항상 세계 수도가 있었다. 1900년에는 런던이 세계의 수도였고, 1500년에는 피렌체가, 그리고 기원후 1년에는 로마였다는 것이다. 지금은 뉴욕이 세계의 수도다. 9.11 사태가 전 세계를 충격에 빠뜨리고 이후의 국제정치를 뒤흔든 것은 바로 세계의 수도가 공격 받았기 때문이라는 것이다. 같은 사건이 쿠알라룸푸르 쌍둥이 빌딩에서 발생했다면 그 여파는 불과 며칠 가지 않았을지도 모른다. 그런데 이제 베이징이 세계의 수도가 된다는 것이다. 베이징발 뉴스가 세계 언론을 장식하고 상하이의 음식, 미술, 문화가 세계 문화 트렌드를 주도할 것이다. 중국이 부상하면 중국어와 중국 대학도 함께 뜰 것으로 전망된다. 중국어 열풍은 이미 진행되고 있다. 특히 동아시아에서는 중학교부터 중국어 과정이 개설되고 사설학원이 넘쳐나고 있다. 중세 시대의 라틴어, 18세기 불어, 20세기 이후 영어가 차지했던 위상을 이제 중국어가 대신할 것으로 예측한다. 한편, 중국 대학의 인기와 위상도 더욱 올라갈 것이다. 하버드, 예일, 옥스퍼드 등 세계 20위권 대학을 거의 석권하고 있는 영미대학들은 밀려나고 베이징 대학, 칭화 대학, 푸단 대학, 난징 대학들이 그 자리를 차지한다는 것이다. 변화는 여기에 그치지 않을 것이며, 다만 새로운 세계가 어떻게 펼쳐질 지에 대한 우리의 상상력이 모자랄 뿐이라고 마틴 자크 교수는 강조한다. 사람은 항상 현재의 패러다임에 익숙한 법이며, 어느 순간 새로운 세상이 성큼 다가올지 모른다는 것이다.

03

중국의 대전략:
지정전략의 변천과 군사전략

중국이 부강해질수록 중국 자신이 어떤 구상과 전략을 갖고 있는지 궁금해진다. 중국이 어떤 지정전략을 갖고 대외정책을 구사하고 있는지, 특히 어떤 목표하에 군사력을 건설하고 운용할 것인지를 이해하는 것은 중국의 미래 행동을 예측하는 데 있어서 필수적이다. 이를 위해 중국의 공식적 국가전략 뿐 아니라 냉전시대 지정전략의 역사적 변천, 탈냉전 이후 동아시아 지역정체성의 형성, 그리고 적극적 근해방어 군사전략을 살펴본다.

중국의 국가발전 전략

중국의 국가발전과 관련한 대전략으로 덩샤오핑은 1979년 '현대화 3단계 구상'을 밝힌 바 있다. 즉, 1단계로 1990년까지 십년 동안 GDP를 두 배로 늘려 기초 의식주인 온포溫飽문제를 해결하고, 2단계로 20세기말까지 다시 경제력을 두 배로 성장시켜 소강사회小康社會를 건설하며, 마지막 3단계로 21세기 중반까지 중등 선진국 수준을 달성한다는 구상을 말한다. 중국은 예상보다 빨리 그 목표를 달성해 왔다. 1단계는 3년 앞당긴 1987년에 달성했고, 2단계 역시 5년 빠른 1995년에 이룩했다. 이에 따라 장쩌민 주석은 1995년에 새로운 발전목표를 제시했는데, 2020년에 전면적 소강사회를 실현하고 2050년에 이르면 중등 선진국가를 달성한다는 것이다. 즉, 2020년에 이르면 GDP가 2000년의 네 배에 이름으로써 사회 각 분야가 골고루 발전하고 전체 인민이 풍족한 생활을 누리게 하겠다는 것이다. 그리고 2050년이 되면 완전한 현대화를 달성하여 중화민족의 부흥을 실현한다는 비전이다. 마일스톤이 되는 2020년과 최종 단계인 2050년은 역사적으로 중요한 의미를 갖는다. 2020년은 바로 중국 공산당 창당 백주년을 일 년 앞둔 시점이고 2022년은 현재 시진핑 5세대 지도부가 물러가고 6세대 지도부가 등장하는 세대교체의 시기와 맞물린다. 한편 중국 공산당의 미래구상을 완결하는 최종 단계로 설정된 2050년은 중국 건국 백 년이 되는 시점이다.

다소 도식적으로 들리기도 하지만 중국의 경제성장이 지속되면서 중국에서 위와 같은 국가발전 대전략에 대한 논의가 활성화 되었는데, 여기에는 몇 가지 이유가 있다. 먼저, 1990년대 중반부터 중국 위협론, 중국 패권론 등 부정적 논란이 확산되자 중국은 중국 부상의 특수성, 안정성 그리고 당위성을 체계적으로 설명할 필요성을 느꼈다. 아울러 강대국으로 부상하려는 의지를 대외적으로 밝히고 대내적 결집을 도모하려는 고려도 작용하였다. 또한 기존의 국가전략이 경제분야에 집중되고 있어 개혁개방이 제기하는 다방면의 도전들을 충분히 포괄하지 못한다고 보고 정치, 경제, 사회, 문화, 외교를 아우르는 종합적인 국가대전략을 수립하고자 했던 것이다.

이에 따라 수립된 중국의 국가비전은 대내와 대외 측면에서 다음과 같이 정리된다. 먼저 대내 비전은 소강사회의 전면적 실현이다. 경제 총량의 증대 뿐 아니라 주택, 교육, 의료 문제를 해결하는 조화로운 사회를 지향하고 이를 위해 경제성장 방식의 질적 전환, 법에 의한 통치의 전면적 실시를 내세우고 있다. 대외비전으로는 책임지는 강대국으로의 평화적 부상을 설정한다. 이를 위해서는 두 가지 목표가 중요한데, 하나는 대외관계의 안정적 관리이며 다른 하나는 동아시아 역내 영향력의 확대이다. 강국으로 부상하기 위해서는 경제발전에 집중할 수 있는 안정적인 주변 환경이 필수적이며 자신의 앞마당인 동아시아에서부터 위상을 높여가는 전략을 구사해야 하기 때문이다.

중국 지정전략의 역사적 고찰

중국이 부상하면서 강대국과 주변국에 대해 어떤 전략을 구사할 것인가를 살피기에 앞서 중국의 대외전략 역사를 살펴보는 것이 도움이 된다. 먼저 냉전시기 중국의 강대국 외교인데, 시대별로 몇 번 큰 흐름의 변화가 있었다. 첫째, 1950년대와 1960년대는 '소련 일변도 전략'의 시기였다. 즉, 소련과의 연대를 통해 미일동맹에 대한 견제와 균형을 달성해 생존을 모색하던 시절이다. 신생국 중국 입장에서는 다른 선택의 여지도 없었다. 1949년 중화인민공화국이 탄생할 당시 이미 동서 냉전구도가 굳어지고 있었고 중국은 소련을 중심으로 하는 사회주의 진영에 의존할 수밖에 없었기 때문이다. 또한 20년간의 내전으로 인해 피폐해진 경제를 재건하고 공업부문의 기반을 닦기 위해서는 소련의 경

마오쩌둥과 스탈린, 1949년 　　　　　　마오쩌둥과 리처드 닉슨, 1972년

제적 원조가 필요했으며 군사적으로도 1950년 중소우호동맹조약을 맺었다. 마오쩌둥이 주변 참모의 반대를 무릅쓰고 한국전쟁에 참전한 중요한 동기 중의 하나가 소련의 신뢰를 얻기 위한 것이라는 점도 이 시기 중국이 얼마나 소련에 국가 생존과 발전을 의존했는지를 보여준다.

그러나 1970년대에 들어서면서 중국은 '연미반소전략'이라는 정반대의 노선을 채택한다. 이는 1960년대말부터 중소관계가 급속히 악화되면서 미국과의 관계개선을 통해 소련의 팽창과 위협을 견제하려는 의도였다. 중소간의 갈등은 1950년대 중반부터 시작되었다. 1953년 스탈린이 사망한 이후 후르시초프가 등장하여 스탈린 격하 운동을 벌이며 미국과 평화공존정책을 펼치자 중소간 이념차이가 부각된 것이다. 중국과 소련은 각각 상대방을 현대 수정주의 집단, 교조주의 국가로 비난하면서 누가 진정한 마르크스주의자인가를 놓고 설전을 벌였다. 여기에 중소 국경 분쟁이 가열되면서 양국의 관계는 위험한 수위까지 악화되었다. 1966년 중소 양국 공산당 관계가 이미 완전히 단절된 상태에서 1967년부터는 중소 국경지역에 양국 군사력이 중무장 배치되기 시작했다. 소련은 1967년 중국 국경지역에 15개 사단을 배치했고 1969년에는 21개 사단으로 증가시켰으며 1973년에는 45개 사단 규모까지 늘려나가면서 120만 군대를 주둔시켰다. 중국 역시 1969년 60개 사단에서 시작하여 1971년 90개 사단, 1973년에는 109개 사단을 배치했다. 마침내 1969년 전바오섬 부근에서 대대적 포격을 교환하는 물리적 충돌이 발생하여 각각 800여명의 사상자를 낳는 사태로까지 발전하였다.

소련은 이제 중국의 우방이 아니라 적대국으로 변한 것이다. 더욱이 소련이 사회주의국가에 대한 제한주권론으로 알려진 '브레즈네프 독트린'을 내세우며 1968년 체코슬로바키아에 대한 침공을 정당화하자 소련에 대한 중국의 두려움은 극에 달했다. 반면 당시 미국은 베트남전의 수렁에서 고전을 면치 못하고 있었고 마침내 1969년 '닉슨 독트린'을 발표하며 철수하고 있었다. 따라서 중국 입장에서는 쇠퇴 조짐을 보이는 미국보다 소련의 팽창주의 위협이 더 심각하다고 보았던 것이다. 이 틈을 파고든 것이 바로 키신저였다. 즉, 1972년 닉슨 대통령과 마오쩌둥 주석은 '상하이 공동선언'을 발표함으로써 소련 패권주의 저지를 위한 반패권주의 공동 전선을 구축하였다. 이로써 미소 대결구도가 미중소 삼각체제로 바뀌게 됨에 따라 냉전의 전략 환경은 급속하게 소련에게 불리하게 변화되었다.

그러나 1980년대 접어들면서 다시 변화가 발생한다. 중국이 연미반소전략의 한계를 느끼고 다시 소련과의 관계개선을 시도한 것이다. 중소간 긴장이 지속되는 것이 중국의 경제발전과 국익에 부합하지 않는다는 판단을 하게 되었고, 미중 밀월기간이 지나자 미국이 단지 중국카드를 활용할 뿐 믿을만한 파트너가 아니라는 자각이 있었기 때문이다. 소련 역시 아프가니스탄 침공 이후 1980년대 미일동맹이 강화되는 등 미국과의 신냉전이 가열되자 중국과의 관계개선 필요성을 느끼고 있었다. 이러한 배경 하에 중소간 관계개선이 이루어짐에 따라 국제질서는 미일중소라는 4강 체제로 전환하게 되었다.

소련이 붕괴된 탈냉전시대에는 미국이 절대적 우위를 차지한 일초다강의 단극적 패권질서가 등장했다. 여기에 미일동맹 강화 동향마저 나타나자 중국은 미국의 독주를 견제하기 위해 러시아와 전략적 제휴를 강화해 나간다. 원래 미일동맹에 대해 중국은 이중적인 고려를 하고 있었다. 냉전시대에는 미일동맹체제가 일본의 군사대국화를 저지함으로써 아태지역의 안정적 질서 유지에 긍정적 측면이 있음을 암묵적으로 인정하고 있었다. 또한 주일미군의 존재는 소련의 동아시아 진출을 제어하는 역할이 있다는 점도 인식하고 있었다. 그러나 1990년대 중반이후 진행된 미일동맹의 강화 동향은 중국 위협론의 논조 아래 중국을 견제하고 포위하는 의도가 짙다고 인식하기 시작했다. 특히 1997년 이루어진 '미일 신가이드라인'은 대만해협 유사시 자위대의 주일미군 후방지원을 구체화한 것이었다. 즉 중국의 입장에서는 서쪽에서는 나토의 확장, 동쪽에서는 미일동맹이 압박해 오고 있는 구도로 읽혀졌던 것이다. 이런 상황에서 중국과 러시아는 1996년 전략적 협력동반자 관계를 구축하고 미국의 독주를 견제하는 다극화 국제질서 구축에 공동 노력을 기울이게 된다. 중소 양국은 미국의 미사일방어 구축 계획을 비판하고 나토확대와 미일동맹 강화에도 공동 대응할 것을 합의하기도 하였다.

중국의 동아시아 지역정체성과 주변국 외교 전략

중국이 동아시아 국가로서의 정체성을 분명히 하면서 지역전략을 구체화하기 시작한 것은 탈냉전 이후부터이다. 냉전시기에는 독자적인 지역전략을 추진할 만큼 국력이 강하지 않기도 했지만 미소 초강대국 사이에서 생존을 모색하기 위해서는 강대국 외교에 집중할 수밖에 없었다. 그러나 탈냉전시대에 접어들면서 중국은 자연스럽게 주변국 외교에 눈을 뜨게 되었다. 중국의 근본적 국가이익인 안전과 발전의 측면에서 동아시아가 매우 중요하기 때문이다.

먼저 안전의 관점에서 중국은 복잡한 주변 안보환경을 안정적으로 관리할 필요가 있다. 중국은 세계에서 주변국가 상황이 매우 복잡한 나라 중의 하나다. 2만 2천km의 육상 경계선이 15개 국가와 맞닿아 있고, 7개 국가와 3만 2천km의 해양경계선을 접하고 있다. 부탄, 인도 등 3개국과는 아직 국경문제를 해결하지 못하고 있다. 해양경계도 미결 이슈가 많고 특히 필리핀과의 갈등이 첨예하다. 동아시아는 또한 정치, 경제, 문화가 가장 복잡하고 이질적인 지역이기도 하다. 선진 자본주의 국가인 일본이 있는가 하면 그 뒤로 한국, 싱가포르가 있고 세계에서도 최빈국 수준인 라오스, 미얀마, 방글라데시 등도 있다. 종교도 불교, 이슬람교, 힌두교, 천주교, 그리스정교회 등이 모두 모여 있다. 또한 인도-파키스탄, 한반도 등 지역적 충돌이 잠재해 있는 위험지역이 포함되어 있는 곳이기도 하다. 발전의 관점에서도 동아시아 주변국의 중요성은 막대하다. 중국 총 무역액의 40% 이상이 동아시아 국가들과의 교역을 통해서 이루어질 정도로 중국의 경제발전은 역내 국가들과 높은 상호의존 관계를 갖고 있다. 따라서 세계대국으로 발돋움하려는 중국의 입장에서 동아시아는 핵심 지역일 수 밖에 없다.

그렇다면 동아시아 지역 정체성에 눈을 뜬 중국이 채택한 지역외교는 어떤 모습이었는가? 첫째는 선린외교이다. 1990년 인도네시아, 싱가포르를 시작으로 1991년에는 베트남, 라오스와 관계를 정상화 하였다. 모두 수십 년간 단교상태에 있었거나 적대관계에 있던 국가들이었다. 한국전쟁에서 적국으로 싸웠던 대한민국과도 1992년 국교를 맺었다. 한중 수교는 노태우 정부의 북방정책 성과이기도 하지만 큰 틀에서는 이 시기 중국이 추진했던 지역 국가들과의 선린외교 기조의 반영이었다. 1997년에는 아세안과 선린우호동반자관계를 수립하였고 2000년에는 전략적 동반자관계로 격상시킨다. 이는 모두 중국이 주도하는 질서에 지역 국가들을 끌어들이기 위한 외교 전략이라고 할 수 있다.

두 번째 중국의 동아시아 외교 기조는 다자외교다. 중국은 원래 다자주의에 부정적이었다. 다자제도가 서방의 이익을 반영한 미국패권의 도구라는 인식이 강했으며, 또한 대만문제, 남중국해 분쟁 등 중국의 주권과 관련된 핵심적 이슈들을 여러 나라가 참여하는 다자적 틀에서 논의하고 싶지 않았기 때문이다. 그러나 1980년대 말부터 중국은 국제기구 참여에 긍정적인 태도를 보이기 시작한다. 자신감을 회복한 것이다. 처음에는 주로 IMF, WTO, 세계은행과 같이 경제 기구에 우선 참여함으로써 중국의 경제발전에 적극 활용하였고, 점차 상하이협력기구 창설 주도, 6자회담 의장국 수임, 아세안지역포럼 참여 등 정치안보적 다자제도에도 적극적인 모습을 보였다. 더욱이 갈수록 기존 다자제도를 그대로 수용하지 않고 AIIB 창설 등 미국중심의 정치경제질서에 도전하는 모습을 보이고 있다. 또한 경제외교, 소프트파워 외교도 강조하기 시작하였다. 경제외교는 중국 대전략의 최대 당면 목표인 경제발전을 위한 것으로서 주변국과의 양자적 경제교류는 물론 APEC 가입(1991년), WTO 가입(2001년), 아세안과 FTA 체결(2009년) 등 다자적 협력에도 적극적인 모습을 보이고 있다. 한편, 아시아, 아프리카,

중남미 등을 중심으로 24시간 중국어 방송, 공자학원 설립, 대외원조를 확대하고 있는데, 이는 중국문화의 전파와 새로운 담론의 제기를 통해 미국의 문화 헤게모니에 도전하기 위함이다.

중국의 동아시아 외교를 이해하려면 중국이 이 지역의 정세와 지정전략을 어떻게 바라보고 있는지를 아는 것이 도움이 된다. 먼저 중국은 개별국가와의 쌍무적 관계가 아니라 동아시아 지역을 전체로 놓고 지정전략을 구사한다는 것을 이해해야 한다. 중국의 어느 학자가 강조한 '서쪽 안정, 북쪽 의지, 동남 투쟁'이라는 슬로건은 복잡한 주변정세에 대한 중국 지정전략의 한 단면을 잘 보여준다. 여기서 서쪽이란 주로 인도 및 파키스탄과의 관계를 말하는데, 국경문제가 남아 있기는 하지만 근본적인 국가이익의 충돌이 없으므로 안정적으로 관리해야 한다는 뜻이다. 한편, 러시아, 몽고, 카자흐스탄 등 중국에 우호적인 북쪽 지역은 중국외교가 적극적으로 활용하고 의지해야 할 대상임을 강조하고 있다. 신장 위구르 등 일부 분열주의 소지는 있으나 국경문제가 없고 특히 상하이협력기구라는 중국 주도의 지정학적 세력연합이 존재하고 있는 지역이다. 마지막으로 '동남 투쟁'이라는 것은 동남방면이 중국의 지정학 전략의 중심임을 보여준다. 이 지역은 대만문제, 동중국해, 남중국해 분쟁, 한반도 문제 등 갈등과 충돌이 잠복해 있는 곳으로서 모두 중국의 발전과 안전에 결정적인 영향을 미칠 수 있는 지역이다. 탈냉전 이후 본격화된 중국의 선린외교, 경제외교가 이 지역에 집중되고 있고 후에 살펴볼 중국 군사전략의 변화도 이 지역을 중심으로 이루어지고 있는 것은 이 때문이다.

중국의 군사전략:
적극적 근해방어전략(반접근. 지역거부)

중국의 경제력이 커지면 궁극적으로 이는 군사력으로 전환될 것이다. 중국은 자신의 증대된 힘을 어디에 쓰고자 하는 것일까? 먼저 중국의 군사력 증강을 살펴본다. 2014년 중국 정부가 발표한 중국 군사비는 1,450억 달러이다. 6천억 달러 이상의 미국 국방비와 비교할 때 큰 차이가 난다. 그러나 중국의 실제 국방비에 대한 추산은 공식 발표액보다 기관에 따라 2배에서 심지어 6배의 큰 편차가 있음을 감안할 필요가 있다. 또한 미국과는 격차가 있을지 몰라도 지역적 차원에서 보면 이미 다른 국가들을 압도하고 있다. 국방비 지출 세계 3위인 러시아를 2008년에 이미 추월하여 2014년 기준으로는 두 배가 넘고 있으며, 일본에 비해서는 세 배가 넘는다. 또 하나 주목할 것은 2000년 이래 중국 국방비 증가율이 11.8%였는데, 이는 같은 기간 경제성장율 9.6%보다 높다는 것이다. 중국 정부가 늘어난 부를 군사력에 우선 배분하고 있음을 나타내고 있다.

중국은 자신의 군사력이 공격적인 성격이 전혀 없음을 강조한다. 중국은 과거 제국시절에도 보수적이며 방어적 성격의 대국이었고 미래에도 힘을 통해 세계 패권을 장악하겠다는 의도가 없다는 것이다. 과거 중화제국은 화이질서를 통해 동아시아 지역을 포섭한 일종의 자발적, 관용적 질서를 구축했던 것이지 서양이나 일본과 같이 전쟁과 정복을 통해 영토를 병합하고 직접 지배를 꾀하지 않았다는 것이다. 또한 중국의 국가대전략은 오로지 경제우선 노선이라는 점도 강조한다. 중국의 국가적 도전은 침략 등 외부적 위협에서 오는 것이 아니라 중국 내부의 발전과 안정이 핵심이라는 것이다. 따라서 다이빙궈 외교담당 국무

위원은 소위 "중국 위협론, 중국 패권론은 순전히 근거 없는 의심"이며 이는 미국 등 서방이 의도적으로 조장하고 있는 중국 견제와 포위의 일환이라고 항변한다. 그러나 중국의 주장을 액면 그대로 받아들여도 될까? 설사 다이빙궈 등 현재 중국 지도자들의 주장에 거짓이 없다 하더라도 그들의 발언이 중국 미래세대의 생각까지 반영할 수는 없을 것이다. 10년 내 세계 1위의 경제대국으로 등극하고 군사력까지 아시아를 압도하는 대국이 되었을 때 새로운 비전과 자신감으로 충만한 중국의 미래 지도자들이 어떤 결정을 내릴지는 아무도 알 수 없기 때문이다.

중국의 대전략에서 국방이 차지하는 비중은 시대에 따라 변해 왔다. 마오쩌둥 시대에는 세계전쟁이 불가피하다는 인식하에 군사안보가 강조되었다. 그러나 덩샤오핑이 '평화와 발전'이라는 새로운 시대관을 제시한 이후 국방의 지위가 하락했다. 덩샤오핑의 전쟁관은 점진적인 변화를 거쳤는데, 1975년까지는 마오의 세계전쟁 불가피론에 동조했으나, 1977년에는 전쟁의 발발 시기를 늦출 수 있다는 견해를 피력하였고, 1982년에는 최소한 10년간 전쟁이 없을 것이라는 전망까지 제시하였다. 이어 1985년 중국 공산당 군사위원회 확대회의에서 장기적으로도 세계대전은 일어나지 않을 것이라는 전망을 공식화하며 평화와 발전이라는 시대관을 명확히 했다. 이에 따라 국방건설은 경제건설에 복종하고 복무해야 한다는 원칙이 제시되자 국방정책의 지위가 하락하게 된 것이다. 이 때 강조된 것은 정치, 경제, 과학기술, 군사를 포괄하는 종합국력이었으며 군은 인내할 것을 요구받았다. 그러나 1990년대 후반 들어 국방의 지위는 회복되는 추세를 보이고 있다. 1998년 국방백서에 국방건설과 경제건설의 협력 발전이라는 언급이 나타났고, 2002년부터는 국방건설이 경제건설에 복종하고 복무한다는 기존 원칙이 완전히 삭제된 것을 알 수 있다.

중국이 주변국을 상대한 방식이 방어적이었다는 주장에 대해서도 몇 가지 사례를 보면 항상 그랬던 것은 아니라는 것을 알 수 있다. 대표적인 사례가 1979년 중국의 베트남 침공이다. 발단은 베트남의 중국 화교 박해와 캄보디아에서의 친중 정권 축출이었다. 즉, 1978년 베트남이 기업 국유화를 단행하면서 수십만의 베트남 화교들이 박해를 받고 중국으로 피신하는 사태가 발생했고 그 다음해엔 베트남군이 캄보디아에 침공해 친중 폴 포트Pol Pot 정권을 붕괴시킨 사건이 일어났다. 또한 베트남이 중국과 적대관계에 있던 소련과 급속하게 가까워지면서 소련으로부터 대규모 군수품과 미사일능력 건설을 지원받게 된 것도 중국을 자극하였다. 이에 마침내 중국은 베트남의 랑손, 카오바 등 5개 성에 대한 침공을 감행한다.

그런데 이때 흥미로운 것은 중국이 밝힌 전쟁 목적이었다. 즉, 베트남의 잘못을 응징하고 교훈을 준다는 것이었다. 그러면서 다른 나라 땅은 한 평도 원치 않는다고 강조하며 전쟁발발 17일만에 자발적으로 철수하였다. 소련의 개입 우려 때문에 제한전쟁을 할 수밖에 없었던 측면도 있지만 필요에 따라서는 주변국을 힘으로 응징하는 중국의 태도를 보여주는 사례다. 또한 1988년에는 베트남 군함 3척을 침몰시키고 해군 72명을 전사시키며 난사군도 여러 섬을 차지하기도 하였다. 1995년에는 남중국해 영유권 문제를 놓고 필리핀에 대해 군사력을 동원했다. 선린외교를 통해 주변국을 포섭하는 외교전략 기조에도 불구하고 영토주권이나 해양 영유권 등 중국의 핵심이익이 걸려 있는 문제와 관련해서는 주저함 없이 공세적인 행동을 표출하고 있음을 알 수 있다.

중국의 해양 군사전략은 '적극적 근해방어전략'이라고 표현된다. 과

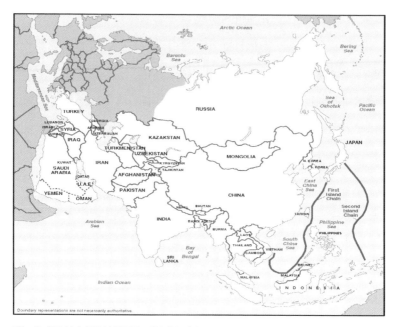

제1, 제2 열도선과 중국의 반접근. 지역거부 전략

거 연안방어를 중심으로 한 연해 방어전략에 비해 멀리 떨어진 해역까지를 대상으로 한다. 작전해역의 관점에서 보면 쿠릴열도를 시작으로 일본, 대만, 필리핀, 말라카 해협에 이르는 근해지역을 '제1 열도선'으로 부르고, 괌, 사이판, 파푸아뉴기니를 연결하는 외양해역을 '제2 열도선'으로 칭하기도 한다. 중국은 현재 제1 열도선에 대한 통제권을 넘어 향후 제2 열도선을 목표로 해군력을 건설하고 있다는 평가다.

중국 해군의 목표는 첫째, 대만 유사사태에 대비하고 둘째, 자국의 해상교통로 보호를 위한 지역해군을 건설하는 것이라고 할 수 있다. 이를 위해서는 기존의 해양패권국인 미국의 군사력을 가능한 한 이 지역에서 몰아내야 한다. 적대세력의 접근을 차단할 수 있는 둥펑 중거리 미사일, 킬로급, 송급, 위안급의 각종 잠수함 전력, 대함 공격용 미사일을 장착한 전투기 등이 집중 건설되는 배경이다. 이를 '반反 접근 anti-access, 지역거부area denial 전략'이라 부르기도 한다. 그렇다고 중국의 군사력 증강이 세계적 차원에서 미국과의 패권경쟁을 염두에 두고 추진된다는 뜻은 아니다. 중국의 국가전략은 여전히 경제발전에 중점을 두고 있으며, 군사력 건설도 방어적, 공격적 성격이 혼재되어 있는 것으로 평가된다. 다만, 지역적 차원에서 미국의 패권을 견제하고 중국의 핵심이익을 보호하는 데 있어서는 점차 단호한 모습을 보이고 있는 것은 분명하다.

중국의 군사력 건설의 중심이 적극 근해방어에 모아지고 있는 것은 앞서 얘기한 '동남투쟁'이라는 중국의 지정전략 방향 때문이다. 즉, 중국의 양대 국가목표인 안전과 발전이 모두 이 지역의 안정과 지배력 확보에 달려 있기 때문이다. 현재 미중간 갈등의 중심으로 부각되고 있는 중국의 남중국해 군사기지 건설 논란이 대표적 사례이다. 2014년부터 중국은 남중국해 스프래틀리 제도(난사군도)에 인공구조물을 건설함으로써 중국 군함과 수송선들이 정박할 수 있는 항구기지로 만들고 있는데, 미국은 필리핀, 말레이시아, 베트남 등 6개국과 영유권 분쟁이 있는 이 지역에 대해 중국이 모래장성Great wall of sand을 쌓고 있다고 비난하고 있다. 일부 분석가들은 미국이 19~20세기 카리브해를 손에 넣고 세계 대국으로 부상했듯이 중국 역시 말라카 해협과 인도양, 태평양으로 진출하기 전에 먼저 자신이 위치한 지역에서부터 헤게모니를 장악하는 노선을 걷고 있다고 평가하고 있다.

04

미중관계 담론과
미국의 선택

중국이 얼마나 빨리 그리고 어떤 모습의 대국이 될 것인가에 영향을 미칠 수 있는 유일한 국가는 미국이다. 중국의 부상 방식과 정체성도 미국과의 관계에서 많은 영향을 받을 것이다. 기존의 패권국인 미국이 순순히 영향력의 감소를 수용하려 하지는 않을 것이다. 그렇다고 중국과 냉전적 대결로 갈 수도 없을 것이다. 따라서 현재는 협력속의 경쟁이라는 헤징hedging 전략이 미국의 대중정책의 큰 기조로 유지되고 있는 것으로 보인다. 그러나 최근 중국의 남중국해 군사기지 건설 논란과 관련하여 대중봉쇄를 주장하는 강경론부터 미중간 영향권 분점을 제안하는 지정학적 거래 등 다양한 제안이 분출하는 현상에서 알 수 있듯이 향후 중국의 팽창이 계속될수록 미국은 더욱 선명한 선택을 요구받게 될 것이다.

중국을 바라보는 다양한 관점과 미중관계 담론

그렇다면 중국의 도전에 직면한 미국의 선택은 무엇일까? 미국의 영향력 약화를 감수할 것인지 아니면 미중 패권경쟁을 본격화해야 하는지 기로에 있는 상황이다. 물론 미국 내에서도 중국의 부상을 바라보는 관점이 통일되어 있지는 않다. 첫째는 중국 위협론이다. 미중 간의 전쟁까지 거론하는 것은 아니지만 기존 패권국과 도전국 간의 힘의 경합은 불가피하다는 입장이다. 중국은 동아시아의 지배국가가 되려하고 미국은 아시아에서 물러날 생각이 없으므로 양국간의 충돌은 피할 수 없다는 것이다. 이와 대비되는 극단적 견해로는 중국 붕괴론이 있다. 중국 경제는 모래 위에 지어진 집과 같고 시간이 지날수록 중국이 지닌 취약과 모순이 부각될 것이므로 크게 걱정할 필요가 없다는 것이다. 그러나 이는 성장률의 하락에도 불구하고 중국 경제가 견고한 발전을 계속해 나가자 점차 힘을 잃고 있는 평가이기도 하다. 셋째, 중국이 미국의 친구가 될지 적이 될지 알 수 없다는 미정론未定論도 있다. 중국이 세계 강국으로 부상할지 중진국 함정에 빠져 정체될지 알 수 없고, 앞으로 국제질서를 존중하는 우호국이 될지 현상을 타파하는 위협국가가 될지도 정해지지 않았다는 견해를 말한다. 마지막으로 적극적 추세론도 존재한다. 제프리 삭스Jeffrey Sachs 같은 경제학자를 비롯한 일부의 견해로서 중국의 부강은 아시아지역에 도움이 될 뿐 아니라 미국의 국익에도 부합한다는 것이다. 중국의 굴기屈起는 바람직하게 진행되고 있으므로 미국은 이를 두려워하거나 견제할 필요 없이 현재 노선을 지지하고 강화해 주어야 한다는 지적이다.

그러나 중국 부상 초기의 다양한 담론이 현재에는 미중간 경쟁 불가피론으로 수렴되는 경향을 보이고 있다. 특히 중국의 공세적 대외행동이 표면화되자 이제는 중국의 의도와 무관하게 미중간 경쟁이 불가피하다는 '구조론적 전략경쟁론'이 공감대를 얻는 분위기다. 따라서 미국은 두 가지 선택지를 갖고 있는데, 바로 접촉과 억제다. 억제파는 중국의 힘이 더 커지기 전에 이를 억제하고 견제해야 한다는 입장이다. 중국에게 경제성장의 기회를 제공하지 말아야 하며 군사적으로 단호한 모습을 보여야 함을 강조한다. 이를 위해 기술 이전의 엄격한 제한, 아시아 무역체제에서의 배제 등을 주장하기도 한다. 타협은 오로지 중국의 야심을 격려한다는 것이다. 반면, 접촉파는 중국의 부상을 수용하고 중국이 국제사회에 융화될 수 있도록 지원하고 관여해야 한다고 주장한다. 커지는 중국을 방해하는 전략은 어차피 성공할 수 없으며 중국을 적대시 할수록 중국도 미국을 적으로 간주할 것이라는 점을 강조한다.

미국이 그동안 보여준 대중국정책은 사실상 일관성이 부족했다고 평가된다. 어느 때는 중국 위협론에 기초한 봉쇄론이 힘을 얻었다가 시간이 지나면서 대중협력이 강조되는 등 갈등과 협력이 시계추처럼 반복되어 왔다는 것이다. 예컨대 관여전략을 강조한 클린턴 행정부는 원래 대중 포용정책을 추진했으나 2기에 접어들어 대만해협 위기, 대사관 오폭 등을 거치면서 중국과 갈등하기 시작했다. 부시 행정부도 1기에는 비확산과 대테러전 공조차원에서 협력기조를 유지했으나 2기에 들어 중국 위협론이 강하게 대두되었다. 중국이 그동안 외부의 심각한 견제 없이 부상할 수 있었던 데에는 미국의 이런 수동적이고 비일관적인 대중정책이 작용했다는 비판도 존재한다.

미국의 현실적 선택(혼합전략): 아시아 재균형정책

이런 상황에서 미국이 현실적으로 선택할 수 있는 것은 혼합전략이다. 이는 억제와 접촉이라는 양극단정책의 위험성과 비현실성 때문이다. 억제 또는 봉쇄를 위해서는 중국에 대한 경제적 제재, 군비경쟁, 정권내부 약화 기도 등을 생각 해 볼 수 있는데, 이는 지나치게 냉전적이고 군사우선의 발상이 아닐 수 없다. 반면, 접촉과 유화 노선은 중국의 선의에 의존하는 도박이라는 점에서 부담스럽다. 더욱이 미국의 양보는 중국을 더 대담하게 만들고 미국의 우방국들을 혼란스럽게 하여 이탈을 부추길 가능성도 있다. 따라서 미국이 채택한 전략이 봉쇄적 개입정책이다. 중국과 다방면에 걸쳐 교류협력을 추진하고 중국이 책임 있는 국제사회의 일원이 되도록 유도하는 한편, 힘의 주도권을 상실하지 않기 위해 동아시아 지정전략과 군사력 유지에도 만전을 기하는 이중 전략을 말한다.

혼합전략의 정신을 정책화한 것이 바로 오바마 행정부의 '아시아 재균형정책'이다. 이라크 전쟁 이후 과도하게 중동에 묶여 있던 미국 외교의 중심을 다시 아태지역으로 이동하여 중국의 부상에 대응하겠다는 것이다. 이를 위해 중국과 발전적 파트너십을 지속하고 교역과 투자를 증대하되, 아태지역에서 미 군사력 배치와 동맹관계를 강화함으로써 미국의 존재감을 약화시키지 않겠다는 구상이다. 즉 경제적으로는 한미 FTA, TPP를 추진하고 외교적으로는 ASEAN, EAS 등 아시아 다자기구에 대한 참여를 늘리며, 군사적으로는 미 해군력의 60%를 아태지역에 집중 배치하겠다는 계획이다. 신형 수직 이착륙기 MV-22 오스프리의 오키나와 배치, 최신형 연안전투함의 싱가포르 증강 배치 등 아태지역의 미군 배치 강화도 같은 맥락이다. 특히, 자위대의 역할 확대를 환영하며 일본의 재무장을 용인하는 등 미일동맹의 강화에 역점을 두고 있다. 재정적자에 발이 묶인 미국이 중국을 견제하기 위해 일본을 그 대리인으로 활용하고 있는 모습이다. 이 같은 '역외균형offshore balance'은 잠재적 적대국이 성장하는 것을 직접 개입하여 억누르기 보다는 지역의 다른 국가를 지원하여 활용하는 제국의 전통적인 전략이기도 하다.

미국으로서는 중국을 안정적으로 국제체제 속으로 끌어들이도록 노력하되 미래의 불확실성에 대비하기 위해서는 이러한 헤징전략을 추진할 수밖에 없는 불가피성이 있다. 그러나 아시아 재균형정책의 성공 여부는 아직 예단하기 어렵다. 먼저 아태지역의 중요성을 재강조하며 아시아 복귀pivot to Asia를 선언했지만 중동 및 북아프리카 지역의 불안정성이 심화되면서 미국 외교가 다시 중동 재복귀pivot to Middle East로 환원되는 것이 아니냐는 회의론까지 제기되고 있다. 재정적자로 인한 국방예산 감축으로 아태지역 군사력 강화가 부담스런 상황에서 외교안보적 관심마저 시리아 내전, IS 극단주의 발호, 유럽에서의 미러 신 냉전 등으로 분산되고 있기 때문이다. 또한 재균형정책의 중심축인 미일동맹의 강화가 동맹국 한국과의 관계에서 미묘한 긴장과 불편함을 만들어내는 측면도 있다. 수정주의적 역사인식 문제와 공격적인 독도 영유권 주장 등으로 한일관계가 역대 최악이라는 평가를 받고 있다. 이런 상황에서 미일간의 밀착은 한국의 전략적 입지를 축소시킬 뿐 아니라 미국이 기대하는 한미일 3각 협력을 유도하는 데 어려움을 초래하고 있는 것이다. 미국의 재균형정책은 결국 팽창하는 중국에 맞서 동아시아에서 미국의 해양패권을 유지하는 문제이다. 따라서 그 성공 여부는 미국이 재정적 어려움 속에서도 미군의 존재감이 약화되지 않도록 군사력을 유지하는 한편, 동아시아 국가들을 미국 주도의 동맹체제에 포섭하여 유지할 수 있는 군사정치적 능력에 달려 있을 것이다.

참고문헌

김옥준. 2011.『중국 외교노선과 정책: 마오쩌둥부터 후진타오까지』서울: 리북.

김정섭. 2012. "동아시아의 미래, 중국에 달려있다." 임춘택, 이광형 편.『미래를 생각한다 2013+5』서울: 비즈니스맵.

김태호 외. 2008.『중국 외교 연구의 새로운 영역』서울: 나남.

김흥규. 2014. "시진핑 시기 중국 외교안보 전략의 진화."『외교』제 110호.

이상숙. 2014. "중국의 대북 경제제재와 최근 북한·중국 경제 관계의 동향."『주요국제문제분석』2014-28.

이지용. 2014. "중국 '일대일로' 전략의 정치경제적 함의와 시사점."『주요국제문제분석』2014-38.

정재호 편. 2002.『중국 개혁-개방의 정치경제 1980~2000』서울: 까치.

주펑(이상원 옮김). 2014.『국제관계이론과 동아시아안보』서울: 북코리아.

애런 프리드버그(안세민 옮김). 2012.『패권경쟁: 중국과 미국, 누가 아시아를 지배할까』서울: 까치.

해리 하딩(안인해 옮김). 1995.『중국과 미국: 패권의 딜레마』서울: 나남.

헨리 키신저(권기대 옮김). 2012.『헨리 키신저의 중국 이야기』서울: 민음사.

Christensen, Thomas J. 1999. *Useful Adversaries: Grand Strategy, Domestic Mobilization, and Sino-American Conflict, 1947~1958.* Princeton, NJ: Princeton University Press.

Foot, Rosemary. 1995. *The Practice of Power: US Relations with China since 1949.* Oxford: Oxford University Press.

Jacques, Martin. 2009. *When China Rules the World: The End of the Western World and the Birth of a New Global Order.* New York: Penguin Books.

Johnston, Alastair Iain. 2003. "Is China a Status-Quo Power?" *International Security*, Vol. 27, No. 4.

Kissinger, Henry. 1994. *Diplomacy*. New York: Simon & Schuster.

Lampton, David M. 2001. *Same Bed, Different Dreams: Managing US-China Relations, 1989~2000*. Berkeley: University of California Press.

CHAPTER

08

일본 안보정책의 변화와
전후체제의 균열

동아시아 질서는 냉전과정에서 배태된 많은 미해결의 문제들을 안고 있다. 한반도 분단부터 시작하여 대만 문제, 그리고 독도, 남중국해, 동중국해 등의 영유권 분쟁이 그것이다. 일본의 평화헌법 개정과 역사적 반성 문제도 전후 동아시아 질서의 유산이다. 즉, 일본은 패전국으로서 전쟁을 할 수 없는 나라가 되었으나, 냉전이 심화되면서 역사적 과오에 대한 반성 없이 대소 봉쇄를 위한 미국의 동맹 파트너로 국제무대에 복귀했던 것이다. 아베 내각이 추진하고 있는 외교안보정책은 본질적으로 이러한 전후체제에서 벗어나겠다는 의미이다. 중국의 부상으로 인한 미중 패권경쟁과 함께 기존 동아시아 질서에 균열을 일으키고 있는 또 하나의 진원지인 일본의 전후체제 탈각 움직임을 살펴본다.

01

일본 안보체제의 기원: 일본은 왜 반성하지 않는 국가로 남아 있는가?

일본의 현대 외교안보정책을 이해하기 위해서는 2차 대전 종전 이후에 형성된 일본의 독특한 안보체제의 성격을 알아야 한다. 현재 아베 내각이 지향하는 집단적 자위권 용인, 미일 가이드라인 개정 등 보통국가화 움직임은 바로 이 시기 일본에 부과된 전후체제에서 벗어나려는 시도이기 때문이다. 또한 식민지배에 대한 역사적 반성 문제가 독일과 달리 해결되지 않고 있는 것도 냉전 초기 국제질서와 미국의 대일본 정책의 유산임을 이해할 필요가 있다.

패전과 연합군 점령통치

일본은 1945년 태평양전쟁에서 패배함으로써 연합군의 점령통치하에 놓이게 되고, 맥아더 일본 주재 연합군 사령관은 본국의 훈령에 따라 패전국 일본을 전면 개조하는 작업에 착수하였다. 당시 미국이 취한 대 일본정책의 중심 기조는 "모든 형태의 군국주의와 초국가주의의 폐

맥아더와 쇼와 천황, 그리고 샌프란시스코 강화조약에 서명하는 요시다 총리

지, 일본의 전쟁도발 능력에 대한 지속적인 통제와 일본의 비무장화, 행정, 경제, 사회제도의 민주성 강화, 그리고 자유주의적인 정치 성향의 조성 및 지원"이었다.

이에 따라 제국 육군과 해군이 해체되었고 군국주의 관련 정부기관 역시 해체되거나 약화되었다. 1947년 12월 내무성이 폐지되고 경찰력을 지방정부로 분산, 약화시킨 것들이 그러한 조치의 일환이었다. 아울러 일본 국내 군수품과 군수기지들을 파괴하고 전쟁 장비도 대대적으로 해체하였다. 또한 공직추방과 전범 재판도 광범위하게 이루어졌다. 구질서와 밀접한 연관이 있는 인사들을 정부 뿐 아니라 교육, 언론, 경제계 요직 등 모든 공공기관에서 추방했는데, 그 수가 약 21만 명에 이르렀다. 전범에 대한 고발과 재판도 이루어졌다. 도쿄 국제재판에서는 도조 히데키를 비롯한 정치지도자 7명은 교수형, 18명은 징역형을 선고받았고, 요코하마에서는 잔학행위 죄목으로 하급 장교 700여 명이 사형선고, 3,000여 명이 각종 징역형을 선고받았다. 뿐만 아니라 독점금지법 제정 등 재벌개혁도 추진되었는데, 이는 재벌이 경제의 민주성을 저해하고 전쟁도발에도 책임이 있다고 여겨졌기 때문이었다. 또한 군국주의 및 초국가주의 이데올로기 금지 차원에서 학교 교육에서 윤리 교과 과정이 폐지되기도 하였다.

이 모든 조치들을 보면 미국은 일본을 완전히 새로운 국가, 즉 자유주의적이고 민주적인 비무장국가로 개조하려 했다는 것을 알 수 있다. 그런데 그 중 가장 핵심적인 조치가 신헌법 제정이었다. 현재까지 집단적 자위권, 전수방위 등과 관련하여 논란이 되고 있는 그 유명한 제 9조 평화조항이 이때 만들어진 것이다. 헌법 제9조는 다음과 같다.

국권의 발동으로서의 전쟁과 무력에 의한 위협 또는 무력의 행사는 국제분쟁을 해결하는 수단으로서는 영구히 이를 포기한다. 전항의 목적을 달성하기 위하여 육해공군과 그 밖의 전력을 보유하지 않는다. 국가의 교전권은 인정하지 않는다.

원래 연합국총사령부가 작성한 헌법 초안은 이보다 더 강경했다. "일본은 분쟁해결의 수단으로서도, 스스로의 안전보장 수단으로서도 전쟁을 포기한다. 일본 자신의 방위와 보호는 현재 세계를 움직여가고 있는 숭고한 이상에 맡기도록 한다." 라고 규정하여 자위전쟁까지 포기했던 것이다. 그런데 의회 심의과정에서 자위전쟁 부분은 삭제되었다. 그럼에도 불구하고 일본은 이제 군대의 보유가 금지되고 분쟁해결 수단으로서 무력을 사용할 수 없는 나라로 규정되었다. 천황제 존속을 용인 받는 대가로 패전국 일본이 받아들여야 했던 굴레였던 것이다.

냉전의 심화와 미국의 대일정책 변화

그런데 이때 국제정세가 변화하면서 미국의 대 일본정책도 그 흐름이 바뀌어 간다. 즉, 1946년 신헌법이 제정된 지 얼마 지나지 않아 미소 냉전이 심화되는 조짐을 보이기 시작한 것이다. 미국이 1947년 3월 '트루먼 독트린Truman Doctrine'을 선포하면서 그리스와 터키의 반공정부에 대한 경제, 군사적 원조를 제공한 것이 대표적 사례였다. 이어 1947년 6월에는 유럽에서 공산주의 세력의 확산을 막기 위한 '마샬 플랜Marshall Plan'을 제안했으며, 1948년 6월부터 소련이 베를린을 봉쇄하자 서방연합군은 고립된 서베를린 주민을 위해 매일 생필품 2천 톤을 천여 대의 수송기로 전달하는 대규모 공수작전을 11개월에 걸쳐 단행하기도 하였다. 한편, 동아시아에서의 심각한 변화는 1949년 10월 중국 국민당 장개석 정부의 패배와 모택동 공산주의 정권의 수립이었다. 미국으로서는 중요한 동맹국의 상실이었다. 이에 따라 아시아에서 일본이 갖는 전략적 가치가 주목받기 시작하였다. 특히, 1950년 한국전쟁이 발발하자 대소 견제를 위한 일본의 전략적 중요성이 확실하게 부각되었다.

이런 국제정세 속에서 만들어진 것이 1951년 9월에 조인된 '샌프란시스코 강화조약'이었다. 일본을 아시아에서 미국의 파트너로 육성하기 위해서는 연합군 점령체제를 끝내고 일본의 주권을 회복시켜줄 필요가 있었던 것이다. 그러나 동아시아 전후질서의 틀을 규율한 샌프란시스코 체제는 적지 않은 문제를 내포하고 있었다. 미국, 소련, 영국, 프랑스 등 48개국이 참여하였지만 인도, 미얀마 등은 불참하였고, 중국, 한국 등은 아예 초대받지 못하였다. 따라서 일본의 태평양전쟁으로 피해를 입은 국가들이 배제된 채 연합국과 일본만의 강화조약이 체결됨으로써 전후보상, 국교정상화, 영토 문제 등을 미결로 남겨두게 된 것이다. 어찌 되었든 이로써 일본은 이제 피점령 상태에서 벗어났고 패전국이 아니라 서방세계의 일원으로 신분이 바뀌게 되었다.

한편 한국전쟁은 일본 재무장의 출발점이 되었다. 한국전쟁으로 주일미군이 전선으로 차출되자 일본 내 안보공백 문제가 발생하였고 이에 따라 1950년 7월 7만 5천 명 규모의 경찰예비대가 창설된 것이 그 시작이었다. 일본은 이때 해상보안청 소속 소해정 이십 척을 한반도에 파견하여 기뢰작전을 수행하였는데, 소해정 한 척이 침몰하고 보안청 대원 한 명이 사망하기도 하였다. 경찰예비대는 1952년 7월 보안대로 명칭을 변경하고 규모도 11만 명으로 확대 되었는데, 이때 대형 화포나 전차의 보유 문제가 논란이 되기도 하였다. 헌법 제 9조가 육해공군 전력의 보유를 금지하고 있기 때문이었다. 그러자 전력이란 근대 전쟁 수행에 도움이 되는 정도의 장비편성을 의미한다는 해석을 통해 이를 합리화 하였는데, 헌법을 개정하지 않은 채 의미를 확대해 나가는 '해석개헌'의 관행이 이때부터 시작된 것이다. 그리고 마침내 1954년 6월 18만 명 규모의 자위대가 창설되었다. 실질적으로는 육해공군 체제이고 전력을 보유하였으나, 헌법 9조의 제약을 우회하기 위해 군대가 아닌 자위대, 사관학교가 아닌 방위대라는 명칭 등이 사용되었다.

역코스(reverse course)와 55년 체제

일본의 변화된 국제적 위상은 국내정치의 기류에도 영향을 미쳤다. 먼저 공직에서 추방되었던 인사들이 대거 복권되기 시작했다. 1948년 12월 도조 히데키 내각의 상공대신이었던 기시 노부스케 등 A급 전범 19명이 석방되었는데, 기시 노부스케는 바로 현재 일본 아베 총리의 외조부가 되는 인물이다. 이후 일본 보수주의 흐름은 이때 복권된 인사들이 국회, 내각, 기업에 재등장하여 주도한 것이었다. 공직 추방 재검토와 아울러 오히려 공산주의자들에 대한 추방이 대대적으로 전개 되었는데 공공과 민간부문에서 2만 2천여 명의 좌익 노동자들 해고가 이루어지기도 하였다. 한편 분권화 조치도 원상 복귀되었다. 지자체 경찰을 중앙정부로 재귀속시켰고, 내무성 해체로 지방성들에 분산시킨 일부 기능들도 중앙 자치청으로 환수하였다. 이렇게 점령시절 이루어진 민주화, 비군사화에 역행하는 움직임을 '역코스'라고 부르는데, 이는 일본의 정치, 경제, 사회 체제를 패전 전의 상태로 되돌리려는 보수파의 시도였다.

역코스를 거쳐 만들어진 일본의 정치구도가 소위 '55년 체제'다. 1955년 보수정당인 자유당과 민주당이 합당하여 자유민주당이 탄생하면서 등장한 자민당 장기집권체제를 말한다. 이후 일본 정치는 이때 만들어진 보수 집권 자민당과 만년 야당인 혁신 사회당의 두 개의 정당 구도로 이루어지게 된다. 또한 55년 체제는 단순히 정치체제 뿐 아니라 재계, 관료, 자민당간에 이루어진 긴밀한 3각 연합체제를 지칭하기도 한다. 1955년부터 25년간의 기간 동안 당료출신 수상의 재임기간은 5년에 불과하고 20년 동안 관료출신의 수상이 존재했던 기록에서 알 수 있듯이 관료는 자민당 세력의 주요 원천이었다. 한편, 보수파 정치인 정치자금의 90% 이상을 제공하는 게이단렌(경제단체연합회)이 활발히 활약하였는데, 이들 정政, 관官, 재계財界는 일본의 보수민주주의와 경제성장을 주도해 나간 3대 권력 축이었다.

이렇게 되자 전후 일본의 모습은 초기 맥아더 점령통치의 개혁적 구상과는 다르게 많이 변질되었다. 전쟁 책임세력이 다시 국가의 핵심 엘리트로 복권됨으로써 식민지배와 전쟁범죄에 대한 도덕적, 정치적, 법적 책임을 지지 않는 무책임의 국가가 된 것이다. 특히 한국전쟁 과정에서 미국의 후방기지 역할을 수행함으로써 경제적 특수를 누리기까지 하였다. 어찌 보면 패전국으로 치러야 할 대가와 과정을 치르지 않고 국제사회에 무임승차한 격이다. 오늘날까지 이어지는 위안부 문제, 독도 영유권 갈등, 야스쿠니 참배 등의 뿌리에는 이런 얄궂은 냉전의 역사, 한국전쟁의 비극이 있었던 것이다.

요시다 독트린: 전후 일본의 국가전략

원래 종전 직후 일본 내에서는 자신의 안전보장을 어떻게 확보할 것인가에 대해 치열한 내부 논쟁이 있었다. 영세중립구상, 유엔의 집단안보 의존, 지역적 안전보장 구상 등이 그때 제기된 아이디어들이었다. 연합군 점령 체제하에서 평화헌법을 강요받음으로써 자력에 의한 안전보장이 불가능한 당시 일본의 상황을 반영하고 있다. 그런데 이때 결국 일본이 선택한 것은 미일동맹이었다. 당시 수상이던 요시다가 일본을 패망시킨 미국에 국가의 안보를 의존한다는 노선을 선택했던 것이다. 일본의 동맹사를 볼 때 일본은 대륙세력보다는 해양세력과 손을 잡아야 한다고 판단한 것이다. 1940년 독일, 이태리와의 추축국 동맹은 실패한 반면, 1902년의 영일동맹이 성공했듯이 미일동맹이 일본의 번영을 가져다 줄 것이라는 믿음이 있었던 것이다.

요시다는 일본이 철저히 경제발전에 집중하고 안보는 미국의 후견에 의존한다는 외교노선을 견지하였다. 한국전쟁 중 미국이 일본의 재무장을 요구했을 때도 최소한의 무장만을 하길 원했다. 이에 따라 미국

맥아더와 요시다

이 일본에게 10개 사단 32만 명 규모의 군대 유지를 제안했으나, 요시다의 반대로 결국 18만 명 수준의 자위대가 발족되었던 것이다. 일본 국민의 전쟁혐오를 이유로 내세웠지만 경제회복에 집중하려는 계산이었다. 미국에 대해서는 일본의 경제회복이 아시아에서 공산주의의 확산을 막고 미국의 안보구상에 도움이 된다는 논리로 설득했다고 한다. 경무장輕武裝 하에 경제성장에 집중하겠다는 요시다의 정책은 '요시다 독트린'이라고 불리는데, 이는 냉전이 종식될 때까지 일본 안보정책의 기본 노선으로 유지되었다. '전수방위 원칙', '비핵 3원칙', '무기수출금지 3원칙' 등은 바로 요시다 독트린과 맥을 같이 하는 냉전시대 일본의 비군사화 규범들이었다. '방위비 GDP 1% 이내 원칙', '집단적 자위권 불행사 원칙'들도 당시 정립된 경무장 전략의 지침들이다.

　냉전시대 일본이 선택한 안전보장 방식을 다시 정리해 보면 다음과 같다. 일본의 선택지로는 크게 네 가지가 있었다. 첫째, 미국이 원했던 것은 헌법을 개정하여 미일동맹의 틀 안에서 일본의 본격적 재군비를 추진하는 방안이었다. 둘째, 민족주의자들이 희망했던 코스는 헌법개정과 본격적 재군비, 그리고 자주국방과 자주외교였다. 셋째, 사회당을 중심으로 한 호헌파는 비무장중립을 주장했다. 마지막 요시다가 선택한 것은 현실적 타협책이었다. 미일동맹의 틀 안에서 한정적 재군비를 하고, 헌법은 그대로 둔 채 해석개헌을 통해 필요한 조치들을 취해 나가는 방안이었다. 이후에 살펴 볼 아베정부의 논쟁적인 외교안보정책들은 이러한 요시다 독트린에 대한 수정과 확대라고 할 수 있다.

02

탈냉전기 일본의
국가전략 담론과 미일동맹의 부침

현재 미일동맹은 역대 최고 수준으로 평가될 만큼 밀착되어 있지만, 냉전 종식 이후 미일관계는 다양한 적응과 모색의 기간을 거쳐 왔다. 아베 내각의 외교안보정책이 현재와 같이 귀결된 과정을 이해하기 위해 냉전 종식 이후 미일동맹의 변천 양상과 일본의 국가전략 담론들을 살펴본다.

냉전의 종식과 미일동맹의 표류 위기

미일동맹은 미국의 대아시아 전략의 핵심 자산이지만 그동안 긴장과 문제가 없었던 것은 아니다. 특히 냉전이 종식된 이후 미일동맹은 표류 양상을 보일 정도로 위기를 맞기도 했다. 이는 무엇보다 소련이라는 공통의 적은 소멸한 반면, 동맹을 묶어 줄 새로운 위협이 아직 대두하지 않았기 때문이었다. 여기에 미국과 일본 모두 안보보다 경제문제에 주력함으로써 상대를 경쟁국으로 여기고 심지어 적대시하는 담론을 표출한 것도 그 배경이었다. 일본의 경제대국화 움직임에 위협을 느낀 미국은 '일본 때리기'를 서슴지 않았는데 클린턴 행정부는 일본의 대미 수출을 견제하기 위해 강경한 통상정책을 전개해 나갔다. 일본도 동경도 지사 이시하라 신타로가 『노No라고 말할 수 있는 일본』이란 책을 통해 대미 자주성 회복을 주장하기도 하였다. 이런 상황에서 1990년 걸프전이 발발했는데 일본은 130억 달러의 재정지원은 했으나 실질적인 군사적 공헌을 하지 않은 일이 발생했다. 경제력에 걸맞지 않게 국제문제에 무임승차하는 일본 외교는 '수표외교check diplomacy'로 조롱 받았고 미일동맹의 표류는 계속되었다.

미일 동맹의 중요성이 저하되는 기류는 미일 양국의 전략보고서에서도 감지되었다. 미국은 1990년 '동아시아전략구상EASI'을 발표했는데, 주요 내용은 향후 10년간 세 단계에 걸쳐 동아시아에 배치된 13만 5천 명의 병력을 9만 명 수준으로 감축한다는 계획이었다. 미국이 아시아에서 군사적 비중을 낮춰간다는 것은 특히 미일동맹 중요성의 저하를 의미하는 것으로 해석되었다. 한편, 일본에서는 1993년 자민당이 패배하고 호소가와가 이끄는 비자민 연립정권이 등장하였는데, 호소가와 수상은 냉전시대 책정된 방위정책의 재검토를 역설하고 군축을 강조하기도 하였다. 특히 수상 지시로 구성된 방위문제간담회에서 아시아지역의 지역안보협력체제 구축의 중요성을 강조한 보고서를 발표했는데, 이를 두고 일본이 미일동맹에서 벗어나 다자안보체제로 이동하려 한다는 징후로 해석되기도 하였다.

탈냉전기 일본의 새로운 국가전략 모색

탈냉전 초기는 일본의 국력, 특히 경제력이 최고조에 이르렀던 시기였다. 세계 2위의 경제대국이었으며 노벨상 수상자, 국제기구 수장 배출 등 소프트 파워 면에서도 눈부신 도약을 이루어 냈다. 이러한 국력의 성장은 일본인으로 하여금 국가의 정체성과 진로에 대한 새로운 모색을 하게끔 자극 하였다. 냉전시대 일본은 운명을 결정당하는 처지에 있었으나 바야흐로 이제는 국제질서를 건설할 수 있는 위치에 있다는 자신감이었다. 후나바시 요이치는 일본이 이제 체제 순응자에서 벗어나 체제 건설자로 국제질서를 주도적으로 창출할 수 있는 여건이 성숙되었다고 말하기도 했다. "세계사의 운명에 관여하는 것이 대국의 권리이며 운명"이라는 막스 베버의 말에 당대 일본 지식인들이 공감하기 시작했던 것이다.

　탈냉전 시대에 일본의 국가정체성과 관련하여 쏟아진 담론은 몇 가지 그룹으로 분류할 수 있다. 먼저 보통국가론이다. 1993년 오자와 이치로가 『일본개조계획』에서 주장한 것으로서 일본이 그 경제적 위상에 걸맞게 외교안보적 역할을 확대해야 한다는 구상을 말한다. 보통국가론은 평화헌법의 부분적인 개정에 적극적이다. 현 평화헌법 9조는 자위대가 이미 군대로 존재하고 있는 현실과도 맞지 않고, 집단적 자위권을 행사하지 못 한다면 미일동맹의 정상적 작동을 심각하게 제한할

왼쪽부터 오자와 이치로, 후나바시 요이치

것이라는 이유에서이다. 다만, 이런 주장이 공격적인 군비 강화론으로 연결되는 것은 아니다. 보통국가론은 핵무기와 같은 대량살상무기나 대륙간탄도미사일, 전략폭격기와 같이 주변국에 위협을 줄 수 있는 공격능력 보유에 대해서 부정적이다. 또한 과거 일본 역사에 대한 반성도 인정한다는 점에서 국수주의와 구별된다. 대외관계에 있어서는 아시아보다는 구미중시의 자세를 취한다. 중국, 한국과의 관계보다는 구미 선진국가와 국제협력관계를 도모해야 한다는 '탈아입구脫亜入欧' 입장에 가깝다.

두 번째 부류의 담론은 평화국가론이다. 자유주의적 국제주의라고도 불리는데 아사히 신문 주필인 후나바시 요이치가 대표적 주창자이다. 핵심 내용은 일본이 군사력 강화보다는 과학기술력, 경제력에 기반하여 대외적인 영향력과 역할을 강화해야 한다는 것이다. 군사문제에 있어서는 오히려 군축과 강력한 비핵화를 제창하며 군사대국화의 길을 포기할 것을 촉구한다. 미일동맹에 대해서는 21세기 일본의 최고 외교자산이자 동아시아의 공공재로서의 가치를 높이 평가하지만 배타적으로 운용되어서는 안 된다는 점을 강조한다. 즉, 러시아, 중국과 공존할 수 있어야 한다는 것이다. 또한 세력균형에만 기초한 동맹지상주의를 비판하며 다자안보를 활성화하여 미일동맹을 보완해야 한다고 주장한다. 한편 한국, 중국 등 아시아 국가들과의 관계 개선을 중요하게 평가한다. 평화국가론의 담론이 보통국가론의 주장과 다른 것은 냉전 종식 이후 국제질서에 대한 평가가 다르기 때문이다. 즉, 보통국가론이 여전히 세력균형과 현실주의 입장에서 국제질서를 이해하는 반면, 후나바시는 탈냉전시대의 국제질서는 경제, 기술, 문화 요인에 의한 상호의존적 그물망 효과에 의해 근본적으로 달라졌다고 평가한다.

세 번째 담론으로는 신국가주의가 있다. 전 동경도 지사 이시하라 신타로 등이 주장하는 내용으로서 전전戰前 일본의 역사를 긍정하고 심지어 대동아 전쟁을 자위전쟁으로 평가하는 국수주의적 사관을 갖고 있다. 일본 식민지배에 대한 반성도 자학사관에 불과하다며 비판적이다. 이들은 중국에 대해 강력한 위협인식을 갖고 있으며 대미 종속적 외교를 비판하면서 일본의 독립과 자주를 강조한다. 평화헌법 개정을 통해 자위대를 명실상부한 국방군으로 변화시켜야 한다고 믿고 있으며, 심지어 핵무장 추진도 역설한다.

미일안보의 재정의

탈냉전 초반 미일동맹이 표류하는 양상을 보이고 일본 내에선 국가 정체성에 대한 다양한 주장들이 제기되는 가운데 1990년대 중반 들어 이러한 흐름을 바로 잡는 중요한 사건들이 발생하였다. 1993년 북한이 NPT를 탈퇴하면서 촉발된 북핵 1차 위기가 있었고, 1996년에는 대만의 독립 움직임을 경고하는 중국의 미사일 훈련 시위로 대만해협의 군사적 위기가 고조되었다. 이어 1998년에는 북한이 일본 본토를 가로지르는 대포동 장거리 미사일을 발사하여 일본 국민들을 경악시켰다. 북한의 위협이 부각되자 미국과 일본은 양국이 어느 수준까지 공동대응이 가능한지를 검토하기 시작하였다. 즉 미국이 항공모함을 한반도 주변에 전개할 경우 일본이 소해정과 대잠수함 초계기를 파견하여 북한이 부설한 지뢰 제거 작전을 수행할 수 있는지 여부 등을 점검해 본 것이다. 그런데 그 결과는 놀랍게도 일본의 이러한 병참지원이 불가능하다는 것으로 나왔다. 무력사용을 금지한 평화헌법 제9조의 제약상

자위대는 동맹국에 대한 집단적 자위권을 행사할 수 없기 때문이었다. 위기가 도래하자 미일동맹이 실제로는 작동하지 않는 동맹임이 드러난 것이다. 냉전시대에는 소련의 남진을 견제하는 것만으로 충분했을지 모르나 탈냉전시대 위협에 대비해 구체적 역할분담을 논의하자 심각한 문제점이 드러난 것이다.

이렇게 북한 위협이 탈냉전 초기의 안보불감증에 경종을 울리게 되자 미일동맹의 가치를 재평가하는 작업이 양국 모두에서 진행되었다. 미 국방부는 1995년 '동아시아전략보고EASR'를 공표하였는데 그 주요 내용으로는 동아시아 지역내 미군 패권의 중요성을 강조하며 아태지역의 10만명 미군 유지, 미일안보협력의 범위 확대 등을 담고 있다. 보고서의 대표적 작성자인 조세프 나이 국방차관보의 이름을 따 '나이 리포트Nye Report'로 잘 알려진 EASR은 아태지역의 미군 감축계획을 담았던 1990년도의 EASI 보고서를 부인하는 의미가 있었다. 일본 내에서도 독자방위론을 비판하고 탈냉전시대 아태지역의 안전보장을 위해 미일동맹이 긴요하다는 평가들이 강조되기 시작했다.

이렇게 재조명된 미일동맹의 가치에 기반하여 동맹을 재정의하는 공식적인 작업들이 진행되었다. 먼저 1996년 4월 클린턴 대통령과 하시모토 총리는 미일동맹의 중요성과 아태지역 미군의 지속적 관여를 강조하는 공동선언인 '미일안전보장 공동선언의 길'을 발표하였다. 이어 1997년 9월에는 신가이드라인을 제정하였는데, 이는 한반도 주변 분쟁 발생시에 자위대가 주일미군에 대한 후방지원 태세를 구체화한 것이다. 북한 위협으로 미일 간의 군사적 운용성에 문제점이 있다는 것이 드러나자 이를 보완한 것으로서 평시협력, 무력공격, 주변사태 등 세 가지 상황으로 나누어 미일간의 역할분담을 설정한 것이 그 골자였다. 1978년에 처음 만들어진 가이드라인은 일본에 대한 무력공격 상황에만 한정했으나, 신가이드라인은 주변사태란 개념을 도입하여 그 외 분쟁상황에서 미일간의 협력을 제도화했다는 데 그 의미가 있었다.

'동맹의 재정의'를 통해 탈냉전초기 동맹의 표류현상을 극복한 양국은 2000년대 들어 미일동맹을 더욱 심화시키고 확장시켜 나갔다. 2000년 10월에는 리처드 아미티지^{Richard Armitage}, 커트 캠벨^{Kurt Cambell}, 마이클 그린^{Michael Green} 등이 '아미티지 보고서'라고 통칭되는 보고서를 발표하였는데, 그 주된 내용은 미일동맹을 국제테러리즘과 초국가범죄 등 새로운 위협에 대응할 수 있는 글로벌 동맹으로 발전시켜 나가야 한다는 것이었다. 한편, 기동성과 유연성을 갖춘 전력구조로 개편하기 위해 미 육군 1군단의 자마기지 이전, 오키나와 미 해병대의 일부 괌 이전 등 주일미군 재편도 추진되었다. 뿐만 아니라 SM-3 공동개발, X-band 레이더 일본 배치 등 미사일방어 협력을 심화시키고, P-8 초계기, 글로벌 호크, F-35 전투기 배치 등 주일미군의 군사력도 강화시켜 나가고 있다.

또한 일본은 자위대의 해외파견을 가능케 하기 위해 1992년 'PKO 법'을 제정한데 이어 2001년에는 '테러대책특별조치법', 2009년에는 '해적행위처벌 및 대처에 관한 특별법'을 제정하였다. 1992년 PKO법은 걸프전 파견, 2001년 특조법은 이라크 및 인도양 파견을 위한 것이었고, 2009년 특별법은 소말리아 해상에 해상자위대를 파견하기 위한 조치였다. 소련위협을 견제하던 미일동맹이 냉전 종식 후 잠시 표류 양상을 보였으나 1990년대 중반 이후 '동맹의 재정의' 과정과 2000년대 '변혁과 재편'을 거쳐 이제는 글로벌 차원의 동맹으로 심화, 발전해 나가고 있는 것이다.

03

아베 정부의 안보정책:
전후체제의 탈각과
수정주의적 내셔널리즘

2012년 출범한 아베내각은 보통국가화 실현을 목표로 미일동맹 강화, 집단적 자위권 행사, 방위예산 증액 등 일련의 공세적인 안보방위정책을 추진하고 있다. 아울러 야스쿠니 신사 참배 강행, 독도 및 센카쿠 열도 영유권 주장 등 역사, 영토 문제에 대해서도 공세적이며 퇴행적인 인식을 보여주고 있다. 아베정부의 이러한 수정주의적 내셔널리즘과 전후 체제의 탈각 시도를 어떻게 평가하고 대응해야 하는지 살펴본다.

수정주의적 내셔널리즘

아베 정부는 과거 일본의 동아시아 식민지배에 대해 수정주의적 역사인식을 갖고 있다. 2013년 4월 23일 참의원에서 한 "침략의 정의는 학계에서도 국제적으로 정해져 있지 않다. 국가 간의 관계에서 어느 쪽으로 보는가에 다르다"라는 발언을 보면 이를 잘 알 수 있다. 일본의 지도자가 이런 퇴행적 역사인식을 갖고 있다는 점도 문제지만, 더 우려스러운 것은 일본 사회에 확산되고 있는 극우적 사관이다. 과거 일본 정부는 군국주의 시대 일본이 도발한 전쟁의 침략적 성격과 그 피해에 대해 어느 정도의 인정과 반성을 보여주었다. 일본 군대가 강제적으로 종군위안부를 모집하고 관리하는데 관여했음을 인정한 1993년 '고노 담화'나 식민지배와 침략으로 아시아 민족들에게 가한 피해를 사과한다는 1995년 '무라야마 담화' 등이 그 예다. 그런데 아베 내각이 이를 부정하는 행보를 계속하고 있고, 이것이 일본 사회내에서 적지 않게 수용되고 있는 모습을 보이고 있다. 20대 청년층 중 60%가 아베 총리의 신사참배를 지지하고 33%가 대동아전쟁이 침략전쟁이 아니라는 주장에 동조하였다는 최근 여론조사 결과는 바로 일본사회의 우경화 경향을 보여주는 사례다. 과거사 반성을 자국사에 대한 긍지 부족과 자학사관으로 비판하는 소위 '자유주의 사관'이 일본 내 정재계, 학계 및 언론계를 포함하여 대중적 지지기반을 확대하고 있는 것도 마찬가지다.

아베 내각의 내셔널리즘적 행보는 영토 및 해양주권에 대한 공세적 주장에서도 나타난다. 2013년 4월 아베 내각은 영토관련 전문가 간담회를 조직하여 보고서를 발간했는데, 그 주요 내용은 중국의 힘에 의한 센카쿠 열도의 현상변경 불용과 독도에 대한 일본 영유권 주장이다. 특히 독도에 대해서는 한국정부가 1954년 연안경비대를 파견하여 탈취한 이래 불법적인 점거를 계속해 오고 있다고 비판하고 있다. 독도에 대한 아베 내각의 영유권 주장은 이전 일본 정부의 입장과 비교해도 크게 강경해진 것이다. 종전에는 "일본과 한국간에 다케시마를 둘러싸고 의견에 차이가 있다"는 정도였으나, 2014년 1월 문부과학성이 각급 학교에 내린 학습지도요령 해설서는 "일본이 국제법상 정당한 근거에 의해 다케시마 등을 정식으로 영토에 편입하였으나, 현재 한국에 의해 불법 점거"되어 있다고 강경한 입장을 보이고 있다.

전후체제의 탈피와 안보전략의 재개편

아베 내각은 또한 평화헌법을 비롯한 각종 전후 비군사화 규범을 수정 또는 재해석함으로서 전후체제의 탈각 노력을 본격화하고 있다. 즉 전후 체제가 패전국 일본에게 부과한 비정상적인 속박에서 벗어나 일본을 명실상부한 보통국가로 만들겠다는 의도이다. 이를 위해 미일동맹 강화, 집단적 자위권 행사 용인, 방위예산 증액 등 일련의 공세적인 안보방위정책을 추진하고 있다. 특히 집단적 자위권 행사는 2013년 말에 발표한 해병대 기능의 부대인 수륙기동단 창설 방침과 아울러 전후 일본 방위정책의 근간인 '전수방위專守防衛 원칙'에 대한 근본적인 수정을 의미한다.

아베정부가 이러한 행보를 보이는 이유는 미국의 영향력이 약화되면서 동북아 지역의 세력균형 변화의 조짐이 보이자 미일동맹에 의존하는 단순한 편승전략만으로는 일본의 안보를 담보할 수 없다는 판단 때문이다. 이것은 특히 급속도로 커지는 중국의 힘에 대한 우려 때문인데, 일본 방위백서는 중국의 국방비가 과거 10년 동안 4배, 25년간은 33배나 증가하였다고 분석하고 있다. 또한 2010년 일본 경제가 중국에 추월당해 2위 지위를 내주게 되고 2011년에는 후쿠시마 대지진이라는 국가적 재난을 당하면서 이러다가는 일본의 국제적 지위가 끊임없이 내려갈지도 모른다는 국가적 위기감도 작용한 것으로 보인다.

일본의 변화된 위협인식은 방위계획대강이라는 전략문서의 변동

추이를 통해서도 확인된다. 1976년 최초의 방위계획대강에서는 소련 위협에 대비한 필요 최소한의 '기반적 방위력' 개념이 제시되었으나, 2004년 이후 세 차례 개정된 방위계획대강부터는 북한과 중국의 위협이 강조되면서 전략개념도 차례로 '다기능탄력적 방위력', '동적 방위력' 그리고 '통합기동방위력'으로 변화하고 있다. 다시 말해 미소 냉전기에는 소련의 남하에 대응하기 위한 필요 최소한의 기반적 방위력이 필요했다면, 탈냉전 시대의 복합적인 안보위협이 강조된 이후에는 다양한 사태에 실효적으로 대응할 수 있는 탄력적인 방위력과 기동성과 즉응성을 중시하는 전략개념을 채택하게 된 것이다. 특히 중국의 위협에 대응하기 위해 군사력 배치도 북동부보다는 남서제도 중심으로 전환하였다. 또한 가장 최근인 2013년 방위계획대강은 육해공 자위대의 개별 대응이 아닌 통합막료회의 중심의 통합대응체제를 강조하고 있는데, 이는 자위대의 전력건설과 운용을 통막統幕 차원에서 통합적으로 수행함으로써 방위력의 극대화를 도모하겠다는 의지로 풀이된다.

한편 일본의 안전보장정책은 상위 국가안보전략 개념부터 군사적 위협판단, 관련 전력 건설 및 부대 창설에 이르기까지 일본 정부차원에서 적극적인 주도로 이루어지는 특징을 보여준다. 아베정부 들어 최초로 '국가안보전략National Security Strategy'을 만들어 대외 공표하였고, 총리실 산하에 국가안보회의를 설치, 운영함으로써 안전보장정책에 대한 정부차원의 추진력과 통합능력을 향상시켰다. 또한 수상 직속으로 내각 정보국을 신설하고 방위력건설 사업을 전담하는 방위장비청을 새로 만들기도 하였다. 한편, 육상자위대에 신편된 수륙기동단은 일본이 그동안 표명해 온 전수방위 원칙을 벗어나는 움직임으로 주목받고 있다. 향후 3~4천 규모의 상륙작전 능력을 갖추게 될 것으로 예상되는 일본판 해병대 부대는 중국과의 센카쿠 열도 분쟁에 대비하려는 국가전략 차원에서 추진되고 있는 것으로 보인다.

집단적 자위권, 어떻게 이해해야 하는가?

일본의 전후체제 탈각 노력에서 핵심 쟁점으로 부각되었던 집단적 자위권 문제는 좀 더 자세히 살펴볼 필요가 있다. 일본이 미국의 신뢰받는 파트너, 전쟁을 할 수 있는 보통국가가 되기 위해서는 집단적 자위권 문제를 돌파하지 않을 수 없기 때문이다. 집단적 자위권이란 동맹국이나 우방국이 위험에 처했을 때 무력으로 개입하여 서로 지원하는 권리를 의미한다. 집단안전보장의 예외이긴 하지만 유엔 헌장 51조에 규정되어 있는 국제법적 권리이다. 일본도 유엔 회원국으로서 당연히 집단적 자위권을 보유하고 있다. 그런데 문제는 이것이 교전권을 금지한 일본 헌법 제9조와 충돌한다는 것이다. 이런 모순을 해결하기 위해 그동안 일본 정부는 '집단적 자위권을 보유하고 있으나 행사는 할 수 없다'라는 타협적인 해석을 유지하여 왔다. 즉 현행 헌법하에서는 일본의 안전보장을 위한 개별적 자위권만 인정되고 집단적인 자위권 행사는 인정되지 않는다는 것이다.

집단적 자위권이 본격적으로 논의된 것은 1990년 걸프전 이후였다. 자위대가 해외 파견되어 동맹국과 연합작전을 수행함에 있어서 가능한 활동범위를 규정할 필요가 있었기 때문이다. 특히 1994년 북핵 위기 과정에서 한반도 비상사태시 자위대가 어느 수준까지 미군에 대한 후방지원을 할 수 있는지 검토하는 과정에서 문제가 있음이 부각되었다. 당시 미국은 1,059개 항목에 이르는 병참지원 가능성을 타진했으나 일본 정부의 답변은 집단적 자위권 문제를 들며 불가능하다는 답변을 했던 것이다.

집단적 자위권과 관련하여 '무력행사 일체화론'이라는 논리가 있다. 동맹국에 대한 군사적 지원활동 중 무력행사와 일체화되는 행동은 집단적 자위권에 해당되어 허용되지 않고, 반대로 일체화되지 않는 행동은 가능하다는 것이다. 예컨대 보급, 수송, 건설, 의료 등은 무력행사와 일체화되지 않으므로 해외 파견된 자위대가 우방국들을 지원할 수 있다고 한다. 반면, 미군 전투기에 대한 공중급유는 무력행사와 일체화되는 행위이므로 허용되지 않는다는 것이다. 그러나 이런 논리는 복잡한 해석상의 어려움을 낳는다. 만약 미군 함정이 공해상에서 적을 향해 미사일을 발사한다고 할 때 일본의 해상자위대가 연료를 주입해 주는 것은 어떻게 보아야 할까? 이는 비단 하나의 예에 불과하고 이런 애매한 상황은 얼마든지 있을 수 있다. 결국 이 모든 문제는 명문 헌법은 그대로 둔 채 해석과 법 논리 구성을 통해 현실 안보상의 필요를 충족해 가려는 고육지책이 빚어낸 어려움이라 하겠다. 일본 내외에서도 이를 두고 '신학논쟁', '구름 위의 논리 싸움'이라는 비판이 있을 정도이다.

어쨌든 아베 내각은 2014년 7월 1일 각료회의를 통해 집단적 자위권 행사를 허용한다는 방침을 결정한다. 집단적 자위권 행사가 위헌이라는 기존의 헌법 해석을 변경하여 정책의 일대 전환점을 마련한 것이다. 이제 자위대는 그동안 금지되어 왔던 탄약 보급, 발진 준비 중인 전투기 등에 대한 급유 등도 제한 없이 할 수 있게 되었다. 2015년 2차 개정된 미일 가이드라인은 바로 이런 내용을 반영하고 있다. 1979년 최초 미일 가이드라인이 소련의 일본 침공에 대비한 것이라면 1997년 1차 개정된 가이드라인은 한반도와 대만을 포함한 주변사태 유사시 자위대의 주일미군 후방지원을 구체화하였다는 점은 이미 살펴본 바와 같다. 그러나 이때는 집단적 자위권 행사의 제약으로 일본의 후방지원 활동이 급유, 급수, 의료지원 등 비전투적인 내용으로 제한되었다. 그러나 2015년 개정된 가이드라인에서는 주변사태라는 제약이 사라지고 대신 중요영향사태라는 이름 아래 세계 어디서든 미군에 대한 지원이 가능하게 되었고 후방지원의 범위도 확대되었다. 예컨대 주일미군 전투기나 수송기는 일본 해상자위대의 호위함 이즈모로부터 탄약, 연료를 보급 받고 출격할 수 있게 되었다. 그리고 그 주요 표적은 한반도 위기 상황하의 북한, 아니면 동중국해와 남중국해에서 '힘에 의한 현상변경'을 시도하고 있는 중국이 될 것이다.

집단적 자위권 행사 용인이 갖는 안보적 영향은 다음 세 가지 측면에서 살펴볼 수 있다. 첫째, 미일 동맹 측면에서 보면 집단적 자위권 행사가 인정됨으로써 미군과 자위대의 일체화가 가속화되고 미일 양국의 외교안보전략의 동조화도 심화될 것으로 예상된다. 미일 양국이 글로벌 전략동맹을 발전시켜 나감에 있어서 더 이상 집단적 자위권이라는 굴레로 인해 자위대의 미군 지원 활동이 제약받는 일이 없어질 것이기 때문이다.

둘째, 동북아 안보환경 측면이다. 집단적 자위권은 모든 주권국가에게 보장된 국제법적 권리이며 동맹이 작동하기 위해 반드시 필요한 현실주의 안보전략의 기초이다. 따라서 일본이 이를 행사할 수 없다는 해석과 주장은 어차피 장기적으로 유지되기 어려운 측면이 있다. 다만, 동북아 안보환경의 유동성과 상호불신을 고려할 때 집단적 자위권 용인을 명분으로 한 일본의 군사적 역할 확대는 동북아의 안보딜레마를 악화시킬 가능성이 있다. 자위대의 활동이 보급, 수송, 의료 등 비전투행위에 한정되지 않고, 전력증강도 이와 연계하여 공격적인 능력 확충으로 이어질 경우 중국 등 주변국의 의구심을 낳을 수 있기 때문이다. 또한 유사상황에서 자위대가 미군에 대한 전면적 협력을 하게 될 경우 미중간 대립 뿐 아니라 중일간의 긴장고조와 충돌 가능성도 배제할 수 없을 것이다.

마지막으로 한반도 안보 측면에서는 한반도 유사시 자위대의 후방지원으로 미군의 작전능력이 배가된다는 점은 긍정적이다. 다만, 이를 통해 자위대가 한반도 문제에 직간접적으로 개입할 가능성이 있다는 점은 염두에 두어야 할 것이다. 한국 영토, 영해, 영공에 대한 자위대 활동이 한국정부의 동의 없이 이루어질 수 없다는 것은 국제법 원칙상 당연하겠지만, 북한지역 및 한반도 주변 지역에 대한 개입 가능성에 대해서는 사전 검토와 입장 정리가 필요할 것이다.

아베정부 안보정책의 평가 및 동아시아 안보질서에의 영향

그렇다면 아베정부의 안보정책에 대해 종합적으로 어떻게 평가해야 할까? 일각에서 제기되는 것처럼 일본은 과거에 대한 반성 없이 다시 군사대국화를 추진하고 있으며 심지어 군국주의로 회귀되는 조짐이라고 보아야 할 것인가? 중국측의 평가는 대부분 상당히 부정적이다. 즉, 아베 정부가 중국 위협론을 노골적으로 제기하면서 대중국 포위 전략을 구사한다고 비판하고 있다. 특히 2013년은 종전 이후 68년만에 일본의 안보정책이 급변하기 시작한 해라고 평가하기도 한다. 중국 외교부장 왕이는 일본의 지도자들이 역사의 수레바퀴를 거꾸로 돌리고 있으며 일본을 위험한 길로 유도하고 있다고 비판한 바 있다. 중국 외교 학원의 전문가는 일본의 군사정책에 파시스트적 열망이 있다고까지 공격하기도 했다.

반면, 일본의 안보적 역할 확대를 긍정적으로 또는 불가피하게 보는 해석도 존재한다. 부시 행정부 NSC에서 아시아태평양정책을 담당했던 빅터 차Victor Cha는 일본의 안보정책은 미일동맹 뿐 아니라 한국의 안전보장에도 유익하다고 평가한다. 영국의 국제전략문제연구소는 아베정부의 행보를 중도 우파적인 것으로 해석하며 역내 안보위협으로 보는 전망은 과장된 것이라고 비판한다. 커트 캠벨 전 국방부 동아태차관보도 현재 일본은 1937년의 일본과는 완전히 다르다며 일본이 재군비를 하고 있다는 주장은 일본의 사정을 완전히 잘못 파악한 것이라고 강조한다. 일본이 군국주의로 회귀할지 모른다는 막연한 두려움은 근거없는 과장이라는 것이다.

아베정부의 행보를 군국주의나 팽창주의로 평가하는 것은 과도한 해석으로 보인다. 일본은 안보정책 방향, 군사전략의 전환 등에 대해 다른 어떤 민주국가보다 고도의 투명성을 보이고 있다. 육해공 자위대의 부대편제, 자위대 인원 및 예산 현황, 그리고 항공기, 전차, 함정은 물론 소총 보유 숫자까지 공개할 정도이다. 다시 말해 일본의 방위정책은 민간정부에 의한 철저한 민주적 통제하에 진행되고 있다.

다만, 일본의 우경화 현상이 심화되고 있는 것은 분명하다. 일본의 대외관계나 안전보장 문제에 있어서 보수적, 현실적 색채가 짙어지고 있기 때문이다. 우경화 현상은 앞서 살펴보았듯이 역사문제, 영토 문제, 그리고 안전보장 문제 영역에서 모두 일어나고 있다. 특히, 역사문제와 관련해서는 야스쿠니 신사참배와 위안부 문제 회피 뿐 아니라 일본 국민의 애국심과 국가의식 고취, 국기와 국가에 관한 법률 제정 등 일본 사회 전체적으로 국가주의적 분위기를 고취시키고 있다. 이러한 우경화 현상은 단순히 아베 내각만의 특성이 아니라 잃어버린 20년에 대한 상실감과 중국과의 국력 역전에 따른 초조감이 반영된 장기적 현상이라는 것이 전문가들의 해석이다. 따라서 현재 아베 내각이 물러난다고 해도 사라질 현상이 아니라는 판단 하에 미래 한일관계와 동북아 질서를 구상하는 노력이 필요할 것이다.

아베 내각의 대외정책을 보통국가 지향의 외교안보정책과 역사 및 영토문제에 대한 수정주의적 내셔널리즘으로 구분해서 생각해 볼 필요가 있다. 먼저 외교안보정책은 전후체제를 탈피하여 보통국가가 되겠다는 전략적 의도하에 추진되고 있는 것으로 일정 부분 불가피한 흐름이라고 평가된다. 세계 3위의 경제대국이 패전 이후 승전국에 의해 강제로 부과된 헌법의 제약을 언제까지 받아들이고 산다는 것은 기대하기 어렵기 때문이다. 집단적 자위권 행사의 용인처럼 최소한 해석의 변경을 통해서라도 부전不戰국가의 굴레를 벗어나려고 할 것이다. 케네스 왈츠의 지적처럼 강국의 잠재력을 갖고 있는 국가가 강국이 되는 것을 선택하지 않는다는 것은 국제관계에서 좀처럼 보기 어려운 예외일 것이다.

쟁점은 일본이 과연 어느 선까지 정치군사적 역할을 확대해 나갈 것인가 하는 점이다. 혹자는 미일 협조노선을 넘어 군사대국화를 지향할 가능성을 우려하기도 하지만 그 가능성은 크지 않을 것으로 보인다. 그 이유는 중국과 일본의 경제력과 군사력 격차가 시간이 갈수록 일본에게 불리하기 때문이다. 일본은 또한 고령화, 복지비 지출로 군사비에 과다 투자할 여력도 거의 없다. 따라서 일본은 향후에도 미국 없이 중국을 상대하기 벅차기 때문에 미국의 우산 아래 남아 있을 가능성이 커 보인다.

문제는 수정주의적 역사인식과 공세적인 영토, 영유권 주장이다. 아무리 외교안보정책이 그 자체로는 수긍할 만하더라도 그것을 추진하는 세력이 일본 제국주의 역사에 대한 반성 없이 내셔널리즘적 정책을 밀어붙이고 있다는 점은 우려의 대상이다. 한국과 중국 등 주변국은 당연히 예민해 질 수밖에 없고 보통국가화 외교안보정책의 긍정적 측면은 상쇄될 수밖에 없다. 집단적 자위권 용인을 적극 환영하는 미국이 야스쿠니 참배나 위안부 문제에 대해서는 아베 정부에 비판적인 이유도 바로 이 때문이다.

그러나 아베 정부의 보통국가화 정책이 역내에서 역풍을 맞고 있는 것은 비단 수정주의적 내셔널리즘 때문만은 아니다. 외교안보정책 자체에도 문제가 없지 않은데, 이는 아베 정부의 안보정책이 지나치게 중국 견제와 군사력 측면에 중점을 두고 추진되고 있기 때문이다. 일본이 표면적으로는 적극적 평화주의를 표방하고 있지만 실제 정책의 내용을 보면 해병대 창설, 자위대 전력증강 등 중국을 겨냥한 공세적 측면이 있다는 점을 감추기 어렵다. 따라서 중국의 경계심을 낳고, 이는 동북아의 군비경쟁과 안보딜레마를 악화시킬 가능성을 배제할 수 없다. 또한 지나치게 공세적이고 대결주의적 태세는 미국의 아시아 전략과도 어긋날 소지가 있다. 오바마 행정부의 아시아 재균형정책은 단순한 중국의 봉쇄가 아닌 포괄적인 아태지역 관여정책이다. 중국과의 협력을 추진하되 중국의 부상에 따른 위험을 관리하는 헤징 전략의 일환인 것이다. 그런데 일본이 대중견제와 군사적 대결태세 중심의 안보정책을 추진한다면 이는 미국의 동아시아 정책과도 괴리를 빚을 수 있다.

또한 일본의 보통국가화 정책은 한국의 외교안보 전략과도 상충할 가능성이 있다. 한국에게 있어서 중국은 경제와 사회문화적 분야에서의 협력은 물론, 북핵 문제, 통일 등 안보 분야에 있어서도 협조를 이끌어내야 할 중요한 국가이다. 따라서 일본이 숙명적 라이벌 의식을 바탕으로 대중견제 안보전략을 강조하고 여기에 한국을 끌어들이려 한다면 이는 통일과 동북아 평화안정을 추구해야 하는 한국의 국가전략과도 긴장을 빚을 여지가 있다는 점을 유념할 필요가 있다.

참고문헌

나카소네 야스히로(오문영 옮김). 1993.『정치와 인생: 나카소네 야스히로 회고록』서울: 조선일보사.

박명림. 2013. "한국전쟁 깊이 읽기: 현대 동아시아 국제질서와 한국전쟁."『한겨레』2013.7.16

박영준. 2008.『제3의 일본: 21세기 일본외교·방위정책에 대한 재인식』서울: 한울아카데미.

박영준. 2014. "일본의 새로운 국가안보전략과 동아시아 질서."『외교』제 110호.

박철희. 2004. "전수방위에서 적극방위로: 미일동맹 및 위협인식의 변화와 일본 방위정책의 정치."『국제정치논총』제44집 1호.

W.G. 비즐리(장인성 옮김). 2004.『일본 근현대사』서울: 을유문화사.

이원덕. 2002. "21세기 일본의 국가진로: 보통국가로의 행진?" 이원덕 외.『동요하는 일본의 신화』서울: 미래인력연구원.

조세영. 2004.『봉인을 떼려 하는가: 미일동맹을 중심으로 본 일본의 헌법개정 문제』서울: 도서출판 아침.

최운도. 2003. "일본 방위정책 변화와 한국의 안보."『국가전략』제9권 2호.

NEAR 재단 편저. 2015.『한일관계, 이렇게 풀어라: 국교 정상화 50년, 한일 지식인들의 권고』서울: 김영사.

Cha, Victor D. 1999. *Alignment Despite Antagonism: the United States-Korea-Japan Security Triangle*. Stanford: Stanford University Press.

Christensen, Thomas J. 1999. "China, the U.S.-Japan Alliance, and the Security Dilemma in East Asia." *International Security*, Vol.23, No. 4.

Green, Michael J. 2001. *Japan's reluctant realism: foreign policy challenges in an era of uncertain power*. New York: Palgrave.

Hughes, Christopher W. 2004. *Japan's Re-emergence as a Normal Military Power*. Oxford: Oxford University Press.

Nye, Joseph. 1995. "East Asian Security: A Case for Deep Engagement." *Foreign Affairs*. July/August 1995.

동아시아 질서의 미래 및
한국 외교안보의 도전

중국의 부상, 미국의 아시아 회귀, 일본의 전후체제 탈각이라는 3대 축을 중심으로 동아시아 질서가 요동치고 있다. 여기에 북한 변수와 한반도의 미래 역시 역내 질서에 중요한 요인으로 작용할 것이다. 먼저, 보다 긴 호흡에서 현재 진행되고 있는 동아시아 질서의 변화를 이해하기 위해 과거 동아시아 질서가 어떻게 형성되고 변화해 왔는지 살펴보도록 한다. 또한 유럽의 통합과 같은 다자적 지역통합이 동아시아에도 가능한지에 대해서 점검해 본다. 그럼으로써 우리가 추구해야 할 미국, 일본, 중국 등과의 양자 외교 방향 뿐 아니라 동아시아 지역전략에 대해 논의할 수 있을 것이다.

01

동아시아 제국질서의
역사적 변천과 탈냉전기의
균열 및 재편

과거 동아시아 역사를 보면 시대별로 한 국가를 중심으로 주변부 국가들이 일정한 위계질서를 형성해 온 패턴이 발견된다. 즉, 중화제국, 일본제국, 그리고 미 제국이 주도한 질서가 동아시아에서 등장과 소멸을 반복해 왔다. 여기서 제국이라고 하는 것은 중심국가가 주변부 국가들에 대해서 조공, 식민지 또는 위성국이라는 관계 규정을 통해 지역 내 국가들의 대내외적 정책을 독점적으로 규제하는 것을 의미한다. 시대별 제국 질서의 특징을 살펴본다.[2]

중화 질서

중국이 중심된 중화질서는 멀리로는 진秦, 한漢 통일왕조부터 시작되었으나 그 성격이 보다 명확해진 것은 수隋, 당唐 왕조에 이르러서였다. 그러다가 15세기 명나라가 등장하면서 조공제도가 갖추어지는 등

---

2 이하 내용은 백영서, 『핵심현장에서 동아시아를 다시 묻다』를 기초로 작성.

중국의 화이^{華夷} 질서가 보다 체계화 되었다. 중화제국의 특징은 화이 사상을 중심으로 한 예^禮적 질서이다. 즉, 중국이 문명의 중심인 화^華이 고, 주변은 그보다 뒤떨어진 이^夷로 파악하는 세계관을 말한다. 이^夷도 문명의 정도가 중심인 중국과의 지리적 거리에 따라 서열이 정해지는 위계적인 질서였다.

한편, 중화질서는 중국에 의해 일방적으로 강요된 것이 아니라 주변 부가 자발적으로 수용한 관용적 질서인 측면이 강했다. 중국은 주변국 을 직접 지배하기보다는 군주 책봉 승인을 통해 영향력을 행사하는 간 접지배 방식을 채택했고, 주변국들도 중국이 문명의 표준임을 받아들 이고 조공관계를 통해 화이질서에 순응하였던 것이다. 한국 등 주변국 들이 화이질서를 받아들인 것은 이를 통해 유교문명권의 중심인 중국 천자로부터 지배의 정당성을 보장받고 외침 등의 국가 위기시에 원조 를 받고자 하는 이유에서였다. 특히 조공을 통한 공^公무역뿐 아니라 특 권 상인 간의 사^私무역을 통해 주변국들은 중국의 발전된 문명을 받아 들일 수 있었는데, 이러한 중국의 선진화된 문명과 경제력이 중화제국 을 지탱시켜 주는 원천으로 작용하였다.

일본의 대동아공영 질서

19세기 서구 열강들이 동아시아에 몰려들자 중화제국 질서는 흔들 리고 마침내 무너지게 되었다. 영국, 독일, 미국, 러시아 등 제국주의 국가들이 몰려들자 중국은 '치욕의 100년'을 시작하게 되고, 동아시아 는 명확한 패권 국가 없이 열강들이 치열하게 경쟁하는 불안정한 상황 을 맞게 된 것이다. 이때 동아시아에 새로운 제국 질서를 구축하려고 시도한 국가가 일본이었다. 과거 중화질서에서는 일개 변방에 불과했던 일본이 동아시아의 중심으로 진입을 시도한 것이다. 그 전개와 몰락 과정을 압축적으로 설명하면 이렇다.

서구 문명에 일찍이 노출되어 근대화의 기회를 먼저 잡은 일본은 구미제국의 제국주의 외교를 그대로 본받아 1895년 대만, 1910년 조선을 병합하는데 성공하고 이후 1931년에는 만주국을 수립하는 등 중국 본토까지 세력을 확장하였다. 그러나 일본의 팽창은 영국, 미국과 갈등을 빚게 되고 마침내 일본은 구미의 식민지 타파와 아시아민족의 해방을 명분으로 대동아공영권을 주창하게 되었다. 동아시아의 자급자족 체계를 지향했던 대동아공영권은 다시 말해 서구 제국을 축출하고 과거 중화질서를 대체하고자 하는 일본 중심의 제국질서였던 것이다. 그러나 일본 중심의 제국질서 구축 노력은 반세기를 지속하지 못하고 결국 몰락하는데 그 이유는 무엇보다 일본의 역량 부족 때문이었다. 대동아공영권이 표면적으로는 서구와 구별되는 아시아 민족간의 상호연대를 내세웠으나 그 기본적인 성격은 군사적 힘을 동원한 직접 지배와 주변국 수탈에 의존하는 강압적 구조였다. 거기에다 중화제국처럼 풍부한 경제력과 선진화된 문명으로 주변국을 유인할만한 역량을 갖추지 못한 한계가 있었다. 일본은 결국 서구 열강과의 군사적 대결을 불사했으나 패배하였고, 이로써 짧았던 일본 제국은 곧 종말을 맞았던 것이다.

냉전기 미국 주도의 동아시아 질서

2차 대전으로 일본이 패망하자 아시아태평양은 미국 주도 질서에 급속히 편입되었다. 일본은 이제 미국에 자국의 안보를 완전히 의존하는 경제일변도의 비군사 국가로 전환되었고, 중국에서는 국공 내전이 공산주의 승리로 귀결되었으나 신생 모택동 정부는 국경 밖으로 영향력을 행사할 수 있는 여건에 있지 않았다. 따라서 미국만이 이 지역에서 압도적인 군사력과 경제력을 바탕으로 우월적 지위를 확립하게 되었다. 미국이 패권질서를 확립한 방식은 역내 파트너 국가들을 미국의 동맹 체제내에 포섭하는 방식이었다. 특히, 유럽과 달리 횡적인 다자적 연결 대신 일본, 한국, 필리핀 등 동아시아 개별국가들과 양자동맹을 맺는 수직적 질서를 구축하였다. 즉, 미국이 마치 부채의 손잡이처럼 중심에 있고 개별 동아시아 국가들은 부챗살처럼 미국과 개별적으로 연결되는 구조를 말한다. 미국은 필요한 지역에 해외 군사기지를 설치하고 동맹국들이 신뢰할 수 있는 안전보장을 제공함으로써 이 지역에 대한 정치, 군사적 영향력을 확보하였던 것이다.

미국이 동아시아에서 제국질서를 유지할 수 있었던 근본적인 요인은 미국의 강력한 경제력 덕분이었다. 경제발전과 근대화를 추구하는 동아시아 국가들에게 방대한 시장을 제공했고 유무상의 경제적 지원도 아끼지 않았던 것이다. 자유진영의 리더로서 공산주의 세력의 확장을 막고 동맹국을 결속시키기 위한 조치였다. 이런 점에서 한국이 단순히 냉전의 피해자가 아니라 그 수혜자요 이용자이기도 했다는 관점이 가능하다. 냉전이라는 구도가 없었다면 전쟁으로 거의 모든 것이 파괴된 대한민국이 고도의 경제성장을 이룩할 수 없었을 것이라는 가정이다. 또한 미국이 전파한 자유주의적 이데올로기와 서구 문화도 동아시아 국가들을 미국적 질서에 자연스럽게 끌어들이는 유인으로 작용하였다. 미국은 압도적 군사력 뿐 아니라 대동아공영권의 일본이 가지고 있지 않았던 경제적 흡입력, 문화적 매력 등을 가지고 있었던 것이다.

탈냉전기 동북아질서의 균열과 재편

냉전 시절 공고하게 유지되던 미국 중심의 동북아 질서는 이제 균열과 재편의 징후를 보이고 있다. 특히 최근 들어 중국과 일본을 중심으로 기존 질서를 재편하려는 움직임이 두드러지고 있다. 일본의 아베 정부는 전후체제 탈각 노력을 본격화하고 있고, 중국은 시진핑이 '중국의 꿈中國夢'을 내세우며 미국에게 '신형대국관계' 건설을 요구하고 있다. 러시아도 푸틴의 지도 아래 강대국 지위를 되찾기 위한 행보를 보이고 있다. 여기에 미국 오바마 행정부는 '아시아로의 재균형' 정책을 내세우며 이 지역에서의 패권적 지위를 순순히 포기할 의사가 없음을 분명히 하고 있다. 역내 모든 강대국들간 꿈의 충돌이 벌어지고 있는 형국이다.

특히 미중 간 패권경쟁뿐 아니라 중국과 일본 간의 경쟁과 긴장 구도를 유의할 필요가 있다. 2000년대 들어서 중일관계는 부침을 거듭해왔다. 2001년 고이즈미 수상의 야스쿠니 참배 이후 중일관계가 경색되었으나 2009년 민주당 집권으로 협조국면으로 전환된 바 있다. 하토야마 내각의 중국 중시 태도와 오자와 이치로 간사장 등 민주당 수뇌부들의 친중 성향이 작용하였기 때문이다. 그러다가 2011년 출범한 노다 내각이 미일 동맹 우선 노선을 분명히 하고 이듬해 아베 내각이 등장하면서 중국과의 긴장관계가 지속되고 있다. 미일동맹을 유지하되 중국에 대한 관여를 확대하자는 '대중관여론'이나 미일동맹을 상대화하고 중국과의 연대를 강화하자는 '대중연대론'은 이제 힘을 잃고 중국 견제에 중점을 두는 '미일동맹론'으로 굳어지고 있는 상황이다.

중일관계가 이렇게 경색되고 있는 데에는 아베 내각의 가치관 뿐 아니라 몇 가지 구조적 요인이 작용하고 있음을 이해할 필요가 있다. 첫째는 중국의 부상과 일본의 쇠퇴이다. 1990년대 중국의 GDP는 일본의 12%에 불과했으나 2010년에는 일본을 추월했고, 2014년에는 일본의 두 배를 넘었다. 중국의 국방비는 일본 방위예산의 세 배에 육박한다. 중국은 대담해지고 일본은 초조해지고 있는 것이다. 둘째, 중일 양국의 국내적 어려움과 민족주의 기운이다. 중국은 급속한 경제발전에 따라 소득 재분배 등 정치적, 사회적 불안요소가 쌓이고 있고, 일본은 고령화 저출산이라는 만성적 문제를 풀지 못하고 있다. 중일 모두 출구를 찾아야 하는 상황에서 배타적인 민족주의적 정서가 분출하고 있는 것이다. 셋째, 미국의 새로운 아시아균형정책도 영향을 미치고 있다. 냉전시대 미일동맹은 소련의 위협에 대비하는 것이었지만 동시에 일본을 억제하는 역할도 있었다. "주일미군은 일본의 재군비를 막는 병마개의 역할을 한다"는 오키나와 주둔 미 해병대 사령관 스택폴Stackpole 소장의 발언은 바로 이를 가리킨다. 그런데 이제 중국의 힘이 커지자 미국이 일본의 재군비를 유도하고 있고 아베 내각은 이를 적극적으로 활용하고 있는 것이다. 즉, 재군비를 억제하는 병마개가 살짝 열리고 있는 모습이다.

그렇다면 이렇게 상호 교차하면서 복잡하게 전개되고 있는 동북아 각국의 움직임은 궁극적으로 이 지역의 질서를 어떻게 변화시켜 나갈까? 역사적으로 동아시아지역에는 하나의 지역 강국이 존재해 왔고 지금처럼 세계 제1, 2, 3위 대국이 공존하는 상황은 처음이라고 할 수 있다. 동아시아의 미래질서에 대해서는 여러 가지 시나리오가 거론된다. 미국 중심적 질서가 유지된다는 예측도 있고 중화질서가 다시 찾아온다는 전망도 있다. 그러나 과거와 같이 어느 한 국가가 주도하는 제국적 질서의 부활은 쉽지 않을 것으로 보인다. 경제규모에서 조만간 중국에게 추월당할 미국은 헤게모니 유지를 위해 필수적인 물적 역량이 부족해지는 문제에 직면할 것이다. 중국은 커지는 경제력에도 불구하고 미국의 군사력을 따라잡기에는 많은 시간이 소요될 것이다. 민주주의, 인권 등의 규범력이나 과학기술, 문화 등 소프트파워 측면에서도 미국보다 열세에 있다. 또한 정치군사적 역할 확대를 외치며 지역 강국으로 부상하기 위해 절치부심하는 일본은 경제력과 군사력의 열세, 그리고 과거 역사의 멍에 때문에 그 한계가 너무나 분명하다.

한 국가에 의한 패권적 질서가 어렵다면 복수의 강대국들이 어떤 관계를 맺고 이를 통해 어떤 질서가 만들어질 것인가가 관건이다. 혹자는 미중간 쌍두마차 체제, 즉 미중 양국이 협력을 통해 동아시아질서를 조화롭게 관리하는 질서를 거론하기도 한다. 유럽에서 나폴레옹 전쟁 이후 등장한 강대국들 간 협조체제와 유사한 질서를 말한다. 그러나 미중 협조체제의 대두는 가능성이 크지 않을 것이다. 미중 양국이 전략적 경쟁을 중단하고 상호간의 영향력의 범위를 인정해야 하는데, 이러한 힘의 균형과 인식의 공유가 실제로 이루어지기는 대단히 어려울 것이기 때문이다.

가장 가능성이 큰 것은 미중 경쟁구도에 일본이 미국의 하위 파트너로 참여하는 상황이다. 미국은 동아시아에서 팽창하는 중국에 밀리지 않기 위해 일본과의 전략적 협조가 반드시 필요하고 일본도 혼자서는 중국을 상대하기에 역부족이기 때문에 독자노선보다는 미일동맹의 틀 안에서 국가적 위상을 확대하려 할 것이다. 여기서 문제는 한국의 입장 정립이다. 미국과 일본은 한국이 중국의 부상을 견제하는 한미일 3각 협조체제에 일익을 담당해 줄 것을 희망하는 반면, 중국은 미국의 동맹 체제에서 약한 고리인 한국을 중국쪽으로 끌어 들이려 할 것이다. 한국 외교안보가 헤쳐나가야 할 도전이다.

02

동아시아 지역통합의 모색

미중 간 패권 경쟁질서의 전망을 통해서 한국 외교안보가 지향해야 할 방향을 논하기에 앞서, 동아시아에서도 다자적 협력이나 지역통합이 이루어질 수는 없는지 살펴볼 필요가 있다. 강대국 간 세력 경쟁과 권력 정치적 논리에 안주하지 않고 유럽과 같은 다자적 질서를 만들자는 주장이다.

쌍무적 동아시아 안보질서의 한계

2차 대전 이후 형성된 동아시아 지역의 샌프란시스코 체제가 지나치게 미국과의 쌍무적 동맹에만 의존해옴에 따라 다자적 협력은 불모지에 가깝다는 것은 항상 비판의 대상이 되어 왔다. 냉전 질서 속에서 미국이 아시아 각국들과 종적인 양자관계만을 허용함으로써 횡적인 결합을 통한 역내 협력이 발전하기 어려웠다는 지적이다. 동아시아 국가들역시 일국 단위의 근대화에 몰두했고 지역통합에는 관심이 저조했던 것이 사실이다. 그런데 이제 미국의 패권적 지위에 변화가 생기면서 새로운 질서가 모색되고 있기 때문에 동아시아 공동체와 같은 대안적 질서의 가능성을 다시 한번 검토해 볼 필요가 있다. 실제 정부간 협의에 의한 동아시아 지역통합 움직임이 더디지만 냉전 종식 이후에 있어 왔다. 1997년 ASEAN+3 체제가 출범했고, 2001년 정상회의에서는 평화번영발전을 추구하는 동아시아 공동체 비전을 채택한 바 있다. 아울러 경제영역이 선도하고 시민연대 운동을 통해 밑으로부터 통합을 진행하자는 지역통합 운동도 전개되고 있다.

유럽통합의 기나긴 여정과 성공요인

그러나 지역통합을 이루는 것은 간단한 일이 아니다. 유럽통합의 성공사례가 동아시아에서도 가능할 것이라는 추론은 보다 신중할 필요가 있다. 먼저 유럽에서의 지역주의 발전은 실로 오랜 기간의 노력과 굴곡을 거쳐 현재에 이른 것이라는 것을 상기할 필요가 있다. 유럽통합은 경제적 통합과 안보적 필요를 결합한 1950년 '슈망 플랜Schuman Plan' 에 의해 첫 발걸음을 뗴었다. 즉, 2차 대전의 참화를 겪고 나서 당시 전략물자인 석탄과 철강을 지역차원에서 공동관리 하자는 것으로 이는 서독의 경제적 기초를 다자적 틀로 관리한다는 구상이었다. 이에 따라 1951년 '유럽석탄철강공동체ECSC'가 만들어지고 1957년에는 로마조약에 의해 '유럽경제공동체EEC'가 탄생하였다. 이어 1970년대 '유럽통화연합EMU'이 출범하고 1980년대에 이르러서는 유럽단일시장이 성립되었다. 마침내 1993년 '마스트리히트 조약Maastricht Treaty'을 통해 유럽은 시장통합을 넘어 보다 심화된 정치경제적 통합체로 진일보하게 되었다.

그러나 초기의 경제적 상호의존이 유럽통합이라는 지역주의 탄생을 바로 가져온 것은 아니었다. 지역주의는 역내 행위자들이 공통의 원칙, 규범 등을 만들어나가는 의식적인 노력과 타협의 산물이다. 그 과정에는 각자 국익을 극대화하기 위해 필연적으로 경쟁과 갈등이 수반된다. 따라서 유럽의 지역주의 운동은 초기 경제적 상호의존에 의한 기능적 통합에서 출발했지만, 안보적 동기의 결합, 초국가주의에서 강조하는 통합주의자들의 노력, 정치적 협상과정, 그리고 구성주의가 강조하는 유럽정체성과 사회문화적 배경 등 복합적인 요인이 작용했다는 점을 간과하지 말아야 한다. 특히 지역주의는 국가 주권의 자발적 제약을 요구한다는 점에서 어려운 결단이 필요한 정치적 과정임을 잊지 말아야 한다. 두 차례의 세계대전을 겪고 난 후 있었던 세력균형정책에 대한 철저한 반성과 뼈아픈 성찰이 없었다면 유럽의 통합은 쉽지 않았을 것이다.

동아시아 지역통합의 가능성 진단 및 정책 방향

이렇게 볼 때 동아시아에 유럽통합과 같은 지역주의가 도래하는 것은 간단치 않다는 것을 알 수 있다. 먼저 동아시아 각국 간의 국력 격차가 너무 크고 문화적 동질성도 약하며 대화의 습관이 부족하다는 등의 문제가 지적된다. 그러나 이런 한계들은 노력에 따라 극복이 불가능하지는 않을 것이다. 더 근본적인 문제는 동아시아 안보질서의 성격과 발전 정도다. 지역통합은 탈근대적 현상이다. 영토와 역사문제를 정리하고 근대국가 시스템을 정비한 유럽에서 그 다음 단계의 발전을 이루어낸 것이 지역통합이다. 그런데 동아시아에서는 아직 근대로의 이행도 진행 중이다. 개별 국가들이 영토, 주권의 완전성조차 아직 이루지 못하고 있는 상황이다. 분단된 한반도와 중국과 대만의 양안관계가 대표적 예이다. 또한 일본은 오랫동안 전쟁을 할 수 없는 비정상 국가였고 이제 이를 벗어나려 하고 있다. 독도, 센카쿠 열도, 남중국해 도서 등에 대한 영유권 분쟁도 남아 있다. 통일과 영토와 같은 근대국가의 주권과 관련된 이슈들은 지역통합을 막는 절대적 장애물인 동시에 지역주의를 통해 해결할 수 없는 주제들이다. 다자안보를 만든다고 해서 영토분쟁과 분단문제를 해결할 수는 없다.

한편, 동아시아는 지역내 패권추구, 군비경쟁 등 현실주의적 사고에 기반한 근대적 경쟁에 아직 몰두하고 있다. 유럽에 비해 전쟁을 통한 좌절을 충분히 맛보지 않았기 때문에 세력균형 논리가 갖는 위험성과 부작용에 대한 신중함과 절제도 부족한 측면이 있다. 따라서 이러한 구조적 한계를 염두에 둔다면 동아시아 공동체라는 이상주의적 목표에 국가역량을 과도하게 투입하는 것에는 신중할 필요가 있다는 지적에 귀 기울일 필요가 있다. 최근 미국, 중국, 일본 할 것 없이 다자주의에 대해 전향적인 모습을 보이고는 있다. 그러나 이는 다분히 각자의 지역패권 유지와 영향력 확보차원에서 다자주의를 활용하자는 것이지 진정한 의미의 지역공동체를 건설하고자 하는 것은 아닐 수 있다.

다만, 경직된 대결적 동맹체제가 군비경쟁과 충돌의 가능성을 갖고 있는 불완전한 질서라는 점 역시 분명히 인식해야 한다. 또한 미중 패권경쟁과 중일 라이벌리즘이 심화되는 것은 한국 안보에 절대 바람직하지 않다는 것도 분명하다. 따라서 세력균형이라는 현실주의 전략을 부정하지는 않되 이를 순화하여 다자적 제도주의 구축과 조화시키려는 노력이 필요할 것으로 보인다. 즉, 동아시아 공동체라는 장기 비전과 담론보다는 기존의 동맹구조와 보완적인 형태의 다자안보협력을 추진하는 것이 바람직할 것이다. 이러한 다자적 안보기제에서는 양자 동맹구조에서 논의하기 어려운 비확산, 테러, 환경, 에너지 등 초국가적 이슈들을 다룰 수 있을 것이다. 또한 한미일, 한중일 등 소다자주의 협의체를 활성화할 필요가 있다. 이러한 대화가 분야별, 수준별로 활성화된다면 강대국의 이해를 조정하고 협력을 촉진하는 한국외교의 공간을 확보할 수 있을 것이고 이를 통해 미중관계, 중일관계의 안정화를 도모하는데도 도움이 될 수 있을 것이다.

03

한국 외교안보의
전략적 선택

동아시아 질서가 변하고 있다. 한국의 외교안보도 입장 정립을 요구 받고 있다. 미중 간 입장이 대립하는 사안에 대해 어떤 선택을 할 것인 지, 역사적 반성 없이 군사안보적 역할을 확대하는 일본과는 어떤 관 계를 맺을 것인지 결정해야 한다. 이 때 유의할 것은 현안별 대처나 양 자 차원의 접근만으로는 한계가 있다는 것이다. 그보다는 동아시아 지 역 전체의 관점에서 현재 진행되고 있는 역내 역학구도의 변화를 이해 하고 이에 바탕하여 우리가 원하는 지역질서를 그리며 대외전략을 모 색해야 할 것이다.

미중 패권 경쟁과 한국의 선택:
위험관리(hedging)와 현안별 지지

전 지구적 차원의 미중간 패권경쟁은 아직 본격화되지 않았지만 동 아시아 차원에서는 미중 전략적 경쟁은 이미 진행 중이다. 2013년 중 국은 일방적으로 방공식별구역을 선포함으로써 미국 중심의 기존의

서태평양질서를 더 이상 고분고분 받아들이지 않을 것임을 분명히 했다. 최근에는 남중국해 난사군도에 인공섬을 확대하고 그곳에 비행 활주로와 정박시설, 통신 정찰 시스템 등을 마련하고, 점유지의 12해리 안쪽이 영해라며 외국 군함 등의 진입을 저지하려는 움직임을 보이고 있다. 이에 대해 애쉬턴 카터Ashton Carter 미 국방장관은 "미국은 수십년 동안 이 지역의 바다와 하늘을 통행해 왔고 이를 그만둘 생각이 없다"며 반박하고 있다. 2010년에는 천안함 사건 직후 한미 양국이 서해 해상 연합훈련 계획을 발표하자 중국은 핵 항공모함 조지 워싱턴호가 참여하는 이 훈련에 대해 강력하게 반발했다. 미국이 공해상에서의 항해 및 군사훈련의 자유를 강조하는 데 대해 중국은 "서해에는 공해가 없다"며 맞받아치고 있다.

안보질서뿐 아니다. 경제적 영역에서도 미중경쟁이 가열되고 있다. 중국은 2009년 G20 런던 정상회의에서 달러의 기축통화 체제에 대해 문제 제기를 한 데 이어, 2015년에는 미국의 견제 속에서도 영국, 프랑스, 독일, 호주 등 서방 국가들을 대거 끌어들이는데 성공하며 '아시아 인프라 투자은행AIIB'을 창립하였다. IMF, 세계은행, 아시아개발은행으로 대표되는 미국 중심의 국제 금융질서에 대한 도전이자 달러 기축통화에 대한 도전인 것이다.

문제는 미중간 전략경쟁이 한국을 비롯한 동아시아 국가들에게 양자택일을 강요할 가능성이다. 이미 미중 양국으로부터 이러한 줄세우기 및 관계 확인 압력이 나타나고 있다. 2013년 12월 방한시 미국의 바이든Joe Biden 부통령은 "미국의 반대편에 베팅하는 것은 그리 좋은 베팅이 아니다"라며 한국의 중국 경사 가능성을 우려하는 미국의 속내를 드러낸 바 있다. 또한 2015년 6월 대니얼 러셀 미 국무부 동아태 차관보는 "한국은 남중국해 영유권 분쟁에 대해 목소리를 높여야 한다"며 분쟁당사자가 아닌 한국에게 입장 정리를 요구하기도 했다. 한편, 미국의 고고도 미사일방어 체계인 싸드^{THAAD}의 한반도 배치 움직임에 대해 중국은 한중관계의 훼손을 경고하며 압력을 가하고 있다. AIIB 문제에 대해서도 한국정부는 한미관계를 고려하여 마지막까지 고민하다 영국 등 서방 국가들의 결정이 있고 난 후에야 참여를 결정했다.

그간 정부나 일부 학계에서 "한중 우호 관계와 한미 동맹 관계는 충돌하지 않는다"는 주장이 있어 왔는데, 이제 이런 가정은 우리의 희망일 뿐 상황은 점점 달라지고 있는 것으로 보인다. 특히 과거에는 경제는 중국과의 협력을, 안보는 미국에 의존하는 접근이 통용되기도 했으나 이제 이런 이분법은 유지하기 곤란한 상황이다. AIIB라는 한중 간 경제협력 문제를 미국이 견제하려 하고, 싸드라는 한미동맹의 안보문제에 대해 중국이 압력을 가해오기 때문이다. 앞으로 미중 간의 패권 경쟁이 심각해진다면 동맹국 미국과 전략적 파트너인 중국 사이에서 한국에게 허용되는 선택의 범위가 과연 어느 정도가 될 것인지가 더욱 문제가 될 것이다.

특히 미중 갈등이 한반도로 전이될 가능성을 고려해야 한다. 이와 관련된 이슈가 주한미군의 '전략적 유연성^{strategic flexibility}' 문제다. 주한미군의 전략적 유연성이란 주한미군을 더 이상 북한 위협만을 바라보는 붙박이 군이 아니라 역내 다양한 분쟁에 '신속기동군'으로 활용하겠다는 구상을 말한다. 아프간, 이라크 전쟁으로 병력 부족을 절감한 부시 행정부의 럼즈펠드^{Donald Rumsfeld} 장관 시절에 부각 되었던 전략개념이다. 문제는 전략적 유연성이 무한정 허용될 경우 주한미군이 대만 사태, 남중국해 분쟁 등에 개입하는 시나리오가 가능하다는 것이다. 그럴 경우 한국은 중국을 공격하는 주한미군의 발진기지가 되고 원치 않는 미중간 충돌에 빨려 들어갈 수 있다. 그렇다고 미국의 요구를 외면할 경우 한미동맹의 가치가 의심 받을 것이다. 소위 동맹이론에서 말하는 '연루와 방기의 딜레마abandonment and entrapment dilemma'다.

중국은 원래 한미동맹과 주한미군에 대해 이중적 고려를 갖고 있다. 즉, 한중 협력관계와 한미동맹이 공존할 수밖에 없는 현실을 수용하는 가운데 한미동맹이 한반도의 안정과 일본의 군사 대국화를 막는 긍정적 역할이 있음을 내심 인정해 왔다. 반면, 한미동맹이 대중 견제 성격으로 발전할 가능성에 대한 우려도 갖고 있다. 지난 수년간 부쩍 한미동맹 앞에 전략동맹이라는 수식어가 강조되고 있는 것에 중국은 주목하고 있을 것이다. 전략동맹이란 한미동맹이 더 이상 대북 방어동맹으로 남아 있지 않고 역내 또는 지구적 차원에서 미국과 호흡을 맞추어 나가는 지향점을 강조한 것이기 때문이다. 중국의 관심은 바로 이러한 한미동맹의 진화와 발전이 궁극적으로 무엇을 겨냥할 것인지에 대해 모아져 있다. 2015년 5월 추이 톈카이 주미 중국대사가 월스트리트 저널과의 인터뷰에서 아시아에서 미국의 동맹 강화 움직임이 "본질적으로 모두 반反 중국적"이라고 강경 반응한 것도 이런 맥락이다.

그렇다면 미중 간에 한국이 취해야 할 노선은 무엇이어야 할까? 균형잡기, 전략적 모호성 유지, 중립 등 여러 가지 방안이 거론되지만, 모두 쉽지 않다. 균형을 잡는다는 것은 동맹의 가치와 충돌할 뿐 아니라 어느 지점이 균형인지도 알기 어렵다. 전략적 모호성도 미중 양국이 관계 확인과 입장정리를 요구하는 상황에서 견디기 힘들 수 있다. 일부 우리 국익과 관련이 적은 이슈들에 대해서는 몰라도 많은 현안들에 대해서는 어쨌든 선택이 불가피할 것이다. 중립 노선은 주변국이 수용할 가능성이 적고 역내 안보적 불확실성이 높아 위험할 수 있다.

따라서 미중 패권 경쟁 구도에서 한국이 취할 수 있는 선택은 기본적으로 다음 세 가지 중 하나이다. 첫째는 한미동맹을 폐기하고 떠오르는 중국에 편승하는 밴드웨고닝^{bandwagoning}, 둘째는 한미동맹을 통해 중국을 견제하는 밸런싱^{balancing}, 셋째는 중국과 최대한 우호관계를 유지하되 한미동맹을 통해 위험을 관리하는 헤징^{hedging}이다. 먼저, 첫 번째 방안인 편승전략은 위험하다. 외부 지원세력이 없는 상태에서 지리적으로 인접한 강대국의 선의에 의존하는 정책이기 때문이다. 힘이 더욱 커지고 주변국을 압도할 때 중국이 향후 어떤 모습을 보일지는 아무도 알 수 없다. 국가의 능력이 커질 때 정체성이 변하고 의도도 확장한다는 현실주의 이론의 경고를 유념할 필요가 있다.

둘째, 일방적인 밸런싱과 대중 견제 노선도 바람직하지 않다. 물론 한미동맹은 한반도 안보와 지역안정의 중심축으로 앞으로도 필수적이다. 다만, 한미동맹의 절대화는 조심해야 한다. 미중 패권경쟁과 중일 전략경쟁이 심화될 때 한국이 대중국 견제 구도에 휘말려 들어가는 연루의 위험을 경계해야 하기 때문이다. 또한 한국이 중국의 이익을 침해하는 경계의 대상으로 고착화되어 한중간에 만성적 긴장관계를 갖게 된다면 북한 핵 문제, 통일 등 중국의 협조 없이 풀기 어려운 우리의 핵심적 안보과제에 관련하여 곤란을 겪게 될 것이다. 경제적, 안보적으로 밀접한 이해관계가 있는 인접한 대국을 적대시하는 정책은 무모하고 현명하지 않다.

따라서 마지막 남은 옵션은 헤징 전략이다. 한미동맹을 통해 중국의 부상으로 인한 위험을 관리하되 한중 우호관계도 최대한 발전시켜 나가는 노선이다. 이것이 가능하기 위해서는 미중 양국이 공히 수용할 수 있는 한미동맹의 모습을 정립할 필요가 있다. 한국이 결국 중국 쪽으로 경사될 것이고 한미동맹이 황혼기에 접어들었다는 미국 조야의 일부 우려에 대해 한미동맹은 계속 한국 안보의 기축으로 남을 것이라는 점을 미중 양측에 분명히 할 필요가 있다. 반면 한미동맹이 반중反中 동맹 성격으로 운용될 수는 없다는 것을 이해시키는 것도 필요하다. 이와 관련 주한미군의 규모, 구성, 배치, 전략개념 등 한미동맹의 미래 비전에 대해 향후 한미, 한중 간 진솔한 전략대화도 있어야 할 것이다.

물론 헤징전략도 구체적인 정책으로 들어가면 선택의 문제에 직면할 경우가 많을 것이다. 이 경우에는 사안별로 합리적인 입장을 정립하여 이를 미중 양국에게 설명하고 이해를 구하는 '현안별 지지'로 대처하는 것이 불가피하다. 현안별 지지는 양다리 걸치기나 중립 또는 균형과는 다르다. 선택을 유보하고 애매하며 어정쩡한 균형점을 모색하는 것은 미중 어느 쪽도 만족시키기 어렵고 양쪽 모두로부터 신뢰를 잃을 수도 있다. 따라서 이보다는 사안에 따라 공개적이고 일관성 있는 입장을 미리 밝혀 이해를 구하는 것이 바람직할 것이다. 한국이 합리적인 입장을 선택하여 설명한다면 미중 양국은 한국이 취할 수 있는 최저 양보선을 명확히 인식하게 되고 최소한 불필요한 오해와 불신은 방지할 수 있을 것이다.

대일 외교안보정책의 방향:
역내 역학측면에서 일본의 활용과 견제

최근 위안부 문제에 대한 한일 간의 합의가 있었지만, 아베정부 출범 이후 한일관계의 경색이 장기화되고 있다. 더욱이 양국간 갈등이슈가 위안부 문제, 독도 영유권 뿐 아니라 강제 징용 배상, 유네스코 문화재 등재 등으로 다변화되고 있다. 더욱 심각한 것은 한국인들의 대일 감정이 악화되고 이에 못지않게 한국에 대한 일본인들의 인식이 나빠지면서 양국간 우호협력의 기반이 훼손되고 있다는 것이다. 현재 한일 관계가 복합다중 골절을 겪고 있다는 평가마저 나오고 있는 상황이다. 이는 한일 간 세대변화, 정치적 복원력의 상실, 민족주의 분위기 등의 내부적 요인과 함께 중국의 부상과 이에 대한 한일 양국 대응의 차이라는 외부적 요인이 복합적으로 작용한 결과라고 분석되고 있다.

보다 근원적으로 보면 현재 한일관계의 문제는 과거사 문제를 누락했던 '65년 체제'의 한계이기도 하다. 1965년 한일 국교정상화를 통해 한일 양국은 경제협력과 안전보장이라는 당초의 목표는 성공적으로 달성한 반면 과거사 문제에 대한 해결을 방치해 왔는데, 탈냉전 이후 대내외 여건이 변화하자 수면 아래 있던 문제들이 본격적으로 분출하기 시작한 것이다. 물론 65년 국교정상화 이후 50년 동안 한일 양국은 1993년 고노 담화, 1995년 무라야마 담화, 1998년 김대중-오부치의 '한일 파트너십 선언' 등을 통해 꾸준히 65년 체제의 한계를 수정, 보완하는 노력이 있어 왔다. 앞으로도 이런 흐름을 이어가려는 한일 양국의 노력이 계속되어야 할 것이다.

안보정책 측면에서 대일 전략의 방향을 논하기 위해서는 일본이 어디로 가고 있는가에 대한 냉철한 평가가 선행되어야 한다. 아베정부의 우경화 경향은 앞에서 살펴보았듯이 보통국가화 안보정책, 영토적 영유권 강화, 역사 수정주의라는 다양한 측면을 포함하고 있다. 이중 영토와 역사문제는 과거 일본 제국주의 역사에 대한 무반성과 비성찰적 인식을 보여주는 퇴행적인 행보이지만, 일본의 정치군사적 역할 확대를 추구하는 안보정책은 국제정치의 현실 측면에서 이해할 필요가 있다고 보인다. 특히, 집단적 자위권을 인정하고 유사시 자위대의 행동 반경을 넓히는 조치들을 군국주의와 동일시하는 우를 범해서는 안 될 것이다.

우리 입장에서 중요한 것은 한국의 안전보장과 국익 관점에서 일본의 대외적 영향력 확대가 어떤 의미를 지니고 있는지를 분명히 하는 것이다. 먼저, 심리적으로 불편하긴 하지만 동북아 역내 세력구도라는 측면에서 볼 때 일본의 정치군사적 역할 확대에는 긍정적 측면도 있다는 점을 인식할 필요가 있다. 동북아 안보 최대의 불확실성은 중국으로부터 비롯되고 있다. 미국이 재균형정책을 통해 관여와 견제의 복합전략을 구사하고 있지만 이 지역에서 중국의 존재감과 그림자는 더욱 커질 것이다. 이때 일본이 대외적 관여를 축소할 경우 동북아에서 중국의 우위는 가속화되고 한국은 외교공간이 축소되고 정책적 자율성이 더욱 위축될 가능성이 크다. 따라서 일본이 일정 정도 정치군사적 역할을 확대하는 것은 역내 힘이 중국에게 급속히 쏠리지 않도록 하는 데 도움이 될 것이다. 특히 혼자서 중국을 상대하기 어려운 일본으로서는 미국과의 동맹 안에서 역할 확대를 추구할 수밖에 없기 때문에 일본이 독자노선을 걷거나 군국주의로 나갈 것이라는 우려는 당분간 없을 것으로 판단된다.

따라서 일본과의 안보협력은 한일 양자관계 뿐 아니라 지역적 차원에서 입체적으로 생각할 필요가 있다. 중국 변수 뿐 아니라 북한 위협에 대비하는 차원에서도 일본의 전략적 가치는 무시할 수 없다. 한반도 유사 상황이 발생하면 한미동맹이 중심이 되어 대응하겠지만 주일미군도 신속대응전력 파견, 군수지원 등 후방기지로서 핵심적인 역할을 하도록 되어 있다. 즉, 일본 본토에 주둔하고 있는 요코스카 및 사세보 해군기지, 요코다 공군기지, 캠프 자마 육군 기지를 비롯하여 오키나와에 소재한 가데나 공군기지, 화이트비치 해군기지, 후텐마 해병대기지 등 7개의 유엔사 후방기지가 한반도 유사시 후방지원 임무를 수행하게끔 계획되어 있다. 특히 오키나와 가데나 공군기지는 F-15 전투기를 포함하여 E-3 지휘기, RC-135 정찰기 등 100여 대가 넘는 항공기가 배치되어 있는 아시아 최대 규모의 군사기지이다. 출격 1~2시간 내에 동북아 거점 도시에 전력을 투입할 수 있는 오키나와는 그래서 지역의 키스톤Key-Stone이라고 불린다. 따라서 미일동맹이 한국 안보와 무관한 것이 아니라 한미동맹과 긴밀히 연결되어 있는 하나의 세트라는 점을 유념할 필요가 있다. 이런 점에서 한일 안보관계는 한미동맹과 미일동맹을 매개로 실질적으로 연결되어 있는 준동맹quasi alliance 관계라고까지 지칭되기도 한다.

　이런 관점에서 볼 때 역사문제와 외교안보 사안은 분리 대응하는 기조를 유지하는 것이 바람직할 것이다. 역사, 영토 문제에 대한 일본 정부의 반동적인 행보는 절대 용인해선 안 되고 단호하게 대응해야 한다. 다만, 이를 외교안보 사안과 연계시켜 한일 안보협력이나 전반적 우호협력 관계를 훼손하는 결과를 초래하는 것은 바람직하지 않을 것이다. 특히 역사문제는 상황 악화를 방지하는 관리차원의 노력과 함께 역사인식의 공유라는 장기적 처방을 병행하는 방법으로 접근해야 한다. 또한 일본 시민사회 및 서구 여러 각국과 연계하여 가치 외교의 차원에서 꾸준히 일본을 압박할 필요가 있다. 외교안보 사안과 역사문제를 연계시키는 것은 미국의 동아시아 전략과도 긴장을 빚는 문제가 있다. 전후 미국의 동아시아 전략의 뼈대는 소련의 위협, 그리고 중국의 공산화에 맞서 미일동맹을 중심으로 하되 한미동맹이 이를 뒷받침하는 구도였다. 하버드대 동양사학자 에드윈 라이샤워Edwin Reischauer 교수가 말한 소위 '라이샤워 명제'는 현재도 중국 견제를 위해 한미일 공조를 강조하는 미국의 전략 속에 그대로 녹아 있다. 따라서 민족주의적 반일反日 차원에서 한일 안보사안에 접근하는 것은 문제 해결에 도움이 되지 않고 한미동맹에도 부담을 줄 우려가 있다는 점을 이해할 필요가 있다.

다만, 유의해야 할 것은 한일 안보협력이 중국 대 미일 견제구도에 종속되어 끌려들어가는 모습이 되지 않도록 하는 것이다. 보통국가화라는 비전 자체가 문제가 아니라 지나친 군사중심주의, 대중 견제 중심의 정치군사적 역할 확대가 아베 정부의 외교안보정책의 문제라는 점은 이미 살펴보았다. 세력균형 관점에서 힘과 역할의 확대도 필요하지만 중국을 국제사회에 건설적으로 견인해 내려는 협력과 관여 노력이 부족한 측면이 있다. 오히려 아베 정부의 노선은 미국의 재균형정책보다도 대중국 견제에 과도하게 초점이 맞춰져 있다. 중일 간의 국력 역전에 따른 초조감과 숙명적 라이벌 의식이 반영된 결과라고 보인다.

그러나 한국의 입장이 일본과 같을 수는 없다. 수출 규모에서 한국에게 중국은 미국과 일본을 합친 것보다 1.4배나 큰 시장이다. 일본은 중국과 안보적으로 경쟁할 뿐이지만 한국은 북핵 문제, 북한 급변사태, 통일 등 핵심적인 문제에 대해 중국의 협조가 반드시 필요하다. 또한 일본과 달리 한국은 역내 패권국 자리를 놓고 중국과 겨뤄야 할 위치에 있지도 않다. 따라서 한일 안보 협력 내지 한미일 안보 공조도 지나친 중국 견제로 기울어지지 않는 범위 내에서 추진하는 균형감각을 가져야 하고 또한 이를 미국과 일본에 설득할 수 있는 외교적 역량을 갖춰야 할 것이다.

총괄적 동북아 지역전략의 모색

한국이 미중 사이에서 위치 설정에 곤란을 겪고 우경화된 일본 외교에 대해 적절한 대응책을 찾지 못했다면 이는 비단 한미, 한중, 한일 양자관계의 문제만이 아닐 수 있다. 오히려 이런 양자관계들을 규율해 줄 동북아 전략을 정교하게 가다듬는 것이 한국 외교가 집중해야 할 중요한 과제라고 생각된다. 북핵문제, 싸드^{THAAD} 미사일 배치, 일본의 집단적 자위권 등 우리 앞에 놓여 있는 도전들은 모두 미, 중, 일 등 역내 국가들의 이해나 역학관계와 긴밀히 연결되어 있다. 따라서 개별 사안별로 대응하는 것은 그 자체로 해법을 찾기도 어렵지만 일관성 없는 정책으로 귀결될 가능성이 있다는 점을 이해해야 한다.

그러므로 핵심은 한국이 원하는 동북아 질서가 무엇인지 먼저 자문하는 것이 되어야 할 것이다. 그리고 나서 이러한 구도 하에서 미중관계를 평가하고 일본의 위치를 설정하는 접근을 할 필요가 있다. 대미, 대일, 대중 외교 방향을 세울 수는 있지만 이를 모두 모은다고 해서 한국의 동북아 지역전략이 되지 않는다는 자성이 나오는 것은 바로 이 때문이다. 따라서 한국이 지향하는 동북아 질서를 먼저 설정하고 이에 기반하여 양자관계의 방향과 구체적 정책들을 도출하는 것이 바람직하다.

정부의 동북아구상이 없는 것은 아니다. 노무현 정부 때는 '평화와 번영의 동북아구상'이 있었고 박근혜 정부는 '동북아평화협력구상'을 갖고 있다. 동북아평화협력구상은 경제, 환경, 문화 등 연성이슈^{soft issue}를 중심으로 협력을 시작하여 정치, 안보와 같은 경성이슈^{hard issue} 해결을 지향한다는 개념이다. 즉, 쉽고 협력이 가능한 분야부터 시작하여 어려운 분야를 해결 해 나가는 스필 오버^{spill over} 효과를 기대하는 접근이다. 긴밀한 경제협력에도 불구하고 정치, 안보 분야의 갈등이 지속되는 '아시아 패러독스'를 해결하기 위한 처방인 것이다. 그러나 동북아 평화협력구상이 그 자체로 지역전략이 될 수 있는 것은 아니다. 진정 어려운 것은 미중패권경쟁, 일본 보수우경화와 같은 경성이슈에 대처하는 것에 있지 연성이슈들은 부차적이기 때문이다. 환경, 문화 분야 협력이 진전된다고 하여 북핵 문제, 미중 패권경쟁이 해결될 수는 없다는 점을 인정한다면 정치·안보적 하드 이슈를 정면으로 다루는 것을 피할 수 없을 것이다.

그렇다면 한국이 원하는 동북아 질서란 어떤 모습일까? 가장 기본적인 것으로는 한반도의 평화 정착과 안정적인 역내 환경 정착일 것이다. 북한이 고립 속에 대중 의존도만 높여가며 대외 위협전략을 구사하도록 방치하는 것은 우리 국익에 도움이 되지 않는다. 또한 중국의 급격한 부상으로 역내 힘의 균형이 한쪽으로 심하게 쏠리는 것도 바람직하지 않다. 미일 동맹 일변도 정책으로 중국 대 미일 구도가 고착화되고 군비경쟁이 가속화되면서 한국 외교의 공간이 축소되는 것도 피해야 한다. 따라서 이런 요소들을 종합하여 우리가 원하는 동아시아 질서를 먼저 설정해야 한다. 그리고 이를 위해 한미, 한중, 한일 관계가 어떻게 이 구도에 기여할 수 있는지 구체적 정책을 고민해야 할 것이다. 또한 각종 현안들도 이 같은 지역전략의 큰 틀과 원칙하에 해결해 나가야 할 것이다.

참고문헌

김유은 외. 2005. 『동아시아 공동체: 비전과 전망』서울: 한양대학교 출판부.

김정섭. 2012. "동아시아의 미래, 중국에 달려있다." 임춘택, 이광형 편. 『미래를 생각한다 2013+5』서울: 비즈니스맵.

김정섭. 2014. "동북아 전후질서의 균열과 재편." 『See Futures』2014 봄호

김홍규. 2014. "시진핑 시기 중국 외교안보 전략의 진화." 『외교』제 110호.

박영준. 2014. "일본 아베 정부의 안보정책 변화와 한국의 대응방안." 『국방정책연구』 제30권 제1호, 103호.

박철희 편. 2014. 『동아시아 세력전이와 일본 대외전략의 변화』서울: 동아시아재단.

백영서. 2013. 『핵심현장에서 동아시아를 다시 묻다』서울: 창비.

정재호. 2015. "미중관계의 변화와 한국외교." 『외교』112호.

조세영. 2015. "한일관계 50년 분석과 대일외교의 과제." 『외교』113호.

조양현. 2014. "아베 총리 야스쿠니 참배 이후 한일관계." 『주요국제문제분석』2014-06.

하영선 편. 2010. 『동아시아 공동체: 신화와 현실』서울: 동아시아연구원.

대북정책의 쟁점과
통일정책과의 연계

대북정책은 항상 논쟁적이기 쉽다. 동포이자 위협인 북한의 이중성을 어떻게 이해하고 어디에 강조점을 두느냐에 따라 다른 해법이 나오기 때문이다. 대북정책 기조를 단순하게 이분화한다면 압박과 포용이 있다. 바람직한 대북정책을 모색하기 위해서는 먼저 대북 압박정책의 전제조건을 살펴볼 필요가 있다. 북한 붕괴 가능성, 중국의 대북정책 변화 가능성, 그리고 선* 북핵 해결론이다. 또한 북한의 변화 가능성과 상호주의 문제 등 포용정책을 둘러싼 쟁점에 대해서도 시각 정립이 필요하다. 이와 관련하여 서독의 대동독정책 변화와 독일 통일과정이 주는 시사점을 이해하는 것도 도움이 될 것이다.

01

분단국가 관계의
이중적 성격과 정책적 긴장

북한의 이중적 성격과 대북정책의 갈등

대북정책은 어렵다. 북한을 포용해야 한다고 주장하는 사람도 있고 강하게 압박하여 변화를 이끌어내야 한다고 믿는 사람들도 있다. 인도적 지원, 사회문화 교류, 경제협력을 통한 화해협력을 강조하는 부류가 있고, 북한에 대한 지원이 북한을 변화시키지도 못하면서 체제연장만 돕는 이적행위라고 비판하는 부류가 있다. 같은 북한을 놓고 이렇게 다른 관점이 부딪히는 것은 무엇 때문일까? 그것은 북한이 갖는 이중적인 속성 때문이다. 여기에는 두 가지 측면이 있다.

먼저 '북한을 어떻게 볼 것인가?'의 문제이다. 북한은 끌어안아야 할 포용의 대상이지만 경계를 늦추지 말아야 할 실체적 위협이기도 하다. 동포와 적성이라는 이중적 성격을 갖고 있는 것이다. 다소 혼란스럽기도 한 이러한 이중성은 대한민국 법에도 반영되어 있다. 헌법은 제3조 영토조항에서 "대한민국의 영토는 한반도와 그 부속도서로 한다"고 규정함으로써 북한 지역은 불법괴뢰집단이 불법 점거하는 미수복지구라는 점을 분명히 하고 있다. 반면 바로 그 다음 4조 평화적 통일 조항에서 "자유민주적 기본질서에 입각한 평화적 통일정책을 수립하고 이를 추진한다"라고 규정함으로써 화해와 교류협력의 대상으로 북한을 상정하고 있다. 법률 수준에서도 국가보안법과 남북교류협력법이 강조하는 북한의 실체는 서로 다르다. 국제법적 차원에서도 북한의 이중성은 드러난다. 1991년 남북한이 유엔에 동시 가입한 것은 북한이 국제법적으로 외국임을 뜻한다. 반면, 같은 해 남북한이 합의한 남북기본합의서에서는 남북관계를 특수관계로 상정하고 있다.

이중적 북한 성격의 두 번째 문제는 '북한을 어떻게 대할 것인가?'이다. 즉, 북한정권에 대한 접근방법의 문제이다. 북한이라는 존재 자체가 이중성이 있다는 첫 번째 차원에 대해서는 큰 논란이 없다. 그러나 그러한 북한을 어떻게 다루어야 하는지에 대해서는 공감대 형성이 힘들 정도로 우리 사회 내부에 큰 시각차가 존재한다. 바로 대북정책에 대한 남남 갈등이다. 보수진영에서는 북한정권의 자발적 변화 가능성에 대해 지극히 비관적이다. 교류협력을 하더라도 상호주의를 관철하는 등 원칙에 입각한 대북정책을 주문한다. 북한 붕괴 가능성도 염두에 두면서 급변사태 대비 계획을 강조하고 흡수통일을 선호한다. 반면, 진보진영에서는 원칙과 명분만 앞세우는 대북 압박정책이 비현실적이라고 비판한다. 따라서 포용정책을 통해 북한을 서서히 변화시켜 나가는 점진적인 대북정책을 강조한다.

남북문제의 국제적 성격

대북정책과 통일정책을 논하기에 앞서 남북문제의 국제적 성격을 이해하는 것이 중요하다. 남북관계가 주변 강대국의 역학구도에 의해 영향 받는 국제적 측면이 있다는 것을 간과할 경우 주변정세와 겉도는 대북정책과 통일정책을 추진하는 우를 범할 수 있기 때문이다. 남북문제가 동시에 국제문제라는 것은 한국 정부 단독으로 대북정책을 끌고 나가기 어렵다는 점만 보아도 쉽게 알 수 있다. 북한이 핵실험을 하고 장거리 미사일을 발사하여 국제적 제재가 이루어진다면 남북간 사회문화 교류, 경제협력의 공간은 줄어든다. 우리의 대북정책은 당연히 국제사회의 대북정책 기조 안에서 움직일 수밖에 없다.

핵 문제는 특히 북한 문제의 국제적 성격을 잘 보여 준다. 북한의 핵개발로 가장 위협을 받는 당사자는 한국임에도 불구하고 북핵 문제 해결의 열쇠는 주변 강대국이 쥐고 있다. 북핵 문제는 근원적으로는 북미관계의 문제이다. 탈냉전 후 고립된 국제정세 속에서 생존을 모색하기 위해 미국을 상대로 벌이는 위험한 게임이 바로 북한의 핵 개발이기 때문이다. 북한이 핵을 포기할 의사가 과연 있는지는 의심스럽지만, 1994년 '북미 제네바 합의'를 비롯해 지난 20여 년간의 북핵 협상에서 북한이 겨냥하고 있는 국가가 미국이라는 점은 의심의 여지가 없다. 북핵 문제 해결에 영향력을 미칠 수 있는 또 다른 국가는 중국이다. 중국은 미국처럼 북한이 원하는 것을 줄 수 있는 나라는 아니지만 북한을 압박하여 태도를 변화시킬 수 있는 레버리지를 갖고 있다. 중국이 그러한 대북 영향력을 행사할 의도가 있는가는 다른 문제지만, 여기서는 북핵문제를 좌우하는 행위자가 한국보다는 주변 강대국이라는 점만 강조하고자 한다. 남북문제가 국제성을 갖는다는 것은 새삼스러운 것은 아니다. 한반도의 문제는 역사적으로 항상 당시의 지역질서에 의해 영향 받고 규정되어 왔다. 중화질서 하에서는 조공국가였고 일본 제국주의 시절에는 식민국가로 전락했으며 미소 냉전 질서가 등장하자 분단국가로 남게 된 것은 한반도 문제의 국제적 성격을 잘 보여준다.

분단국가 관계에 국제적 성격이 있다는 것이 곧 국제적 힘에 모든 정책이 종속되고 자율성이 사라진다는 의미는 아니다. 당사자로서의 의지와 역량을 갖춘다면 주변정세의 한계 내에서도 일정 정도 자율성을 가지고 정책을 주도할 수 있을 것이다. 동방정책을 추진했던 서독의 브란트Willy Brandt 총리는 과거 전임자들과 달리 서방 동맹국을 경유하지 않고 바로 소련과 독일문제를 논의하는 대담함을 보이기도 했다. 미국은 이를 우려했지만 동독정책에 대한 서독의 위상이 올라간 것은 분명하다. 김대중 정부 시절 남북정상회담이 성사되고 남북간 접촉이 활발해지자 남북문제에 대한 한국의 발언권과 주도권이 강화된 것도 같은 차원이라고 하겠다.

동서독관계의 국제성과 한반도 분단과의 차이점

남북관계가 갖는 국제적 성격을 같은 분단국가였던 동서독 관계와 비교해보는 것도 의미가 있다. 동서독 정부의 내독정책과 통일정책이 당시 미소 냉전의 국제정세 하에서 어떤 영향을 받으며 진화했는지 이해하는 것은 우리의 대북정책과 통일정책 구상에도 시사점을 줄 수 있기 때문이다. 독일 사례를 보면 당시 내독정책과 통일 과정에서 주변국의 개입과 입김이 상당히 노골적이었고 강력한 영향력을 발휘했다는 것을 알 수 있다.

예컨대 신냉전이 진행되던 1980년대 동서독 정부는 양독 협력을 추진하기 보다는 각각 자신이 속한 진영에 충성과 동맹관계를 강조했다.

서독 콜 정부는 미국과의 동맹관계를 강조하며 서독이 확고하게 서방측의 입장에 서 있음을 분명히 하였고, 동독 호네커 정부도 소련의 간섭으로 1984년 10월 예정된 서독 방문을 취소하기도 했다. 당시 양독 협력관계가 너무 깊어지고 있다고 우려한 동서 각 블록의 압력이 동서독 정부의 외교적 독자성을 제한했던 것이다. 1970년대 초 사민당 브란트 정부의 동방정책도 사실은 독일분단이라는 현상변경을 원치 않았던 당시 국제정세의 산물이었다. 서독 초대 총리 아데나워Konrad Adenauer 가 지향하는 동독 불인정, 할슈타인 원칙Hallstein Doctrine 등의 통일 추구 정책이 동서독 분단 고착화를 통해 동서냉전을 안정적으로 관리하려는 주변국 정책과 갈등을 빚으며 좌초했고, 결국 분단을 기정사실로 받아들인 동방정책이 이를 대체했던 것이다.

　동서독 관계와 남북관계 모두 주변 강대국의 영향을 받는 국제성이 있지만 여기에는 차이점도 존재한다. 첫째, 독일은 2차 대전을 일으킨 전범 국가이며 분단도 그 책임에 따른 응징적 성격이 있는 반면, 남북한은 일본 식민지배의 희생자이면서도 냉전의 부산물로 분단을 맞은 국가이다. 이 차이점은 통일정책과 관련하여 중요한 의미를 갖는다. 독일 통일 과정에서 미국을 제외하고는 영국, 프랑스, 소련 등 주변국가의 개입과 반대는 상당히 노골적이고 집요했다. 이는 독일 분단이 연합국에게 특히 소련 입장에서는 막대한 희생을 치르고 얻은 승리의 상징이자 전리품이기 때문이다. 미국, 영국, 프랑스 3강이 1952년 서독과 체결한 조약을 통해 "베를린 문제 그리고 독일의 통일과 평화협정을 포함한 독일 전체에 대한 (법적인) 권한과 책임"을 인정받은 것만 보아도 독일분단에 대해 주변국이 갖고 있던 '정당한' 기득권을 알 수 있다. 반면, 한반도의 통일에 대해서는 주변국이 목소리를 높여 반대할 명분이 없다. 주변국이 자신의 이해관계에 따라 남북통일을 지지할 수도 방해할 수도 있지만 독일 사례처럼 명시적으로 반대하기는 어렵다는 점을 이해하고 활용할 필요가 있다.

그러나 한반도 환경이 독일보다 통일에 유리한 측면만 있는 것은 아니다. 먼저 독일통일에 가장 큰 걸림돌이었던 1990년의 소련은 약했던 반면에 북한체제의 지원세력인 중국은 떠오르는 강대국이다. 냉전 와해기의 소련은 전열을 제대로 정비하지 못한 채 미국과 서독의 통일 대세 군히기 외교에 힘없이 밀렸지만, 미중패권 경쟁에서 전략적 완충지역으로 간주되는 북한을 중국이 손쉽게 포기할지는 알 수 없다. 분단국가 간 갈등의 강도 측면에서도 남북관계는 동서독 관계보다 좋은 조건이 아니다. 독일은 패전국가로서 주변 강대국에 의해 외생적으로 분단된 것에 그쳤지만, 한반도는 분단 이후에 내전이라는 아픔을 겪었다. 상호 절멸을 추구한 동족간의 전쟁으로 인해 남북간에는 서로를 향한 적개심과 두려움이 매우 높을 수밖에 없다. 같은 분단이라 해도 동서독 관계가 남북관계에 비해 상대적으로 신사적이며 합리적으로 관리되었다는 평가는 이 때문이다. 다시 말해 우리의 대북정책과 통일노력은 독일은 경험하지 않았던 내전의 상처까지 극복하면서 추진해야 하는 어려움이 있다.

02

대북정책에 대한 고찰: 압박과 포용

대북정책의 모색을 위해서는 압박정책과 포용정책이 갖는 각각의 기반과 쟁점을 이해해야 한다. 먼저 대북 압박정책은 '전략적 자산론'에 입각한 중국의 대북한 지원 기조가 변하지 않는 한 효과를 거두기 어렵고, 북핵 문제도 광의의 북한 문제 해소 노력 없이 해결이 어렵다는 점을 살펴볼 것이다. 아울러 접촉을 통한 북한의 변화 가능성과 상호주의의 문제 등 포용정책의 취약점에 대해서도 짚어 볼 필요가 있다.

북한 급변사태 가능성: 북한체제의 취약성과 내구성

대북정책을 구상함에 있어 항상 등장하는 문제가 북한 급변 가능성이다. 다시 말해 북한이 내부적 요인에 의해 무너지는 상황을 말한다. 명시적으로 얘기하지는 않더라도 북한 붕괴에 대한 판단은 대북정책의 기조에 영향을 미칠 수 있다. 북한의 붕괴 가능성을 높게 본다면 체제 연장을 돕는 포용정책 보다는 원칙적이고 강경한 대북정책을 선호할 것이다. 반면, 북한체제의 안정성을 높이 평가한다면 교류협력을 통한 점진적 변화가 효과적이며 현실적인 대북전략이라고 생각할 것이다. 북한체제가 얼마나 취약한지, 혹은 어느 정도 내구성이 있는지는 확실히 알 수 없다. 다만 북한 내부의 정치사회적 상황, 경제 사정, 그리고 주변국 변수들을 고려하여 추론할 뿐이다.

먼저 북한이 위기 가능성을 갖고 있는 불안한 체제라는 점에는 이론의 여지가 없을 것이다. 북한은 사회주의 경제체제가 기본적으로 갖는 계획경제 시스템의 모순이 누적된데다 선군先軍 정치를 내세우며 군사경제에 치중함으로써 경제의 왜곡도 매우 심한 상태다. 특히 수령독재 체제 구축을 위해 당 경제, 군 경제, 인민 경제가 분할되어 운영되는 비효율적인 경제구조가 문제로 지적되고 있다. 여기에 핵실험 등으로 인한 고립의 자초와 국제적 제재는 북한 경제 문제의 해결을 더욱 어렵게 하고 있다.

이러한 체제의 취약성에 주목하여 북한의 급격한 변화나 체제위기가 도래할 다양한 시나리오가 제시되기도 한다. 먼저 김정은이 급사하거나 군사 쿠데타가 발생할 가능성이 거론된다. 즉, 장성택 처형에서 보듯이 외화벌이를 둘러싼 이권투쟁이 집단간 갈등으로 번질 수 있다는 것이다. 또한 위로부터의 개혁이 추진되는 와중에 급격한 변화를 맞을 수도 있다. 베트남이나 중국처럼 위로부터의 개혁이 체제를 안정시키며 성공한 사례도 있지만 소련과 같이 정치적 혼란으로 연결될 수도 있을 것이다. 한편, 중국이 북한을 포기함에 따라 외부로부터 변화 압박이 시작될 개연성도 거론된다. 에컨대 중국이 북중 국경을 개방하여 탈북 난민을 수용만 하더라도 북한의 내부통제 능력은 급속히 상실될 것이라는 시나리오가 가능하다.

그러나 북한 정권이 생각보다는 내구성이 강하기 때문에 급변사태 가능성이 희박하다는 반박도 설득력 있게 제시된다. 반 정권 세력이 철저하게 제거되고 사회통제와 감시 시스템이 강력하게 작동하는 북한에서 민중 봉기와 같은 밑으로부터의 변화나 군사 쿠데타가 일어나기 어렵다는 것이다. 또한 김정은과 지배 엘리트간의 지배연합 구조가 확고하다는 점도 고려해야 한다. 경제상황을 보더라도 붕괴를 기대할 만큼 열악하지는 않다는 점이 지적된다. 한국은행은 북한 일인당 소득이 1,200달러 수준이고 2000년 이후 1% 성장에 그치고 있다는 분석을 내놓았지만, 이는 북한에 광범위하게 존재하는 비공식 경제, 즉 시장경제를 누락한 한계가 있다는 비판이 있다. 실제 관찰에 의하면 북한 경제는 오히려 활성화되어있는 듯한 느낌을 준다는 것이다. 북한 내부에 핸드폰 사용자가 250만 명이라고 알려져 있는데 이는 월 200달러 이상의 사용료를 지불할 수 있는 소득 계층이 존재한다는 의미이다. 아파트, 빌딩, 공장설비 건설 시장이 활성화되어 있고 마식령 스키장, 3D 영화관, 롤러스케이트장 등 100만 명 규모의 사치품 소비층이 있다고 한다. 이를 두고 북한 경제가 실제로는 3~5%, 심지어는 7% 성장을 해 왔다는 분석도 있다. 여기에는 중국, 중동, 연해주 등지에서 10만 명 이상의 해외 노동력이 벌어들이는 외화 수입과 김정은 정권이 중점적으로 추진하고 있는 6만 명 규모의 관광산업 수익도 포함되어 있을 것이다.

북한의 붕괴 가능성을 낮게 보는 전문가들은 소위 '급변 사태 임박론'이 희망 섞인 기대에 바탕한 자의적 정세판단이라고 비판한다. 북한이 곧 무너질 것이라는 전망은 여러 차례 제기되었지만, 내부 불안정 조짐 한번 없이 지나갔다는 것이다. 1990년 동독 붕괴, 2008년 김정일 와병설, 2009년 북한 화폐개혁 실패, 2010년 튀니지 혁명으로 촉발된 중동의 봄 시기 등이 대표적 예이다. 또한 북한 급변사태가 발생할 가능성에 대비하는 것은 필요하지만 이에 기초하여 대북정책을 수립하는 것은 또 다른 오류를 낳을 수 있다고 경계한다. 북한이 결국 굴복할 것이라는 판단을 하게 되면 대책 없는 기다림의 전략에 빠질 수 있기 때문이다. 대북압박과 고립정책이 결과적으로 북한의 대중 의존도만 심화시키고 남북문제에서 한국의 주도권 약화를 초래하는 부작용이 있다는 점도 간과되어서는 안 되겠다.

북한 붕괴론과 중국의 대(對)한반도 전략

북한의 붕괴 가능성과 관련하여 꼭 고려해야 할 요소가 중국의 역할이다. 북한 내부의 구조적 모순도 변수가 될 수 있지만 그 취약성을 보완해주고 지탱해주는 외부 지원세력이 바로 중국이기 때문이다. 북한의 대중 의존도는 매우 높다. 북한 수출의 86%, 수입의 89%를 중국이 차지하고 있다. 북한은 경제를 지탱해주는 필수물자와 생필품을 대부분 중국에서 수입하고 있다. 원유는 전량 중국에 의존하고 있는데, 원유와 항공유는 유상으로 제공되고 경유는 무상으로 지원된다. 수출품목은 광물 71%, 의류 15%, 수산물 5% 등 원자재와 1차 가공품 위주로 되어 있다. 더욱이 북중 경제 관계는 더욱 밀착되고 있다. 2013년 한국을 제외한 북중 무역이 전체 북한 교역에서 차지하는 비중은 90%에 이르는데, 이는 2004년의 49%, 2005년 53%, 2007년 67%, 2011년 89%에서 보는 것처럼 꾸준히 확대되고 있다. 중국의 북한에 대한 영향력이 막강하고 또 계속 증대되고 있는 것이다. 그러나 중국이 이런 대북 레버리지를 실제로 얼마나 활용할 것인지는 다른 차원의 문제다. 전통적으로 중국은 북한의 후견국으로서 보호막 역할을 수행해 왔기 때문이다.

북한이 중국의 반대와 설득에도 불구하고 네 차례에 걸쳐 핵실험을 하는 등 통제되지 않는 행동을 거듭하자 중국의 대북정책도 변하고 있다는 관측이 있다. 즉 북한의 도발적 행동이 중국의 지속적 경제발전을 위해 필요한 안정적 대외환경을 해치고 있어 중국의 국익에 반한다는 것이다. 미국이 북핵 위협을 미사일방어 등 동북아에서 미 군사력을 강화하는 명분으로 활용하고 있고 앞으로 일본, 한국의 핵무장 등 동북아 핵 확산으로 이어질 위험성도 거론된다. 게다가 중국의 정치 외교적 후원과 경제적 지원에도 불구하고 북한의 이상행동이 계속되자 북중 관계에 대한 피로감이 깊어졌다는 관찰이 있다. 따라서 중국이 북한 감싸기를 그만두고 대북 압박에 나설 수도 있다고 전망한다. 소위 북한 부담론이다.

그러나 아직까지는 전통적인 북한 자산론, 즉 북한체제의 존속이 중국의 국익에 부합한다는 판단을 유지하고 있는 것으로 보인다. 이는 기본적으로 중국이 미중관계 틀에서 한반도 문제를 접근하기 때문이다. 북한을 지나치게 압박한다면 북한이 중국의 영향권에서 벗어나 미국이나 일본에 접근해 중국의 역내 입지가 축소될 수 있다. 만약 북한 압박이 붕괴까지 이어진다면 전략적 완충지대를 잃고 미국의 군사력이 중국 영토에 접근하는 결과로까지 이어질지도 모른다. 즉, 북한 체제의 붕괴는 동북아 전략환경을 중국에 불리한 방향으로 변경시킨다는 것을 누구보다 중국이 잘 알고 있을 것이다.

물론 과거에 비해 중국정부가 북한의 도발에 강경한 모습을 보이는 것은 사실이다. 2013년 북한 3차 핵 실험시에는 유엔 안보리 대북제재에 동참하였고, 김정은의 방중 희망에도 호응해 주지 않고 있다. 북한의 돌발행동이 중국의 이해를 침해한다고 판단하여 북한에 대해 경고 메시지를 보내는 것이다. 이렇듯 중국은 장기적으로 북중 관계의 재설정과 정상화를 꾀할 것이다. 그럼에도 불구하고 이는 정책 운용의 변화이지 대한반도 정책기조의 근본적 변화는 아닌 것으로 판단된다. 대북 압박도 그 수위와 방식을 조심스럽게 조절할 것으로 예상되며 북한 체제 붕괴를 몰고 올 정도로 몰아 부치지는 않을 것이다. 중국 대외정책의 두 가지 목표가 대외관계의 안정적 관리와 동아시아 역내 영향력 확대인데, 이를 위해서는 한반도 정세안정이 당분간 긴요할 것이기 때문이다. 중국이 표면적으로 한반도 비핵화를 강조하면서도 북한을 강하게 압박하여 핵문제 해결에 나서지 않는 것도 이런 이유에서이다. 북한의 이탈이나 붕괴를 불러 올 수 있는 과도한 대북 압박보다는 미중 패권 경쟁을 염두에 둔 대한반도 전략차원에서 능숙한 관리에 치중하고 있는 것이다.

중국의 대한반도 전략이 북한 붕괴를 방지하는 현상 유지적 성격을 갖고 있다면 이와 어긋나는 한국 정부의 대북정책은 기대하는 효과를 얻기 어렵다. 대북 압박과 봉쇄는 중국이 있는 한 불가능하기 때문이다. 오히려 경색국면만 장기화되고 북한 경제는 중국에 더 깊이 편입되며 한국은 남북문제에 있어 국외자로 남게 될 위험이 있다. 1950년대 서독 아데나워 정부가 추진한 힘에 의한 통일정책이 좌초한 것도 당시의 국제적 흐름인 동서 간의 긴장완화 정책과 어긋났기 때문이다. 독일뿐 아니라 한반도의 분단도 주변 강국의 역학관계에 영향 받는 국제적 성격이 강하다는 점을 이해하고 대북정책을 구상해야 할 것이다.

북핵문제 對 북한문제

대북정책을 검토함에 있어서 피해 갈 수 없는 문제가 있다. 바로 북한의 핵 문제이다. 북핵문제의 해결 전망 없이 남북한 간의 진정한 화해협력이 진전되기는 어렵다. "어느 동맹도 민족보다 나을 수 없다"는 취임사와 함께 임기 초반 전향적 대북정책을 추진하던 김영삼 정부도 북핵 문제가 불거지자 "핵을 가진 자와 악수 할 수 없다"며 강경입장으로 선회한 바 있다. 이명박 정부 시절에는 북한이 핵무기를 포기하고 개방에 나서면 십년 안에 북한 1인당 소득을 3천 달러까지 높일 수 있도록 지원을 하겠다는 '비핵개방 3000 구상'을 밝힌 바 있다. 다시 말해 북한의 핵 포기가 선행되어야 경제적 지원이 가능하다는 '선핵 폐기론'이다. "핵을 머리에 이고 살 수는 없다"는 박근혜 정부의 한반도 신뢰프로세스도 북한이 핵 폐기에 대한 진정성 있는 태도를 먼저 보여 줄 것을 강조하고 있다. 그러나 이런 '선先 핵 폐기 후後 교류협력' 기조는 원칙론으로는 맞을지 몰라도 현실적으로는 북핵문제의 악화와 남북관계의 경색을 초래할 뿐이라는 비판이 있다. 어떤 방법으로 비핵화를 이룰지에 대한 구체적 해법은 없고 가능성 없는 북한의 결단만을 강조하고 있다는 것이다.

핵 폐기를 남북관계 진전과 모든 대북 이니셔티브의 전제조건으로 삼는 이런 대북 강경책은 성공하기 어렵다고 판단된다. 그 이유는 북한 핵 문제는 보다 큰 북한 문제의 일부이기 때문에 북한 문제를 풀지 않고서는 북핵문제만 분리해서 해결하기 어렵기 때문이다. 냉전 종식 이후 북한은 동아시아 안보협력구조에서 홀로 동떨어져 나와 온갖 종류의 문제를 초래하는 지역안보의 난제로 남아 있다. 여기에는 한반도 교차수교가 실패한 이후의 외교적 고립과 북한 나름의 안보 우려가 작용하고 있다. 즉, 냉전 종식 이후 대한민국은 소련, 중국과 차례로 수교함으로써 주변 4강 모두와 동맹 내지 우호협력관계를 구축한 반면, 북한은 미국, 일본과의 관계 개선에 실패했을 뿐 아니라 중국, 러시아와의 결속력도 예전만 못한 상태로 전락했던 것이다. 더욱이 북한은 이같은 상황을 개혁개방을 통해 타개하기는 커녕 핵 개발, 미사일 발사 등 극단적인 행동을 일삼음으로써 더욱 문제를 악화시키고 있다. 북한의 핵 추구는 바로 이런 북한문제의 부산물이다. 따라서 북한 핵 폐기는 북한의 개혁개방과 북한을 둘러싼 환경의 변화 속에서 그 결과로 나타나는 것이지 그 반대가 되기는 어렵다는 점을 이해할 필요가 있다.

선핵 폐기가 어려운 것은 이를 압박할 수단이 없기 때문이다. 1993~1994년 북핵 1차 위기 과정에서는 영변 핵시설을 정밀 타격하는 군사적 옵션이 검토된 적이 있었으나 북한의 보복이 우려되어 결국 채택할 수 없었다. 외과수술과 같이 정밀하게 핵 시설만 도려낸다는 구상이었으나 전면전으로 번질 가능성을 배제할 수 없었기 때문이다. 그런데 북한 핵물질 및 시설의 소재가 광범위하게 퍼져 있고 은밀성이 높아진 현재에는 이러한 군사적 해결은 더욱 더 생각하기 어려운 방안이 되었다.

경제적, 외교적으로 압박하여 굴복시키는 카드도 마땅치 않다. 북핵 협상 20년의 노력이 결실을 거두지 못하고 북한의 진정성에 대해 극도의 불신이 쌓이면서 6자회담은 8년째 공전되고 있다. 미국 오바마 행정부는 '전략적 인내strategic patience' 정책을 내세우며 상황관리만 하고 있는 형편이다. 특히 북한을 압박하는 데 있어서는 중국의 역할이 중요하다. 그러나 앞서 살펴보았듯이 중국은 북한 붕괴를 초래할 만큼 강력하게 비핵화를 압박할 의도는 없어 보인다.

결국 북핵 폐기를 전제조건으로 설정하는 대북정책은 성공하기 어럽다는 것을 알 수 있다. 북한 핵문제는 해결되기는커녕 시간이 지날수록 핵무기 소량화, 경량화에 접근하면서 핵능력만 고도화될 수 있다. 미국과 중국은 적극적으로 문제 해결에 나서기보다는 상황 악화를 방지하는 위험관리 차원에서 북핵문제를 다루고 있는 것으로 보인다. 한반도의 핵 문제가 일종의 항구적 위기처럼 변질되고 있는 것이다. 따라서 북핵문제를 더 이상 전략적 인내라는 구호하에 방치하지 말고 상황 악화 방지를 위해 필요한 실질적 조치들을 취해야 할 것이다. 당장 핵 폐기가 어렵다면 이는 최종목표로 추진하되 중간목표로서 핵 동결만이라도 달성하여 북한 핵위협이 증가하는 것을 중단시켜야 한다. 또한 종국적인 비핵화는 북한 문제라는 큰 틀에서 해결할 수밖에 없음을 인정하고 남북평화체제, 북미, 북일 수교 등과 엮어 근본적인 해법을 함께 강구할 필요가 있다. 그리고 핵 폐기 이전이라도 비핵화 노력과 연동하여 북한사회를 변화시킬 수 있는 교류협력과 관여정책을 고민해야 할 것이다.

포용정책을 둘러싼 쟁점: 북한의 변화와 상호주의 문제

압박정책과 대척점에 있는 정책기조로 포용정책이 있다. 포용정책은 원래 냉전 종식 후에 클린턴 행정부가 구소련과 동구권 국가들을 미국 주도의 질서에 편입시키기 위해 고안해 낸 '개입과 확대engagement and enlargement' 전략에서 비롯된 개념이다. 관여정책, 개입정책 등 다르게 불려지는 인게이지먼트정책은 다방면적인 접촉을 통해 대상국가의 태도를 변화시는 것을 핵심으로 한다. 즉, 경제, 사회문화 부분에서의 교류 협력을 통해 정치군사적 분야로 그 성과를 파급시켜 변화를 유도한다는 기능주의적 사고를 담고 있다. 한편, 포용정책을 북한에 대한 유화책이라며 비판하는 경우가 있는데 포용정책과 유화정책은 구별되어야 한다. 유화정책이 상대방의 팽창요구에 양보함으로써 사태 악화를 막는 외교적 방법이라면, 포용정책은 접촉확대를 통해 상대방의 변화를 유도한다는 점에서 개념적으로 엄연히 다르다.

인게이지먼트정책이 탈냉전시대 클린턴 행정부의 대외전략에 개념적 연원을 두고 있지만, 그 철학적 기초는 이미 냉전시대 서독의 동방정책에 구현되어 있었다. 이전의 아데나워 정부의 힘에 의한 현상변경 정책과 달리 동방정책은 동독의 존재와 분단현실을 인정하되 '접근을 통한 변화'를 추구하였다. '증오스러운 동독정권과 협상해야 하는 현실'을 수용하고 "동독의 변화는 새로운 정책의 전제가 아니라 새로운 정책이 기대하는 결과"라는 사고의 전환을 이루었던 것이다.

한국 역대 정부의 포용정책은 1992년 남북기본합의서 채택을 성사시킨 노태우 정부부터 시작하여 특히 김대중, 노무현 정부시절에 적극적으로 추진되었다. 그 결과로 개성공단 건설, 2만 명의 이산가족 상봉, 1만 건이 넘는 생사확인과 서신교환, 2조 원의 가치가 넘는 비료와 식량지원 등이 있었다. 군사분계선 상호 선전활동 중지 등 초보적인 군사적 신뢰구축 조치들도 있었지만 정치군사 분야는 상대적으로 부진했다.

포용정책과 관련한 쟁점은 두 가지가 있다. 첫째는 '북한이 변화 했는가?'라는 질문이다. 접촉은 수단이고 결국 변화라는 목표가 있어야 포용정책이 효과가 있다고 말할 수 있을 것이다. 북한 변화라는 평가에 대해서는 우리사회에 두 가지 극단적 편향이 있다고 지적된다. 하나는 한반도 공산화 포기 등 근본적 변화만을 북한의 변화로 간주하는 최대주의 사고와 사소한 태도 변화를 과장하는 최소주의 성향이 있다는 것이다. 실제 북한은 일부 변하기도 했고 아직 변하지 않은 면도 있겠지만, 계속되는 무력도발과 강경행동을 볼 때 의미 있는 변화가 있다고 말하기는 어려울 것 같다.

그러나 포용정책의 효과와 관련하여 독일의 사례가 시사하는 점을 기억할 필요가 있다. 서독의 동독 지원과 포용정책은 기대와 달리 동독정부의 행동을 변화시키는 데는 가시적 효과를 내지 못했다. 1980년대 말 호네커 정부는 다른 동유럽 사회주의 정부보다도 반개혁적이었으며 강경노선을 고수했다. 그러나 동독정부가 아니라 동독주민에 미친 포용정책의 효과는 분명하였으며 통일과정에서 결정적 역할을 하였다. 수십년간 서독의 인도적 혜택과 경제적 지원에 종속되어 있던 동독 유권자들은 자신들의 운명을 결정하는 1990년 3월 18일 총선거에서 서독으로의 흡수통일 노선을 내세운 보수적인 독일동맹을 지지했던 것이다. 따라서 대북 포용정책도 당장 북한 정권의 태도 변화를 견인하는 데는 큰 효과가 없을 수 있으나 결정적 계기에 북한 주민 또는 엘리트를 상대로 실질적, 심리적 레버리지로 작용할 가능성이 있다는 점을 고려할 필요가 있다.

두 번째 포용정책과 관련한 쟁점은 상호주의이다. 남북 간 주고받기의 과정에서 상호주의가 관철되었냐는 질문이다. 북한에 대해 일방적으로 끌려 다니기만 한다는 보수진영의 퍼주기 비판이다. 상호주의는 큰 틀에서 필요하다. 접촉을 통해 북한 변화를 유도할 때 상호주의를 전략적으로 활용해야 우리가 가진 레버리지가 효과를 발휘할 수 있기 때문이다. 동서독 사례를 보더라도 서독은 경제적 지원을 제공하면서 반대급부로 도시간 자매결연, 우편 및 전화 연결, 동독 여행 등을 요구하여 관철시켰다.

　다만, 경직되고 기계적인 상호주의는 바람직하지 않다. 포용정책은 강자가 약자의 변화를 유도하는 정책이다. 따라서 준만큼 꼭 돌려 받겠다는 등가성을 고집할 필요가 없고, 준 즉시 받아야 한다는 동시성에 집착할 필요도 없다. 경제적 지원을 경제적 반대급부로 돌려 받을 필요도 없다. 서독이 1975년부터 1988년까지 동독에 대해 제공한 지원금을 연간으로 환산하면 1년에 6,600억원 수준이다. 이는 김영삼 정부부터 이명박 정부까지 20년 동안 우리가 북한에 지원해 준 한해 평균 1,229억원의 5.4배에 이르는 규모이다. 상호주의와 퍼주기 논란에 매몰되기보다는 접촉을 통한 서독의 동독 투자가 통일과정에서 어떤 효과를 발휘했는지 이해하는 보다 전략적인 관점이 필요할 것이다.

03

통일로 가는 세 가지 길: 독일통일 과정의 역설

한반도 통일의 시나리오

통일에 이르기 위해서는 크게 세 가지 방법이 있다. 첫째는 무력에 의한 해결이다. 대북억제의 약화를 노리고 북한이 전면전을 도발하든 국지적 분쟁과정에서 위기관리가 실패하여 전면전으로 비화되든 한반도에서 전쟁이 발발하여 그 결과로서 통일이 달성되는 상황이다. 결코 바람직하지 않은 시나리오다.

두 번째는 화해협력을 통한 단계적 통일 방안이다. 한국정부의 통일정책인 민족공동체통일방안이 바로 여기에 해당한다. 노태우 정부에서 처음 만들어지고 김영삼 정부에서 보완, 발전된 이후 모든 역대 정부가 유지해 오고 있는 공식적인 통일방안이다. 민족공동체통일방안은 평화협력단계, 남북연합단계, 통일국가완성단계로 구분되어 있다. 평화협력단계는 남북교류협력을 활성화하여 북핵문제 해결, 북한 개혁개방 본격화, 평화협정체결에 이르는 것을 목표로 하고, 남북연합단계는 경제사회문화공동체를 실현하여 제도적 통일을 준비하는 단게이며, 마지막 통일국가 완성단계에서는 법적, 제도적 통일을 이루게 된다.

세 번째 통일에 이르는 경로는 북한 급변사태, 즉 북한 체제 붕괴로 인한 흡수통일 시나리오이다. 급변사태로 인한 흡수통일은 우리가 의도적으로 추진하는가의 여부와 상관없이 대비가 필요할 것이다.

독일통일 과정: 동방정책과 흡수통일의 조합

그런데 대북정책과 통일정책의 관련성에 대해 생각해볼 부분이 있다. 흔히 대북 포용정책은 두 번째 통일방안인 단계적 통일정책을 위한 수단이고, 압박정책은 흡수통일과 연계되었다고 생각하는 경향이 있는 것 같다. 진보진영은 포용정책과 단계적 통일정책을 선호하고, 보수진영은 원칙에 입각한 대북정책을 고수하고 흡수통일을 지향하는 성향이 강하다. 그러나 대북정책과 통일정책이 꼭 이렇게 조합되어야 하는 것은 아니다. 독일통일 과정을 보면 알 수 있다.

잘 알려진 것처럼 독일통일은 흡수통일이라는 방식으로 이루어졌다. 서독 기본법은 두 가지 통일 방식을 규정하고 있었는데, 하나는 제146조에 의해 동서독 총선거를 실시하여 새로운 헌법과 정부형태를 선택하는 방식이고, 또 하나는 제23조에 의해 서독의 헌법, 정부형태를 그대로 유지시킨 채 동독이 여기에 가입하는 방식이다. 전자가 대체로 국가연합 방식과 비슷하다면 후자가 실제로 이루어진 흡수통일 방식이다. 흡수통일이라는 방식으로 독일통일이 귀결된 것은 서독 콜 수상의 결단 때문이었다. 1989년 10월 호네커^{Erich Honecker} 후임으로 독일 총리가 된 에곤 크렌츠^{Egon Krenz}가 서독에 대해 경제적 지원을 절실히 요

왼쪽부터 콘라드 아데나워, 빌리 브란트, 헬무트 콜 총리

청할 때 콜 총리가 동독의 근본적인 정치개혁과 시장개혁을 전제조건으로 내세웠던 것이다. 그리고 그 다음해 실시되었던 동독 총선거에서 동독 유권자들이 사민당이 고집하던 146조에 의한 국가연합방식 대신 콜이 내세운 23조에 의한 흡수통일 방식을 선택하면서 서독 주도의 통일로 급속하게 흘러갔던 것이다.

그러나 간과하지 말아야 할 것은 서독 콜 정부가 흡수통일을 밀어붙일 수 있었던 데에는 1970년대 빌리 브란트 정부 이래 계속되어 온 동방정책의 기반이 있었기 때문이라는 사실이다. 크렌츠 동독 정부는 1989년 당시 서방에 대한 부채가 265억달러에 이르고 있었고 한해 갚아야 할 이자만 45억 달러에 달하고 있었다. 이는 동독이 수출로 벌어들이는 외화의 62%에 해당하는 큰 부담이었다. 이런 상황에서 동독은 경제상황을 안정시키고 흔들리는 사회주의 체제를 유지하기 위해서 서독정부의 금융신용이 절대적으로 필요했다. 그런데 이 상황에서 서독 콜 정부가 크렌츠 동독 정부의 기대와 다르게 동독의 체제변화를 압박하는 태도 변화를 보인 것이다. 기민당 콜 정부도 1989년 여름까지는 동서독 간의 이익을 점진적으로 연계시켜 나가는 기존의 동방정책 기조를 고수했었다. 1988년 10월까지만 하더라도 콜 수상이 고르바초프와 회담직후 가진 기자회견에서 통일 가능성을 묻는 기자의 질문에 "나는 공상과학소설을 쓰지 않소"라고 대답할 정도였다.

그러다가 1989년 말, 혁명적으로 정책기조가 바뀌게 되었다. 1989년 11월 12일 서독정부가 10개항 계획을 발표한 이후 기존의 걸음마 정책을 폐기하고 혁명적인 국면전환을 시도한 것이다. 콜의 태도 변화에 동독 정부는 당연히 반발했다. 동독의 사회보장체계를 지키고 경제주권을 양보해서는 안 된다는 강경파의 목소리가 내부에서 강하게 제기되었다. 그러나 150억 마르크에 이르는 서독의 경제지원이 절실했던 크렌츠 정부는 콜의 압박을 거부하기 어려웠다. 이미 동독인들의 대량 탈주가 시작되어 1989년 한 해 동안만 34만 명이 서독으로 이주했고, 1990년에 들어서도 하루 2천 명 이상이 서방으로 짐을 싸고 있었던 것이다. 사실 동독 주민들은 1970년대 초반부터 서독의 원조에 의존하며 자신이 버는 것 이상으로 소비해 왔다. 서독의 지원이 끊긴다면 동독인의 삶의 수준은 30% 이상 떨어질 것이 자명한 상황이었다. 즉, 1970년대 이후 일관되게 실시한 동방정책 덕분에 콜 정부는 결정적 시기에 동독 정부의 체제전환을 압박할 수 있었고 동독 유권자의 표심도 끌어모을 수 있었던 것이다.

대북정책과 통일정책의 연계

이렇게 볼 때 포용정책이 꼭 단계적 통일로 연결되고, 흡수통일을 이루기 위해서 반드시 평소 압박정책을 고집해야 하는 것은 아님을 알 수 있다. 서독은 냉전 초기 기민당 아데나워 정부가 '힘에 의한 현상변경' 정책을 시도했던 시기를 제외하면, 동서독 분단현실을 인정한 평화 공존, 즉 동방정책의 기조를 유지하였다. 그럼에도 불구하고 콜 정부는 역사적 기회가 다가왔을 때 과감하게 대전환을 선택하여 흡수통일을 이루어냈던 것이다. 즉, 동방정책이라는 대동독 포용을 내독정책의 기조로 삼았지만 반드시 단계적 통일 또는 국가연합 방식의 독일통일을 고집했던 것은 아니었다.

한편, 이를 다른 측면에서 보면 흡수통일이 평소 대동독 압박정책의 결과가 아니라 접촉과 포용의 열매였다는 점도 간과하지 말아야 한다. 즉, 기민당 아데나워 정부의 '힘에 의한 변화'가 아니라 사민당 브란트 정부의 '접촉을 통한 변화' 정책이 있었기에 독일 통일은 결국 콜 정부의 '힘에 의한 흡수통일'로 귀결될 수 있었던 것이다. 한반도 통일방식과 우리의 대북정책 기조와 관련하여 보수, 진보를 떠나 열린 마음으로 생각해볼 부분이 있다고 판단된다.

참고문헌

김계동. 2002.『북한의 외교정책』서울: 백산서당.

김규원. 2013. "퍼주기의 정치경제학."『한겨레』2013.04.28.

김근식. 2011.『대북포용정책의 진화를 위하여』서울: 한울 아카데미.

김진무. 2014. "북한 체제 변화 유형과 안보적 대비 방향."『국방정책연구』제30권 제1호, 103호.

박형중 외. 2013. "서독의 신동방정책과 독일정책: Trustpolitik에 대한 교훈을 중심으로."『Trustpolitik: 박근혜정부의 국가안보전략』서울: 통일연구원.

이상숙. 2014. "중국의 대북 경제제재와 최근 북한·중국 경제 관계의 동향."『주요 국제문제 분석』2014-28.

이종석. 2000.『새로 쓴 현대북한의 이해』서울: 역사비평사.

필립 젤리코, 콘돌리자 라이스(김태현, 유복근 옮김). 2008. 『독일통일과 유럽의 변환: 치국경세술 연구』 서울: 모음북스.

Cha, Victor D. and David C. Kang. 2003. *Nuclear North Korea: A Debate on Engagement Strategies.* New York: Columbia University Press.

Harrison, Selig S. 2002. *Korean Endgame: A Strategy for Reunification and US Disengagement.* Princeton: Princeton University Press.

Kim, Jungsup. 2007. *International Politics and Security in Korea.* Cheltenham: Edward Elgar.

Kim, Samuel S. ed. 1998. *North Korean Foreign Relations in the Post-Cold War Era.* Oxford: Oxford University Press.

Oberdorfer, Don. 1998. *The Two Koreas: A Contemporary History.* New York: Addison-Wesley.

국제정치의 미래

그동안 양차 세계 대전부터 시작하여 냉전기의 핵 위험, 탈냉전기 지역별 정세, 그리고 우리의 대북정책과 통일정책 등을 살펴보았다. 그 과정에서 현실주의, 자유주의, 구성주의라는 국제관계의 이론적 틀을 통해 이슈를 조망하고 분석하기도 하였다. 그러나 전반적으로 볼 때 세력균형적 관점의 현실주의 이론이 명시적이든 암묵적이든 지배적인 해석의 틀을 제공했던 것 같다. 전통적이고 무거운 안보이슈를 다룬 주제의 성격상 불가피하고 또 필요한 접근이었지만, 여기서는 이러한 국가중심적 현실주의 설명을 비판하는 논의들을 간단하게 소개하고자 한다. 세상이 하나의 이론 틀로 모두 설명될 만큼 단순하지 않기에 유연하고 균형된 사고를 갖는 것은 언제나 도움이 될 것이다.

초국가적 행위자들의 등장

국제체제에는 국가만이 존재하는 것이 아니다. 국가 외에도 국제기구, 다국적기업, NGO 등의 행위자가 있다. 그러나 이들 국가 외 행위자들의 역할은 제한적이라는 것이 전통적인 국제정치의 시각이었다. 국제체제의 규칙을 만드는 것은 오로지 국가이고 이들 비정부기구들은 국가가 만든 게임의 룰 안에서 움직일 뿐이라는 것이다. 또한 비정부기구들은 환경, 개발, 인권 등 하위정치low politics 영역에서 활동할 뿐 안보, 군축 등 상위정치high politics 영역에 대한 영향력은 미미하다고 간주되어 왔다.

그러나 1990년대 이후 NGO의 활동이 국가영역을 침범하는 사례가 늘고 있다. 그 대표적인 사례가 대인지뢰금지협약Anti-Personnel Mine Ban Convention의 체결이다. 1999년 40개국이 비준, 발표하고 현재 162개국이 비준한 대인지뢰금지협약은 출발부터 철저히 NGO가 주도한 산물이었다. 그 과정은 이러했다. 1992년 미국, 독일, 프랑스 등지의 6개 NGO 연합은 소말리아, 모잠비크, 캄보디아, 이라크 등 87개국에 존재하는 지뢰밭에서 매년 2만여 명에 이르는 부상자가 발생한다는 사실을 적극 알리며 국제적인 대인지뢰금지운동을 전개하기 시작했다. 이후 100여개 국의 NGO 연합으로 확대된 이 운동은 다이애나 비 같은 유명인사의 참여로 언론의 조명을 받게 되었고, 캐나다를 전략적 파트너로 끌어들이면서 마침내 국제적인 지지를 확보하는 데 성공하였다. NGO 네트워크가 군축이라는 전통적인 국가영역에 침투하여 아젠다를 설정하고 국제규범을 제정하는 데 핵심적 역할을 한 것이다. 2008년 채택된 확산탄금지협약Convention on Cluster Munitions도 인권운동가, 국제법전문가, 군축전문가 등이 주도하여 만들어진 유사한 사례이다.

주권국가의 절대성을 희석시키며 새롭게 등장한 초국가적 행위자로는 국제신용평가사도 거론된다. 무디스Moodys, 스탠더드 앤 푸어스S&P 같은 기관은 국가별 신용등급을 평가해 발표하고 세계금융시장을 좌지

우지할 정도로 막강하다. "세상에는 단 두 개의 슈퍼파워가 있는데, 그건 미국과 무디스"라고 말한 토마스 프리드먼의 말은 국제 신용평가기관의 위상을 잘 표현하고 있다. 우리 정부도 기획재정부, 외교부, 국방부 등으로 구성된 대표단을 구성하여 S&P를 직접 방문, 한국 경제정책과 북한 리스크 관리 노력 등을 상세히 설명한 바가 있다. 주권 국가가 사기업에게 정책을 설명하고 설득하며 평가를 받는 셈이다.

다변화: 초국가적 위협의 대두

한편, 개별국가의 힘만으로 해결할 수 없는 초국가적 위협이 증가하고 있다는 것도 새로운 현상이다. 예컨대 9.11 테러 이후 심각성이 부각되고 있는 국제테러 네트워크에 의한 위협은 국제적 공조 없이는 대처하기 어려움에도 불구하고 아직 효과적인 대테러 글로벌 거버넌스가 확립되지 못한 상태이다. 2015년 미 백악관이 주최하여 개최된 폭력적 극단주의 대응 각료회의Counter-Violent Extremism: CVS는 이런 노력의 일환이다. 테러 뿐 아니다. 조류독감, 에볼라, 메르스MERS 등 국경을 넘나드는 전염병도 개별국가의 노력만으로는 대응하기 어렵다. 이외에 실패국가들로부터 비롯되는 빈곤, 난민 등의 문제도 국제적 공조를 요구한다.

새로운 글로벌 이슈가 증가하고 개별국가의 해결능력이 제한되는 것은 세계화 현상의 결과이기도 하다. 이제 세계경제가 통합되고 국가가 보유하던 규제 등 인위적 장벽들이 사라지면서 자본, 상품, 서비스, 심지어 사람까지 자유롭게 국경을 넘어 이동하기 시작했다. 근대국가 주권체제가 상정하는 영토 내에서의 국가 통제력이 상당부분 무너지고 있는 것이다. 심지어는 국가 내부에서 폭력의 독점도 변화가 일고 있다. 사설 보안기관이 경찰력을 대신하여 집과 사무실을 방범하고 유사시에는 제일 먼저 달려온다. 심지어는 전쟁도 민간기업과 계약을 통해 수행할 수 있게 되었다. 병참이나 군수를 민간기업에 아웃소싱하는 것 뿐 아니라 실제 전투 자체를 대행해주는 21세기판 용병이 실제로 아프리카, 아시아 각지에서 등장하고 있다. 베스트팔렌 규범에 근본적 의문이 들 정도로 국가의 역할에 대한 도전이 다방면에서 벌어지고 있는 것이다.

복합적 상호의존성의 증대

현실주의자들은 국가가 마치 단일한 의사결정체인 것처럼 간주한다. '중국이 미국의 패권에 도전한다, 미국은 중국의 부상을 억제한다' 등의 설명이 이런 사고를 반영한다. 그러나 국가 내부에는 다른 생각과 이해관계를 가진 많은 집단이 있고 이들은 국경을 넘어 복잡한 상호작용을 갖기도 한다. 대중국정책에 대해서도 미국의 국방부와 상무부가 항상 입장이 같을 수는 없다. 또한 과거에는 외교부가 국가의 대외정책을 주도했다면 현대에는 거의 모든 부처들이 자신만의 작은 외교부 조직을 보유하고 있다고 할 정도로 다양한 기관들이 나름의 관점을 갖고 국제 업무를 수행하고 있다. 이렇게 국제적인 상호의존이 복합적으로 형성되는 것은 통상 전통적인 군사안보 이슈보다는 경제와 사회 분야이다. 생존은 공동체 전체의 목표인 반면 사회경제적 이슈들은 집단에 따라 이해관계가 갈리기 때문이다.

이 점에 대해 조지프 나이 Joseph Nye 교수는 원유가격 상승을 예로 들며 재미있게 설명한다. 통상 원유가격이 상승하면 중동 산유국에 유리하고 미국에게는 불리하다고 여겨진다. 미국의 소비자에게 부담이 되고 석유를 이용하여 제품을 생산하거나 서비스를 제공하는 많은 미국의 기업들의 원가 상승을 가져오기 때문이다. 그러나 이보다는 훨씬 복잡한 상호의존이 존재한다는 것을 간과해서는 안 된다는 지적이다. 예를 들어 텍사스 석유 생산자들과 중동 산유국은 기본적으로 이해가 일치한다. 태양에너지 등 대체에너지 생산자, 환경생태학자, 그리고 유럽의 석탄업계 등도 유가상승을 싫어하지 않는다. 높은 에너지 가격을 은근히 반기는 이러한 초국가적 동맹이 존재한다는 것이다. 원유 소비국들이 원유 인상에 대해 좀 더 적극적이지 않은 이유가 이런 관점에서 설명되기도 한다. 다시 말해 국가이익이라는 포장을 들춰보면 이렇게 국경을 넘어 존재하는 복잡한 이해관계의 교차가 있다는 점을 국가주의적 설명은 놓치기 쉽다는 점을 유념할 필요가 있다.

글로벌 거버넌스의 도래 vs. 국가중심 패러다임의 건재

앞서 국제정치를 지나치게 국가중심적으로 바라보는 시각에 문제가 있다는 것을 살펴 보았다. 이런 관점에서 보면 국제 체제는 안보딜레마에 시달리는 주권국가 간의 무한 경쟁이 아니라 여러 복합적 상호의존이 작용하고 지구적 거버넌스가 존재하는 세계로 이해된다. 또 여기서 한발 더 나아가면 현대 국제정치의 패러다임이 근본적으로 변화했다는 시각도 있다. 냉전의 종식과 세계화로 인해 자본주의 시장경제는 세계의 표준이 되었고 이제 안보경쟁이 아니라 시장에서의 경쟁만이 남았다는 것이다. 국가는 좀처럼 망하지 않으며 이제 잘 살고 못 사는 문제가 있을 뿐 사전적 의미의 국가생존이 문제가 아니라는 것이다.

이런 관점에서는 패권국가란 군사적 헤게모니를 갖고 있는 나라가 아니라 시장경제질서의 국제적 규범을 확립할 수 있고 소프트파워 경쟁에서 승리한 국가라고 정의된다.

그러나 안보중심적인 전통적 국제질서가 간단히 물러날 것 같지는 않다. 냉전 종식 후 역사의 종말이 거론되기도 하였지만 국가 공동체에 대한 열망은 오히려 강해졌고 국가 간 분쟁도 증가했다. 다시 말해 세계화라는 통합 현상이 있지만 한편으로 신생 독립국이 계속 생기면서 국가의 숫자는 늘고 있다. 현재 200개를 넘어서는 국가의 숫자는 역사상 가장 많은 수준이고 2050년에는 그 두세 배에 이를 것이라는 예측도 있다. 이라크, 아프가니스탄 전쟁, 이슬람극단주의 세력의 발호, 러시아의 크림 반도 합병 등 안보가 여전히 국제정치의 중심에서 밀리지 않고 있음을 보여주는 사례 역시 수없이 많다. 앞서 NGO가 대인지뢰금지 등 전통적인 안보이슈를 건드렸다는 사례도 담론의 프레임을 군축이 아니라 인권의 문제로 바꿔서 접근해서 성공했다는 점에 주목할 필요가 있다. 즉, 이는 안보문제를 자유주의적 관점에서 정면으로 도전하기는 어렵다는 것을 반증한다. 더욱이 안보이슈가 중요한 국가들, 예컨대 미국, 중국, 러시아, 한국, 북한, 인도, 파키스탄, 이스라엘 등은 대인지뢰금지협약 가입을 거부하고 있다. 한편, 세계 각지역에서 분출하는 민족주의와 인종주의적 분쟁도 간과해서는 안 되는 현상이다. 특히 한국, 중국, 일본 등 동북아에서 부상하고 있는 신민족주의 경향은 지역의 안정과 화해를 방해할 요소로 우려되고 있다. 심지어 영국의 유럽연합 탈퇴 목소리 등에서 보듯이 서유럽에서조차 민족주의는 사망한 것이 아니며 국가주권과 지역통합간의 경쟁은 계속되고 있다.

결국 현실은 새로운 흐름과 오래된 질서가 공존하는 복합적 상황에 있다고 보는 것이 적절할 것이다. 세계는 근대 주권국가 시스템인 베스트팔렌 질서로부터 벗어나고 있지만 패러다임이 변하는 신질서의 도래는 수백년에 걸쳐 서서히 이루어지는 과정일 것이다. 특히 국제무정부상태의 압력이 강하고 지정학적 경쟁이 더욱 노골적인 동아시아와 한반도에서는 국가중심적인 현실주의 사고의 적실성이 상당기간 크게 남아 있을 것이다. 따라서 경제적 통합과 사회문화적 연결망의 확충 등 자유주의와 구성주의가 강조하는 변화의 흐름에 둔감하지 않되, 현실주의가 가르쳐주는 세력균형적 관점과 지정전략의 안목도 잃지 않아야 할 것이다.

참고문헌

김준형. 2006.『전쟁과 평화로 배우는 국제 정치 이야기』서울: 책세상
조지프 나이(양준희, 이종삼 옮김). 2000.『국제분쟁의 이해: 이론과 역사』서울: 한울아카데미.
피터 W. 싱어(유강은 옮김). 2005.『전쟁 대행 주식회사』서울: 지식의 풍경